초청에서 강복 선언까지

공예배 순서 강해 설교

* 이 책은 개역한글판을 사용하였습니다.

공 예 배 순 서 강 해 설 교

초청
에서
강복 선언
까지

정중현·신상훈 지음

그책의
사람들

추천의 글

작년 어느 중고등부 모임에서 예배 순서에 대한 저자의 강의가 있었습니다. 이후 겨울방학 SFC 연합수련회에서 저자는 더 많은 학생과 청년을 대상으로 예배 순서에 대해 강의했습니다. 반응이 뜨거웠다는 소식에 교회에서는 교회 성도들도 들을 기회를 달라 요청했습니다. 그 후, 그렇게 8개월여간 우리 교회는 예배 순서에 대한 설교 시리즈를 깊고 풍성히 들었습니다. 참으로 꿈같이 지나갔습니다.

"우리가 예배를 드린 건가? 예배를 받은 건가?" 분명히 예배를 드리고 오는 길인데, 한껏 대접받고 오는 느낌이었습니다. 매주 예배드린 후 집으로 귀가하는 길은, 삼위 하나님께서 섬겨주신 손길이, 그 따스한 온기가 가슴에 잔열로 남아 아버지의 호의를 담고 귀가하는 시간들이었습니다.

시편 기자는 "여호와여, 영광을 우리에게 돌리지 마옵소서! 우리에게 돌리지 마옵소서! 오직 주의 인자하심과 진실하심을 인하여 주의 이름에 돌리소서!"라고 고백했는데, 인자하신 아버지께선 그 영광의 일부를 저희에게 나눠주시는 것 같았습니다. 광야와 같은 순례길 위에서, 매주 식탁을 차리시고 풍성한 잔치를 베푸시는 아버지 하나님.

"이 내 아들은 죽었다가 다시 살았고," 하시며 예배하러 나온 자녀들을 위해 매주 살진 소를 잡아주셨습니다.

이러한 예배는 자연스럽게 죄로 인한 어떠한 방해도 없는, 천상에서 드릴 본(本)예배를 더욱 사모하게 만들었습니다.

이제 시온의 영광이 빛나는 그날, 하늘에서 펼쳐질 어린양의 혼인 잔치를 고대하며, 이 책을 야전 교본처럼 허리에 끼고 매주 예배를 준비해야겠습니다.

두 공저자가 번갈아 설교했지만, 회중은 마치 한 설교자의 설교를 듣는 것처럼 한목소리만을 들었습니다. 두 설교자는 설교의 주인이 삼위 하나님이심을 드러내기 위해 내일은 없는 것처럼 설교에 모든 것을 쏟아부었습니다. 설교자는 전혀 기억에 없도록, 오직 삼위 하나님만 온전히 바라보도록!

제가 견문이 적어서 그렇겠지만 한국교회에서 예배 순서에 대한 설교를 많이 못 들어본 것 같습니다. 그런 면에서 이 책은 공교회에 선물과 같다는 생각이 듭니다.

그 설교가 이렇게 책으로 출간되어 우리 손에 쥐어지도록 혼신의 노고를 다해준 저자들과 출판사에 감사를 드리는 것은 그때의 감동이 되살아나기 때문이기도 합니다.

책을 펼친 독자분들도 하나님께서 예배 순서 속에 담으신 은혜를 함께 경험하시기를 바라며 추천을 꾸욱~ 누릅니다.

정현성 장로

그리스도인은 주일이면 교회에 가서 하나님께 예배합니다. 교회는 하나님을 영원히 예배하는 예배공동체이기 때문입니다. 그런데 주일 공예배 주보에 적혀 있는, 우리가 매주 예배 시간에 하는 여러 순서는 도대체 무슨 의미가 있는 것이고 왜 하는 것일까요? 많은 사람이 매 주일 교회에 가서 예배하고 있지만, 공예배 순서의 의미도 잘 모르고 그냥 지금까지 그렇게 해왔기 때문에 무의식적으로 예배의 '행위'만을 하는 경우가 많습니다. 마치 매일 출근해서 자신이 하는 일의 의미와 이유도 모른 채 반복적으로 일하는 영혼 없는 로봇처럼 말입니다.

부끄러운 고백이지만 매일 회사에 나가 영혼 없는 로봇처럼 일하며 살았던 저는 주일에도 교회에 나가 예배 '행위'를 반복해 왔습니다. 예배 순서에 담긴 의미도 잘 모른 채 그냥 지금까지 늘 그렇게 해왔으니까 예배 행위를 지속해 왔던 것입니다. 예배 순서에 무슨 의미가 있는지, 왜 하는 것인지 모르면 자신이 하는 일도 무슨 의미가 있는지, 왜 하는지 잘 모릅니다. 예배와 삶은 항상 연결되기 때문입니다.

의미도 잘 모르고 드리는 예배를 하나님께서 기쁘게 받으실까요? 아니, 정작 그런 예배를 드리는 우리 자신은 예배가 기쁠까요? 그런 예배에 어떤 의미가 있을까요? 의미도 온전히 모른 채 무의미하고 기쁘지도 않은 예배 행위를 지속한다면, 우리는 그런 무의미함과 지겨움을 더는 못 견디고 언젠가는 교회를 떠나게 될지도 모릅니다.

이처럼 하나님께는 물론이요 우리 자신에게도 합당하지 않은 예배를, 하나님께서는 성경 말씀과 그 말씀에 근거하여 신실한 설교자들이 전한 사자후 같은 설교를 통해 "당장 그만하라!"고 말씀하십니다. 동시에 예배의 각 순서는 무엇을 뜻하는지, 예배 순서에 담긴 하나님의 기쁘신 뜻은 무엇인지를 설교 안에 풍성하고 충실하게 담아서 교회에 자세히 알려 주셨습니다. 하나님 자신의 영광뿐만 아니라 우리의 생명과 기쁨을 되살리시기 위해서 말입니다.

큰 의미 없이, 기쁨도 없이 습관처럼 예배하고 있다는 생각이 들거나, 심지어 교회를 떠나고 싶은 마음이 있으신 분들은 이 책을 "집어 들고 읽으시길(Tolle Lege)" 바랍니다. 예배 순서에 담긴 하나님의 기쁘신 뜻을 깨닫고 예배의 참된 의미와 기쁨을 알게 될 것입니다. 또 '초청에서 강복 선언까지' 모든 예배 순서 속에서, 그리고 예배 이후의 삶 속에서 하나님께서 우리에게 항상 먼저 베풀어 주시는 모든 은혜에 감사하여 '찬송의 제사'를 기쁘게 올려드리며 예배하게 될 것입니다.

하나님께서 이 책을 선하게 사용하시어 공예배 속에 담긴 하나님의 기쁘시고 선하신 뜻을 우리 모두 올바로 깨달아 알기 원합니다. 더불어, 영혼 없는 로봇처럼 예배 행위를 반복하던 잘못에서 돌이켜, 하나님께서 원하시는 복 되고 기쁜 예배를 신령과 진정으로 드리는 한국 교회가 되기를 소망합니다. 참된 예배를 드리기를 갈망하는 한국 교회 모든 성도님께 이 책을 기쁜 마음으로 강력히 추천합니다.

고영근 성도

지난 수개월간 공예배 순서에 관한 설교를 들으며 저의 삶이자 예배는 온통 삼위 하나님으로 가득했습니다. 친히 우리를 예배로 초대하시고, 얼굴을 가까이하사 복 주시며, 예배를 마치기까지, 더 나아가 삶 가운데 동행해 주실 것을 약속해 주시는 삼위 하나님의 크고 놀라운 은혜 가운데 감사가 샘솟았습니다.

두 분 목사님이 전해준 그리스도 중심적 설교들은, 여느 행사의 식순처럼 익숙하게 느껴질 수도 있는 공예배 순서들에 담긴 의미들을 생생하게 깨닫고 경험하게 해주었습니다. 매주 순전한 복음을 들려주시는 삼위 하나님을 찬양합니다.

코로나 팬데믹이라는 긴 밤을 지나 어스름한 아침이 밝아왔지만, 여전히 홀로움을 시행하는 우리와 우리의 이웃들이 이 책을 통해 공예배 순서마다 알알이 담으신 하나님의 사랑을 맛보길 원합니다. 삼위 하나님과의 아름다운 대화를 회복하며, 다시 함께 모여 교제하는 기쁨을 누리게 되시길 기도합니다.

주세음 형제

저자 서문

'교회는 예배 공동체이며 공예배는 성도가 해야 할 가장 중요한 일이다.'

수년 전까지만 해도 교회 안에서 이 명제에 대해 설명할 필요가 없었습니다. 그러나 코로나 대유행을 지나며 많은 것이 달라졌습니다. 비상적 예배는 일상이 되었고, 당연했던 것들은 당연하지 않게 되었습니다. 이제 어떤 사람은 공예배만 예배인 것은 아니라고 말합니다. 어떤 사람은 반드시 예배당에 참석하는 방식으로 예배할 필요는 없다고 말합니다. 어떤 사람은 공예배가 성도에게 가장 중요한 건 아니라고 말하고, 또 다른 사람은 예배 공동체가 없이도 성도로 존재할 수 있다고 말합니다. 이런 말들을 등지고 다시 공예배로 모인 사람들도 다음과 같은 질문에 답을 하지 못하고 머뭇거리게 되는 것 같습니다.

"우리는 주일 공예배 모든 순서에서 삼위 하나님을 만나고 있는가?"

작년 연말, 이 질문이 중요할 수 있겠다고 생각했습니다. 결국 이 질문에 대해 답을 할 수 없어서 많은 사람이 코로나를 기점으로 교회 밖으로 대안을 찾아 떠난 것이 아닐까? 혹 코로나가 아니라 우리의 예배에 문제가 있었던 것은 아닐까? 예배하고 있는 우리에게 문제가 있었던 것은 아닐까? 우리는, 또 우리의 자녀들은 예배 순서마다 어떤 의미가 있는지 알고 있을까? 예배의 모든 시간에 삼위 하나님과의 살아 있는 만남과 교제를 경험하고 있을까? 그렇게 고민하고 기도하며 동역자들과 함께 연말을 보냈습니다. 그 결과 '주의 찬송을 부르는 예배'라는 제목으로 공예배 순서의 의미와 목적을 하나하나 설명하는 공예배 순서 강해 설교를 시작하기로 결정했습니다.

강해 설교를 마친 후, 더욱 확신하게 됩니다. 우리는 다른 예배를 찾아 떠날 필요가 없습니다. 기존 예배의 형식을 바꿀 필요도 없습니다. 성경과 교회 역사 속에서 우리가 받은 공예배 예전이 이미 충분하고 소중한 하나님의 선물입니다. 초청과 신앙고백과 공적 기도와 찬송과 설교와 성찬을 지나 강복 선언까지, 예배 순서마다 이미 그리스도께서 중심에 계시며, 삼위 하나님과 만나 교제할 수 있는 길이 놓여 있음을 확인했습니다. 매 주일, 아버지의 말씀을 우리가 듣고, 우리가 아뢰는 모든 기도에 아버지께서 응답하시는 대화로 우리를 초대하심을 확신할 수 있었습니다. 삼위 하나님은 주일 공예배 모든 순서에서 이미 우리를 만나고 계셨습니다. 우리가 알아차리지 못했을 뿐, 예배는 늘 살아 있었던 것입니다.

많은 성도님이 설교를 통해 순서의 의미를 배우며 공예배의 기쁨을 회복하셨습니다. 감사하게도 여러 성도님이, 함께 공교회를 이루고 있는 다른 성도님들과 이 기쁨을 나누고 싶다며 책을 만들자고 제안해 주셨습니다. 그중 한 분은 큰 감동으로 이 책의 제작비를 후원해 주셨습니다. 책을 읽는 누구나 동일한 기쁨을 누리게 되기를 바랍니다.

이 책은 예배 해설서가 아닌 설교집입니다. 설교단에서 선포된 언어로 우리 교회의 예배 순서마다 어떤 의미와 목적이 있는지 말씀을 통해 밝히고 있습니다. 예전과 공예배를 다룬 서론으로부터 시작하여 초청부터 강복 선언까지 공예배의 모든 순서뿐 아니라 공예배 이후 삶의 예배까지 다루고 있습니다. 설교마다 그리스도께서 모든 순서의 중심에 계심을 발견하고 드러내기 위하여 노력했으며, 공예배 안에서의 의미가 어떻게 삶의 예배로 이어져야 할지 고민하며 적용했습니다.

책으로 묶어놓고 보니, 강해 설교 전체가 하나님 아버지께 묻고 또 응답받는 대화였다는 사실을 발견하며 감사하게 됩니다. 이 대화를 저 혼자가 아니라 광교장로교회 온 성도님들과 함께 할 수 있었다는 것에 감사합니다. 홀로 외롭지 않게 신상훈 목사님과 함께 설교할 수 있었다는 것에 감사합니다. 매 주일 장로님들과 집사님들의 기도와 봉사 가운데 귀로 들은 예배의 의미를 눈으로 볼 수 있었다는 것을 기억하며 감사합니다. 우리와 똑같은 예배 가운데 아름다운 교회로 세워져 가고 있는 남천안장로교회 심성현 목사님께도 감사합니다. 이 아름다운 예전을 교회의 기초로 놓으신 이성호 교수님께도 감사합니다. 끝으로 함께 예배하고 있는 집안의 성도들, 아내와 세 자녀에게도 감사를 전합니다.

주일 공예배 모든 순서에서, 삶의 모든 자리에서, 삼위 하나님을 영화롭게 하고 그분을 즐거워하는 예배가 계속되기를 바랍니다.

정중현 올림

교회는 예배하는 공동체입니다. 신자들의 삶 전체가 예배여야 합니다. 그런데 삶의 예배는 공예배에서 출발하고, 또한 공예배로 향합니다. 하나님이 복되고 거룩하게 하신 안식의 날 주일에, 하나님이 세우신 직분자의 인도와 섬김에 따라, 하나님이 정하신 은혜의 수단들을 통해 그분의 모든 백성에게 은혜를 베풀어 주시는 자리가 바로 공예배이기 때문입니다.

공예배는 하나님과 그분의 백성 사이의 공적이고 언약적인 만남이며 대화입니다. 그 만남은 유일하신 중보자 그리스도를 통해서만 가능합니다. 그 대화는 말씀이신 그리스도를 통해서 이루어집니다. 그러므로 공예배의 중심에는 그리스도가 계십니다. 공예배는 그리스도의 은혜 안에서 하나님이 말씀하시고 그분의 백성들이 응답하는 요소와 순서로 구성됩니다. 그 안에 주제와 논리와 흐름이 있습니다.

슬프고 안타깝게도 오늘날 이 아름다운 만남, 이 거룩한 대화가 어그러진 모습이 눈에 띄게 보입니다. 하나님의 말씀을 듣는 시간들은 사라지거나 대폭 축소되고, 회중이 말하는 시간이 대부분을 차지하는 예배가 많습니다. 반대로 하나님의 말씀을 듣기만 하고, 회중은 침묵하는 경우도 있습니다. 또는 하나님의 말씀을 듣고 회중도 응답하긴 하는데, 주제를 파악하지 못하고 흐름을 따라가지 못한 채 소위 영혼 없이 예배하기도 합니다. 특히 자녀들 중에는 별생각 없이 부모나 옆 사람의 행위를 따라 하기만 하는 경우가 많습니다.

예배의 대상을 아는 것만큼이나 예배의 방법과 그 의미를 아는 것도 중요합니다. 우리가 어떻게 예배하느냐가 유일하시고 참되신 성부, 성자, 성령 삼위 하나님을 드러내기도 가리기도 하기 때문입니다. 하나님은 오직 하나님만 예배하라고 명하셨을 뿐 아니라(1계명), 하나님이 원하시고 기뻐하시는 방식으로 예배하라고 명하셨습니다(2계명). 예배의 방법과 본질적인 요소들, 그 의미들을 성경에 친히 계시하셨습니다.

교회는 배워야 합니다. 특히 예배를 배워야 합니다. 예배를 왜 드리고 어떻게 드리는지, 공예배에서 삼위 하나님이 교회를 위해 어떤 새 일을 행하시는지를 알고 예배함으로 하나님을 영화롭게 하고 그분을 즐거워해야 합니다. 공예배 순서 강해 설교를 준비하고 전하고 들으면서 예배를 배울 수 있어 행복했습니다. 예배를 가르칠 수 있어 행복했습니다. 광교장로교회에서 함께 신실한 예배자로 세워져 가는 과정이 감격스러웠습니다.

우리의 노력에도 불구하고 지상 교회의 예배는 늘 부족할 것입니다. 그러나 하나님은 참되고 바르게 예배하기를 소망하며 애쓰는 우리의 모습을 기뻐하시고 기억하실 것입니다. 이 책을 읽는 모든 분이 공예배에서 섬겨주시는 삼위 하나님을 풍성히 누리시길 바랍니다. 그분과의 아름다운 만남에, 그 거룩한 대화에 깊이 젖어 드는 은혜가 있기를 원합니다.

신상훈 올림

차례

추천의 글
저자 서문

서론 1 - 예전 ·· **24**
　　새 포도주가 담긴 새 부대

서론 2 - 공예배 ·· **40**
　　첫 안식, 첫 예배, 첫 삶

1장 초청 ·· **56**
　　삼위 하나님의 초청을 받는 교회

2장 초청 2 ··· **72**
　　죄인이 의인의 회중에 들지 못하리로다

3장 송영 ·· **88**
　　그의 영광을 찬미하게 하려 하심이라

4장 율법의 선포 ··· **104**
　　율법의 완성자

5장 죄의 고백 ·· **118**
　　죄의 고백에 이르게 하시는 그리스도

6장 죄 사함의 선언 ·· 134
주께서 내 죄의 악을 사하셨나이다

7장 시편 찬송·· 148
기뻐하여 하나님의 말씀을 찬송하며

8장 신앙고백 ·· 164
성경대로 사흘 만에 다시 살아나사

9장 신앙고백 2 ·· 180
고백적 삶: 하나님이 고백하신 사랑으로 살기

10장 기도 ·· 196
죽어가던 영혼이 달릴 수 있도록

11장 성경 봉독 ·· 210
하늘이 땅보다 높음 같이, 하늘에서 내려서 땅을 적심 같이

12장 설교 ·· 224
설교의 중심

13장 설교 2 ·· 240
마음에 심긴 도, 자유하게 하는 온전한 율법

14장 설교 3 ·· 256
구주의 증거: 눈에 빛, 마음에 불

15장 찬송 ·· 272
찬송하라! 그리스도의 말씀이 풍성하도록

16장 찬송 2 ···································· **286**
　　죽임을 당하신 어린 양이 찬송을 받으시기에 합당하도다!

17장 평화의 인사 ······························ **300**
　　샬롬, 그는 우리의 샬롬이신지라!

18장 성찬 제정사 ······························ **316**
　　너희가 이를 행하여 나를 기념하라

19장 서약 ···································· **330**
　　성찬, 서약한 자들의 식탁

20장 성찬, 봉헌 ······························ **346**
　　합당한 성찬을 위해 서로 기다리라

21장 주기도문 ································ **362**
　　아버지께 드리는 자녀들의 응답

22장 강복 선언 ································ **376**
　　복과 함께

결론 – 삶의 예배 ······························ **392**
　　피차에 말하는 성도, 분명히 들으시는 하나님

공 예 배	인도 및 설교: 정중현 목사
* 초 청	인도자
* 송 영	4(4)장 〈성부 성자와 성령〉
율법의 선포	인도자
죄 의 고 백	다같이
죄사함의 선언	인도자 (554장 아멘)
* 시 편 찬 송	시편 132장 〈67편: 하나님 우리를 긍휼히 여기사〉
* 신 앙 고 백	니케아신경
기 도	권혁수 장로 (556장 아멘)
성 경 봉 독	마태복음 5:17-20
설 교	주의 찬송을 부르는 예배: 율법의 선포 " 율법의 완성자 "
* 찬 송	203(-)장 〈나 행한 것으로〉
* 평화의 인사	" 샬 롬 "
서 약	정이레 성도
성찬 제정사	집 례 자
봉 헌	69(-)장 〈 나 가진 모든 것 〉
감 사 기 도	집 례 자
분 병 배 병	집 례 자
분 잔 배 잔	집 례 자
* 찬 송	시편 316장 〈주기도문〉
* 강 복 선 언	설교자 (555장 아멘)

이 표시(*)에는 일어섭니다. '인도 및 설교'의 음영은 설교문 작성자입니다.
본 교회는 개역한글 성경과 통일찬송가를 사용합니다(괄호 안: 새찬송가)

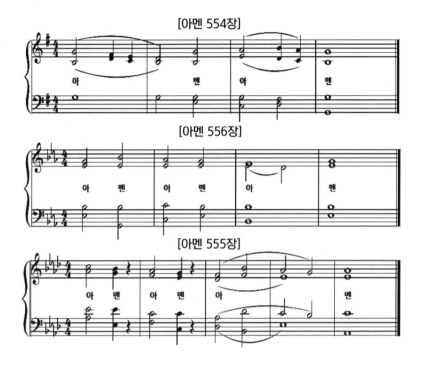

[아멘 554장]

[아멘 556장]

[아멘 555장]

<하이델베르크 교리문답>

제3계명 "너는 너의 하나님 여호와의 이름을 망령되이 일컫지 말라" 에서
하나님이 원하시는 것은 무엇입니까?

우리가 저주나 거짓맹세, 또는 불필요한 서약으로
하나님의 이름을 욕되게 하거나 잘못 사용하지 않는 것이며,
더 나아가 침묵하는 방관자가 되어 그러한 두려운 죄에 참여하지 않는 것입니다.
오히려 하나님의 거룩한 이름을 두려워하고 존경하는 마음으로만 사용하여,
우리가 하나님을 바르게 고백하고 부르며 우리의 모든 말과 행실에서
그분이 영광을 얻도록 하는 것입니다.

초청에서
강복 선언까지

/

서론 1 - 예전

새 포도주가 담긴 새 부대
(마 9:14-17)

정중현 목사

그때에 요한의 제자들이 예수께 나아와 가로되 우리와 바리새인들은 금식하
는데 어찌하여 당신의 제자들은 금식하지 아니하나이까 예수께서 저희에게
이르시되 혼인집 손님들이 신랑과 함께 있을 동안에 슬퍼할 수 있느뇨 그러나
신랑을 빼앗길 날이 이르리니 그때에는 금식할 것이니라 생베 조각을 낡은 옷
에 붙이는 자가 없나니 이는 기운 것이 그 옷을 당기어 해어짐이 더하게 됨이
요 새 포도주를 낡은 가죽 부대에 넣지 아니하나니 그렇게 하면 부대가 터져
포도주도 쏟아지고 부대도 버리게 됨이라 새 포도주는 새 부대에 넣어야 둘이
다 보전되느니라_ 마태복음 9장 14-17절

서론: 오해

오늘 읽은 말씀은 여러분에게 많이 익숙한 내용일 줄 압니다. '새 술은
새 부대에'라는 표현으로 교회 밖에서도 자주 인용되는 내용입니다.
뭔가 새로운 일을 하려면 과거의 낡은 것은 과감히 버리고, 내용이든
형식이든 새롭게 바꿔야 한다는 뜻으로 사용하곤 하지요. 그래서 연

초에 교회가 새로운 일들을 막 시작할 때, 이 본문을 설교하곤 합니다. 아마 여러분도 미리 본문을 읽고서, '아, 교회가 뭔가 새로운 걸 많이 시작하는 것 같은데 오늘 동기부여 하려고 하나 보다.' 했을 수 있습니다. 그러셨다면, 오해입니다. 저는 오늘 그런 의도를 설교에 담지 않았습니다. 본문이 그런 내용이 아니기 때문입니다. 문맥을 빼고 '새 포도주는 새 부대에'라는 부분만 떼어 읽으면 그렇게 오해할 수 있습니다. 그러나 오늘 예수님은 우리가 뭔가를 해야 한다고 말씀하시지 않습니다. 우리가 새로워지려고 노력해야 한다는 말이 아닙니다. 이 말씀은 예수님이 우리에게 이루실 새 일에 대한 말씀입니다. 예수님이 우리를 새롭게 하겠다고 말씀하십니다. 특별히 우리가 하나님을 예배할 때, 예수님이 행하신 새 일이 무엇인지 바라볼 수 있는 말씀입니다.

먼저 자녀들을 위해 본문을 살펴보도록 하겠습니다.

오늘 말씀은 어떤 말로 시작합니까? 14절을 보니까 '그때'로 시작합니다. 그때가 언제일까요? 바로 앞 말씀을 보면, 예수님이 세리 마태를 제자로 부르시고, 그의 집에서 죄인들과 잔치하셨던 때입니다. 몇 주 전에 설교했는데 기억나나요? 바리새인들이 찾아와서 뭐라 합니까? "너희 선생은 왜 세리와 죄인과 식사하느냐?" 하고 따져 물었죠. 예수님이 무엇이라고 답하셨습니까? "나는 의인을 부르러 온 것이 아니요 죄인을 부르러 왔노라."(마 9:13) 하셨습니다.

바로 그때, 세례 요한의 제자들이 예수님께 나아와 질문합니다. 14절, "우리와 바리새인들은 금식하는데 어찌하여 당신의 제자들은 금식하지 아니하나이까?" 금식은 쉽게 말해 '밥을 안 먹으면서 기도하는 것'을 말해요. 누가복음은 이 말을 바리새인이 한 것처럼 기록하고(눅 5:33), 마가는 둘이 한 패인 것처럼 이야기합니다(막 2:18). 아마도 바리새인들과 세례 요한의 제자들이 '금식'을 한다는 점에서 비슷했기 때문에, 바리새인들이 "우리 같이 예수님과 싸우자."며 세례 요한의 제자들을 꾀었던 것 같습니다. 세례 요한의 제자들은 자기 스승처럼 먹고 마시는 것을 절제하는 금욕적인 생활을 하고 있었습니다(마 3:4; 11:18). 그래서 세례 요한의 제자들이 바리새인과 한배를 타고 공격했던 겁니다. '회개를 선포하면서 이스라엘의 회복을 가져오실 메시야라면, 지금 이렇게 먹고 마시며 잔치할 때가 아닙니다! 슬퍼하고 금식해야 할 때입니다!'라고 꾸짖듯이 질의한 겁니다. 마귀는 예수님의 오시는 길을 준비했던 세례 요한의 제자들을 통해서도 예수님을 방해하고 있습니다.

금식이 뭐길래 이렇게 물었을까요? 금식은 예배적 요소이긴 하지만, 율법적으로 반드시 해야 하는 필수적인 예배 요소는 아니었습니다. 그러나 세례 요한처럼, 바리새인처럼, 경건하고자 하는 자들은 기본 의무 외에 '덤으로' 금식을 했습니다. 금식은 하나님께 자신을 드린다는 표시였습니다. 하나님 앞에 죽은 자처럼 겸손함을 보이기 위해, 또 진정한 속죄의 표시를 내기 위해 기도하고 금식했지요. 기도와 자선과 금식은 당시 유대교에서 경건의 기준이기도 했습니다(마 6장). 특히 오늘 예수님의 말씀처럼, 신랑을 빼앗긴 '슬픔'을 표현할 수 있는 외적인 예배 의식이었습니다. 유대인들에게는 일종의 예배적 전통이었죠. '지금 국가적으로 로마의 지배 아래 있고, 이 일이 하나님의 심판과 같은 일임을 당신은 알지 않느냐? 당신이 이스라엘의 회복을 가져올 메시야라면, 잔치할 것이 아니라 오히려 금식해야 할 때가 아니냐?' 이런 질문이었던 것입니다.

이때, 예수님은 이렇게 말씀하십니다. "혼인집 손님들이 신랑과 함께 있을 동안에 슬퍼할 수 있느냐? 그러나 신랑을 빼앗길 날이 이르리니 그때에는 금식할 것이니라"(마 9:15). 무슨 말입니까? 이들도 금식할 때가 있습니다. 금식할 때가 옵니다. 그런데 금식을 하고 안 하고의 기준이 누구에게 있다는 겁니까? '신랑'인 '나'에게 있다는 말씀을 하십니다. "이들이 금식을 하고 안 하고를 너희들이 하라 마라 할 수 없다. 이들의 기쁨과 금식은 나의 때에 달린 일이다." 하고 말씀하고 계십니다. 여기서 우리는 예수님을 중심으로 하는 새로운 경건 생활이 준비되는 것을 봅니다. 아직은 때가 아니지만, 곧 그리스도 중심의 금식이 있을 겁니다. 즉 예수님과의 관계가 기준이 되는 예배적 전통이 있을 것이 암시되고 있습니다.

예수님께서는 여기에 비유를 더하여 말씀하십니다. 첫째, 가공하지 않은 생베 조각을 헌 옷에다가 붙이는 사람이 없다 하십니다. 만약 그렇게 붙여서 빨래하면, 어떻게 될까요? 요즘에도 빨래를 건조기에 돌리면 쪼그라드는데요, 가공하지 않은 생베 조각은 훨씬 많이 쪼그라듭니다. 빨래가 마르면서 생베 조각이 쪼그라들면, 원래 약했던 옷이 더 망가지는 거죠. 둘째, 새 포도주를 낡은 가죽 부대에 넣지 않는다 하시죠. 동물 가죽으로 만든 가죽 부대는 오래되면 건조하고 딱딱해졌습니다. 그러니 새 포도주를 낡은 가죽 부대에 담으면 어떻게 될까요? 발효 가스가 부풀어 오르면서 갈라지고 부서지겠죠? 그렇기에 새 포도주는 탄력이 남아 있어서 부풀어도 괜찮은 새 가죽 부대에 넣어야 했습니다. 그래야 가죽 부대도 새 포도주도 둘 다 보전되는 겁니다. 예수님은 여기서 갑자기 말씀을 끝내십니다.

비유의 해석

이 비유들의 해석에 따라 본문에 대한 이해가 갈립니다. 오늘 비유는 어떻게 해석해야 할까요? 보통은, '예수님과 하늘나라 복음이 생베 조각인데 옛 시대의 낡은 옷 같은 관습에 담길 수 없다, 새 포도주는 구원의 기쁨을 선포하는 복음인데 유대교의 전통적인 틀에 담길 수 없다.'와 같이, 율법 대 복음, 구약 대 신약, 이렇게 나눠서 봅니다.

그런데 그게 아닌 것 같아요. 15절부터 이어지는 내용을 보면 예수님은 '신랑을 빼앗길 날'에 대해, 즉 예수님의 '때'에 대해 말씀하고 계십니다. 예수님께서 구원하시는 역사에 따르는 새로운 변화에 대해 말씀하고 계십니다. 십자가의 죽음과 부활로 모든 죄인에게 일어날 새 일에 대해 말씀하고 계십니다. 바로 죄인이 예수님으로 말미암아 새 부대가 되는 일입니다. 예수님이 고난받기 전인 지금 세례 요한의 제자들이나 예수님의 제자들이나 다 같이 해어지기 쉬운 연약한 옷이고, 부서지기 쉬운 연약한 가죽 부대입니다. 그런데 이들이 새 부대가 될 때가 온다는 것입니다.

사실 이들 모두 나름대로 연약한 가운데 있습니다.

우선 예수님의 제자들을 봅시다. 금식은 율법의 필수적인 예배를 지키면서, 덤으로 지킬 만한 경건이었습니다. 그런데 이 자리에 있는 제자들은 이제 막 믿음의 걸음마를 떼고 그저 예수님과 함께 기뻐하고 있는 여린 자들이었습니다. 여전히 많은 도움이 필요한 갓난아기와 같은 상태였습니다. 언제까지요? 신랑을 빼앗길 날이 오기까지요. 신랑을 빼앗기는 날은 예수님의 고난과 죽음을 암시합니다. 즉 예수님이 십자가 고난을 당하시고 죽으시고 부활 승천하신 이후에, 성령님이 오셔서 충만해지기 전까지, 제자들에게는 금식할 능력이 없습니다. 이들에게 지금 율법적 의무와 금식이라는 새 포도주를 부어버리면 기쁨이 깨어지고 믿음이 갈라지고 말 것입니다. 이들은 형제들에게 너무 일찍 지나치게 높은 기준을 요구받고 있습니다. 감사하게도 예수님은 여린 제자들을 온유하게 대하실 계획이고, 그들이 정말 금식할 수 있을 때 금식하도록 지금은 너무 많은 요구를 하지 않으십니다.

놀랍게도 세례 요한의 제자들도 바리새인들도 금식을 제대로 지킬 수 있는 능력이 없습니다. 물론 이들은 금식을 하고 있습니다. 그러나 세례 요한이나 바리새인들이 '지키라'는 그 금식은 어떤 금식입니까? 네, 눈에 보이는 금식입니다. 예수님의 제자들에게 금식하는 모습이 보이지 않는다며 비판하고 있지 않습니까? 이렇게 눈에 보이는 금식에 대해 예수님은 일찌감치 이런 말씀을 하신 적이 있습니다. "금식할 때에 너희는 외식하는 자들과 같이 슬픈 기색을 내지 말

라. 저희는 금식하는 것을 사람에게 보이려고 얼굴을 흉하게 하느니라. 내가 진실로 너희에게 이르노니 저희는 자기 상을 이미 받았느니라. 너는 금식할 때에 머리에 기름을 바르고 얼굴을 씻으라. 이는 금식하는 자로 사람에게 보이지 않고 오직 은밀한 중에 계신 네 아버지께 보이게 하려 함이라. 은밀한 중에 보시는 네 아버지께서 갚으시리라"(마 6:16-18). 사람에게 보이는 금식은 자기 상을 다 받은 겁니다. 그냥 인간적인 관습일 뿐 하나님께 아무 의미 없는 행위지요. 지금 세례 요한의 제자들은 예수님의 제자들에게 아무 소용도 없는 전통만 짐 지우고 있는 것이나 다름없습니다. 그리고 본인들도 금식을 하고는 있지만 하나님께는 아무 소용 없는 금식을 하고 있지요.

이 두 부류의 사람들 모두 십자가에 달리신 그리스도가 필요합니다. 부활하시고 승천하신 그리스도의 긍휼을 입고 구원받아 새 부대가 되어야 합니다. 믿음으로 예수님과 연합한 새 사람, 성령으로 거듭난 새로운 피조물로 변화되어야 합니다. 하나님의 형상을 회복한 새 부대가 되어야, 하나님이 기뻐하실 만한 새로운 금식과 새로운 예배가 그 사람 안에 담길 수 있기 때문입니다. 그래야 그 안에 복음도 담기고 율법도 담기는 하나님의 사람이 될 수 있기 때문입니다. 즉 자발적이고 기쁨이 있는 예배와 하나님 앞에서 드리는 금식은, 새로운 피조물이 될 때야 가능해지는 겁니다. 새 부대가 된 자들만이 높은 기준을 요구하는 율법 앞에서도, 예수님이 율법을 다 이루셨음을 믿으므로 기꺼이 순종합니다. 새 부대가 된 자들만이 예수님의 금식이 하나님을 기쁘게 하셨음을 믿기에 기꺼이 금식할 수 있습니다.

정리하자면, 오늘 본문은 예수님의 죽음과 부활을 기점으로 이전에 없던 새 예배 전통이 준비되고 있음을 증거합니다. 그 전통은 그리스도가 중심이 되는 예배이며, 그리스도께서 새롭게 하신 자들의 예배입니다. 그리고 그날이 오기 전까지 우리는 예수님께서 주님의 교회를 온유하게 대하시고, 성숙해 가는 모든 단계마다 가르칠 것을 정하시며 교회를 보존하시는 분이심을 보게 됩니다.

전 역사에 나타나는 그리스도 중심의 예배[1]

사랑하는 성도 여러분, 오늘 우리가 보았던 예수님의 모습을 하나님의 구원 역사 전 과정에서 발견할 수 있습니다. 하나님은 교회에 그리스도를 중심에 둔 새 예배를 허락하시며 늘 긍휼을 베풀어 오셨습니다. 지금부터 그 역사를 살펴보도록 하겠습니다.

예배의 원형은 에덴동산에서 발견할 수 있습니다. 이 예배 원형을 한마디로 요약하면 '하나님의 부르심-사람의 응답-교제의 식사'입니다. 아담은 하나님의 형상으로 지어진 하나님의 아들이라 할 수 있습니다. 하나님께서 그를 에덴동산에 두셨는데, 그 동산은 하나님과 사람이 교제하는 최초의 성전이었습니다. 하나님은 아담에게 직분을 주셨습니다. 아담은 선지자로서 하나님이 창조하신 세상에 하나님의 말

---

[1] 이 대지의 전반적인 내용은 조나단 깁슨의 『종교개혁자들의 예배 예전』 (서울: CLC, 2022), 1장 '하늘에서처럼 땅에서 드리는 예배'를 참조하였습니다.

씀을 선포하며 땅에 충만해져야 했고, 제사장으로서 그는 하나님의 거룩한 성소를 지키며 하나님이 창조하신 세상에 하나님께서 복 주시기를 중재해야 했습니다. 또 왕으로서 그는 하나님께서 창조하신 세상을 다스려야 했습니다(창 1:28). "여호와 하나님이 그 사람에게 명하여 이르시되 동산 각종 나무의 열매는 네가 임의로 먹되 선악을 알게 하는 나무의 열매는 먹지 말라. 네가 먹는 날에는 반드시 죽으리라 하시니라"(창 2:16-17). 하나님은 이 말씀으로 아담을 예배하라고 부르셨습니다. 이 말의 뜻은 하나님을 알고 영원히 그분을 즐거워하라는 것이었습니다.

예배로의 부르심은 언약 안에서 아담에게 임합니다. 아담과 그의 모든 후손에게 생명이, 완전한 순종의 조건에 달려 있었습니다. 하나님은 아담을 언약 안에서 예배로 부르심으로써 그에게 "믿음과 마음과 뜻과 힘을 다해 순종하겠습니다."라는 응답을 듣기 원하셨습니다. 이런 응답을 하는 아담에게는 생명나무 아래서 하나님과의 교제의 식사가 예비되어 있었습니다. 하나님께서는 이렇게 아담과 그의 모든 자손을 위해 하나의 예배 예전을 정하셨고, 이후로 모든 사람의 삶의 질서가 '부르심-응답-식사'라는 구조로 고정됩니다. 하나님이 말씀으로 부르시고 사람이 언약 안에서 응답하며, 말씀과 성례를 통해 하나님과 가족적이고 언약적인 교제를 나누는 것이 태초의 예배였습니다.

이 예배를 위하여 아담은 뱀으로부터 성소를 지켜야 했습니다. 그러나 그러지 못했죠. 뱀은 하와를 통해 아담에게 다른 예배를 제안했고, 하나님 대신 자신의 부름을 따르라고 요구합니다. 선악과를 먹고 하나님처럼 되라고 했지요. 하나님을 불신하고, 그분께 불순종하며, 피조물에게 절하라는 우상숭배의 유혹이었습니다. 결국 뱀의 말에 복종한 아담은 예배를 거짓되게 만들어 버렸습니다. 여전히 사람은 예배하는 사람이었고, 부르심-응답-식사라는 예전도 그대로였으나 예배의 대상이 바뀝니다. 하나님은 사람의 마음에서 폐위되시고 마귀가 왕좌에 오릅니다.

죄가 들어왔습니다. 사람이 죽게 되었습니다. 이때 하나님은 즉시 예전 순서 하나를 추가하십니다. 바로 '제물' 제사입니다. 여기서 제물은 그리스도를 가리킵니다. 하나님은 앞으로 여자의 후손으로 오실 아들, 곧 아담과는 다른 참 하나님의 아들이 뱀의 머리를 밟을 것과, 처음 아담을 부르셨던 그 예배를 회복하시고 온전하게 하실 것을 암묵적으로 약속하십니다(창 3:15). 이 새롭고 은혜로운 합의를 이루시고 하나님이 처음으로 하신 일이 바로 아담과 하와에게 가죽으로 만든 옷을 입히신 것입니다. 이것은 한 동물이 죽임을 당했다는 것을 암시합니다. 즉 범죄한 부부 대신 한 무고한 동물이 희생됩니다. 이로써 비록 일시적이긴 하지만 그들이 하나님 앞에 머물 수 있게 되었습니다. 이후로 제물은 거룩하신 하나님 앞에서 사람이 존재하기 위한 조건으로 이후 모든 예배에 필수적인 요소가 됩니다.

제물을 중심으로 하는 예배에 대한 암시가 분명하게 확정된 곳이 바로 출애굽 이후 시대 산에서였습니다. 하나님은 율법을 선포하시며 제물이 예배의 중심이 되어야 한다고 말씀하셨죠. 출애굽에서 한 가지 더 추가된 것이 있는데, 바로, '선지자이며 제사장인 모세'의 중재입니다. 사람들은 하나님이 말씀하실 때 두려웠기에, 모세를 통해 말씀하시기를 요청합니다. 이 중보자 역시 그리스도를 가리키는데, 하나님께서 죄로 인한 인간의 연약함을 긍휼하게 여기심으로 허락됩니다.

예배의 회복이 부분적으로 완성되는 때가 오는데, 바로 '다윗 왕'의 후손 '솔로몬'이 성전을 봉헌한 때입니다. 하나님의 아들인 이스라엘은 하나님 나라의 왕인 솔로몬을 통해 하나님 앞에 서서 제사합니다. 선지자-제사장-왕 중심, 희생 제사 중심의 예배가 시온 산에서 완성됩니다. 이 모든 것이 '그리스도'를 중심으로 한 예배라는 것이 보이십니까? 그러나 안타깝게도 솔로몬은 금방 넘어집니다. 그는 이스라엘 백성이 모압 여자의 유혹에 넘어가 우상을 숭배했던 것처럼, 이방 여인들을 들여와 예배를 더럽혔습니다. 솔로몬 이래로 하나님의 나라는 우상으로 가득해졌으며, 예배는 변질되었습니다. 백성은 제사의 중심인 제물을 하나님이 정하신 대로 가져오지 않았습니다. 중재자인 제사장을 돌보지 않았고, 선지자를 박해하였습니다. 왕이 타락한 까닭이었습니다.

문제는 마음이었습니다. 하나님을 기뻐하지 못하는 불완전한 예배로는 에덴에서 드리던 부름-응답-교제의 예배가 회복될 수 없었습니다. 결국 이스라엘 백성은 마음을 새롭게 하는 새 영을 부어주리라는 약속을 받은 채, 아담이 쫓겨난 동쪽 방향으로, 포로가 되어 추방당합니다. 하지만, 이후 70년의 유배 생활에도 이들은 나아진 것이 없었으며, 성전과 성벽을 완성하였으나, 여전히 이방 여인과의 혼인을 끊지 못했고, 예배를 소홀히 합니다.

하나님께서는 바로 이 역사 끝에 자기 아들을 보내어 주셨습니다. 보내주신 그 아들은 흠 없는 어린 양의 제물이었습니다. 그래서 전 역사 속에서 짐승 제물이 씻을 수 없던 죄를 영단번에 씻으셨습니다. 그는 큰 선지자요 대제사장이요 영원한 왕으로 오셨습니다. 하나님과 사람 사이의 최고의 중보자로 오셨지요. 예수님은 우리가 하나님께 접근하다가 죽을 수 있는 두려움을 십자가에서 완전히 제거하심으로 우리가 하나님의 보좌 앞에 담대히 나아갈 수 있게 하셨습니다. 무엇보다 우리에게 성령님을 보내셔서 '마음'의 문제를 해결하셨습니다. 자원하는 마음과 자유로운 마음으로 기꺼이 하나님을 예배하며, 마음과 뜻과 힘을 다해 주 하나님을 사랑하는 예배를 완성하셨습니다. 예수님은 하늘 지성소로 들어가셔서 우리를 새로운 예배로 인도하셨습니다. 그 하늘 지성소에서 영원히 중보하시는 예수님은 우리를 모든 죄에서 정결하게 하십니다. 그분의 성령은 우리 몸을 성전으로 만드셨고, 성전 건물이 있는 곳이 아니라 우리가 있는 어디든지 예배할 수 있게 하셨습니다. 이와 같은 죄인들이 선지자로, 왕 같은 제사장으로 예배할 수 있게 하셨지요. 우리의 예배는 온전히 주의 긍휼과 자비의 열매입니다.

그런데도 우리의 예배는 아직 새 하늘과 새 땅에서 드리는 예배만큼 영광스럽고 완성된 예배는 아닙니다. 비록 이 땅에서 우리는 많은 결점과 불완전함으로 예배를 드리지만, 후에는 하나님의 의가 거하시는 저 높은 곳에서 지극히 온전한 예배를 드릴 것입니다. "우리가 이제는 거울로 보는 것 같이 희미하나 그때에는 얼굴과 얼굴을 대하여 볼 것이요. 이제는 내가 부분적으로 아나 그때에는 주께서 나를 아신 것 같이 내가 온전히 알리라"(고전 13:12). 우리는 지금 성자 안에서 의롭게 된 아들들로서 '믿음'으로 예배합니다. 그러나 후에는 성자 안에서 영화롭게 된 아들들로서 얼굴과 얼굴을 대면하며 예배할 것입니다. 이것이 우리가 받은 예배의 역사입니다.

적용 및 결론

사랑하는 성도 여러분, 새 일을 행하신 그리스도께서 그리스도를 중심에 둔 새 예배와 새 삶을 주셨습니다. 그런데 우리가 예배와 삶의 중심에 계시는 그리스도를 잊고서 예배하고 살아간다면, 점점 어떻게 될까요? 오늘 세례 요한의 제자들처럼 긍휼 없이 형제들에게 지나치게 높은 기준을 요구하거나, 예수님의 제자들처럼 즐거이 순종할 능력이 없는, 기쁨 없는 예배와 삶을 살게 될 것입니다. 그래서 종교개혁자들은 순전한 말씀에 기초한 예전, 주 예수 그리스도의 영광스러운 사역에 초점을 맞춘 예전을 만들기 위해 힘썼습니다. 그리스도의 복음이 중심에 있는 예배 패턴을 정기적으로 경험하면서 모든 사람이 성경을 잘 기억하며 배울 수 있도록 예배를 개혁하였습니다. 이것이 예수 그리스도를 중심에 둔 자들이 개혁한 예배고, 우리가 받아 누리고 있는 예배입니다.

사랑하는 성도 여러분, 우리가 받은 공예배는 그리스도께서 중심에 계시는 예배입니다. 그리스도 중심의 예배란 무엇입니까? 그리스도와 그분의 아버지와 그분의 성령님, 곧 삼위 하나님을 부르고 그분에게 복을 받는 예배입니다. 들리는 그리스도의 말씀과 보이는 그리스도의 말씀이 중심에 있는 예배입니다. 설교를 통해 그리스도의 완전한 희생에 대한 위대한 복음을 듣고, 그 복음을 보여 주는 주님의 만찬에서 즐거워하는 예배입니다. 그리스도로 향하게 하는 율법 선포와 회개의 기도와 죄 사함의 선언, 그리스도의 섬김이 드러나는 직분, 그리스도의 지체들이 함께하는 봉헌과 교제 가운데 그리스도와 만나는 예배입니다. 이러한 예배를 우리가 이미 가지고 있습니다.

　　우리는 어떻게 예배하고 있습니까? 자녀 여러분은 어떻게 예배하고 있나요? 순서마다 그리스도와 만나 교제하고 계십니까? 정기적으로 반복되는 예배의 패턴 가운데 그리스도의 형상으로 빚어지고 계십니까? 아니면, 형식적인 의무로 예배를 대하고 계십니까? 생명력 없는 예배를 드리고 있다고 고백할 수밖에 없다면, 기뻐하십시오. 하나님께서 우리를 다시 그리스도 중심의 예배로 부르십니다. 공예배 순서 강해 가운데 그 부르심에 응답하시기 바랍니다. 예배 순서는 그대로일 것입니다. 그러나 동일한 이 예배 속에서 회개하고 새롭게 변화될 것을 소망하시기 바랍니다. 형식적인 예배를 버리고 예배 순서 하나하나마다 '나의 찬송을 부르게 하시려고' 우리를 구원하신 삼위 하나님이십니다. 그분께 믿음과 소망을 두고 매 주일 아침 이 자리로 나아오시기 바랍니다.

사랑하는 성도 여러분, 끝으로 이 모든 과정에서 그리스도의 긍휼을 닮아가고 그리스도의 긍휼의 사람으로 변화되어 가기를 바랍니다. 예수님은 우리의 믿음의 수준을 아십니다. 우리에게 먼저 힘을 주신 후에 순종하게 하십니다. 우리의 느림을 기다려 주시고, 우리의 더딤을 참아 주십니다. 할 수 있을 때 할 수 있게 하시는 분임을 믿고 감사합시다. 그리고 내 눈에 부족해 보이는 모든 사람을 바라봅시다. 모자라 보이는 가족, 자녀들, 형제자매를 그리스도의 긍휼로 대할 수 있게 해달라고 기도합시다. 우리는 삶과 예배에서 여리고 연약한 사람들을 용납할 수 있어야 합니다. 예배에서 배워야 합니다. 허울만 그리스도인이 아닌, 참 긍휼과 사랑의 그리스도인이 이 예배의 자리에서 계속 자라가기를 소망합니다. 매일의 말씀 읽기에서, 사랑방에서, 커뮤니티에서, 기도회에서, 참 긍휼과 사랑의 예배자들로 우리를 만들어 가실 그리스도를 바라보는 한해 보내시기를 성부와 성자와 성령의 이름으로 간절히 축원합니다.

초청에서
강복 선언까지

/

서론 2 - 공예배

첫 안식, 첫 예배, 첫 삶
(출 20:8-11; 창 2:15-17)

정중현 목사

안식일을 기억하여 거룩히 지키라 엿새 동안은 힘써 네 모든 일을 행할 것이나 제 칠일은 너의 하나님 여호와의 안식일인즉 너나 네 아들이나 네 딸이나 네 남종이나 네 여종이나 네 육축이나 네 문안에 유하는 객이라도 아무 일도 하지 말라 이는 엿새 동안에 나 여호와가 하늘과 땅과 바다와 그 가운데 모든 것을 만들고 제 칠일에 쉬었음이라 그러므로 나 여호와가 안식일을 복되게 하여 그날을 거룩하게 하였느니라 _ 출애굽기 20장 8-11절

여호와 하나님이 그 사람을 이끌어 에덴동산에 두사 그것을 다스리며 지키게 하시고 여호와 하나님이 그 사람에게 명하여 가라사대 동산 각종 나무의 실과는 네가 임의로 먹되 선악을 알게 하는 나무의 실과는 먹지 말라 네가 먹는 날에는 정녕 죽으리라 하시니라 _ 창세기 2장 15-17절

서론

지난 몇 주 동안 거룩한 예배에 대한 강조를 많이 했습니다. 공예배 순서에 대한 연속 설교를 한다고도 말씀을 드렸지요. 그러다 보니 교회

가 지금 '주일 예배 잘 드리기 캠페인'을 하는 게 아닌가 오해하실 수 있을 것 같습니다. 주일 1시간 반 동안 예배 잘 드리기 위해서 공예배 연속 설교를 하는 것인가? 물론 일부 맞는 말이기도 하지만, 매우 부족한 답입니다. 왜냐하면, 거룩한 예배는 거룩한 삶을 빼고서는 생각할 수 없기 때문입니다. 오히려 저와 여러분의 거룩한 삶의 회복을 위하여 공예배 설교를 한다고 말하는 것이 더 정확합니다.

사랑하는 여러분, 우리는 거룩한 예배뿐 아니라 거룩한 삶으로 부름받은 자들입니다. 그런데 예배하고 있는 우리는 구별된 삶을 살고 있을까요? 남들이 힘겨워하는 일에 나도 똑같이 힘겨워하고, 남들이 절망하는 일에 똑같이 절망하는 우리 모습에서 구별된 삶의 모습이 나타나고 있습니까? 아니, 거룩한 삶이라는 것은 도대체 무엇일까요? 거룩한 삶은 예배와 무슨 관계가 있을까요? 이 모든 질문의 답이 오늘 본문에 있습니다. 사람의 삶과 예배가 시작된 곳이 바로 에덴동산입니다. 이 에덴에서의 첫 안식에서 거룩한 예배와 거룩한 삶의 관계가 잘 나타납니다. 그래서 오늘 설교는 에덴에서의 첫 안식일이 얼마나 중요한지 간략하게 살펴본 후에, 첫째로 첫 안식일의 '예배'에 대해 살펴보고, 둘째로 첫 안식일에서의 '삶'에 대해 살펴보겠습니다. 셋째로 우리가 잃어버린 첫 안식을 예수님이 어떻게 회복하셨는지 알아보고, 한두 가지 적용을 하도록 하겠습니다.

첫 안식일의 중요성

먼저 에덴에서 아담과 하와가 누렸던 첫 번째 안식이 얼마나 중요한지 말씀드리겠습니다. 성경에 십계명 전문이 출애굽기에 한 번, 신명기에 한 번, 이렇게 총 두 번 나옵니다. 우리가 읽은 출애굽기의 4계명은 출애굽 직후에 시내 산에서 주신 계명인데요, 그때 하나님은 안식일마다 에덴동산에서의 '첫 번째 안식'을 기억하라고 명령하십니다. "이는 엿새 동안에 나 여호와가 하늘과 땅과 바다와 그 가운데 모든 것을 만들고 제 칠일에 쉬었음이라. 그러므로 나 여호와가 안식일을 복되게 하여 그날을 거룩하게 하였느니라"(출 20:11). 하나님의 백성은 이 말씀에 근거하여, 일주일에 한 번 안식일 때마다 하나님께서 복되고 거룩하게 하신 첫 번째 안식일을 생각해야 했습니다. 매주 들으면 평생 얼마나 많이 들어야겠습니까? 그 정도로 첫 안식일이 중요하다는 것을 강조합니다.

그런데 이 십계명이 선포되고 40년이 지나 다시 선포된 신명기에서의 4계명을 보면, 안식일을 지켜야 할 이유가 이렇게 바뀝니다. "너는 기억하라. 네가 애굽 땅에서 종이 되었더니, 너의 하나님 여호와가 강한 손과 편 팔로 너를 거기서 인도하여 내었나니, 그러므로 너의 하나님 여호와가 너를 명하여 안식일을 지키라 하느니라"(신 5:15). 이제는 출애굽 사건을 통해 이스라엘을 구원하신 하나님을 기억하여 안식일을 지키라 하십니다. 이게 어떻게 된 일일까요? 첫 번째 안식에 대한 중요성이 40년 만에 떨어진 겁니까? 아닙니다. 오히려 4계명의 두

가지 버전은 출애굽의 구원 사건이 창세기의 첫 번째 안식일과 깊은 관련이 있음을 드러내고 있습니다.

일전에 말씀드린 것처럼, 출애굽의 구원은 단지 애굽에서 나오는 것으로 끝이 아니었습니다. 약속의 땅 가나안을 차지하고 안식하는 것이 출애굽의 목적이었지요. 즉 안식이 목적이었습니다. 구원의 하나님은 에덴동산에서 사람이 잃어버린 그 첫 번째 안식을 회복하시려고 이스라엘을 구원하신 겁니다. 이에 대해 히브리서의 설교자도 "이미 믿는 우리들은 저 안식에 들어가는도다."(히 4:3) 하며 신자가 영원한 안식에 들어갈 것이라고 이야기하는데, 그 영원한 안식은 어떤 안식인가? "세상을 창조할 때부터 그 일이 이루어졌"(히 4:3)던 안식, 즉 에덴동산에서의 첫 안식이라고 말합니다.

그러니까 하나님의 백성은 예배의 날마다 무엇을 기억해야 했습니까? 사람이 창조주가 주신 첫 안식을 잃어버렸고, 잃어버린 안식의 회복을 위해 하나님이 구원을 베푸셨고, 그들이 완전한 안식을 향해 나아가고 있음을 기억해야 했습니다. 창조와 타락과 구속과 완성입니다. 이 구원 역사를 관통하는 것이 바로 '첫 번째 안식'입니다. 에덴의 첫 안식일은 사람이 잃어버린 안식인 동시에 되찾을 안식이기에 정말 중요합니다.

첫 안식일: 첫 예배의 날

그럼, 첫 안식일의 예배를 살펴봅시다. 창세기를 보면, 첫 안식일이

'창조의 목적이자 절정'임을 알 수 있습니다. 보통 6일째 사람의 창조를 창조의 절정으로 보는 경우가 많은데, 그렇지 않습니다. 하나님은 7일째 안식하심으로 창조를 마치셨고, 안식하심으로 창조를 완성하셨습니다. 그리고 8일째, 9일째에 하나님은 다시 일하셨겠습니까? 아담이 언제 선악과를 먹었는지 알 수 없어서 확실하지 않지만, 만약 8일째, 9일째가 계속되었다면, 하나님은 무엇을 하셨을까요? 계속 안식하셨을 겁니다. 즉 '월화수목금토일일일' 이랬을 겁니다. 정말 좋았겠죠?

그럼 하나님은 어떻게 안식을 누리셨습니까? 가만히 누워서 쉬셨습니까? 하루 종일 주무셨을까요? 아닙니다. 하나님은 사람에게 예배를 만들어 주셨고, 예배 가운데 사람과 교제하고 기쁨을 나누시면서 안식하셨습니다. 첫 안식일은 바로 첫 예배의 날이었습니다.

오늘 읽은 창세기 2장 16-17절이 하나님이 예배를 만드시는 명령입니다.

"여호와 하나님이 그 사람에게 명하여 가라사대, 동산 각종 나무의 실과는 네가 임의로 먹되 선악을 알게 하는 나무의 실과는 먹지 말라. 네가 먹는 날에는 정녕 죽으리라 하시니라"(창 2:16-17).

이 말씀에 하나님이 만드신 첫 예배 순서가 나타납니다. 첫 번째 순서는 '하나님의 부르심'입니다. "여호와 하나님이 그 사람에게 명하여 가라사대," 하나님께서 사람에게 순종해야 할 명령을 주시며 부르시지요. 그러면 두 번째 순서로 사람은 무엇을 해야 할까요? 명령을 받았으니 순종으로 응답해야 합니다. 이 말씀 그대로 '사람이 순종으로 응답하는 것'이 바로 두 번째 순서입니다. 사람이 하나님의 부르심에 순종으로 반응하면, 세 번째 순서로 '교제의 식사'가 약속되어 있습니다. "동산 각종 나무의 실과는 네가 임의로 먹되" 하십니다. 그리고 "선악을 알게 하는 나무는 먹지 말라. 네가 먹는 날에는 정녕 죽으리라." 하십니다. 이 말씀은 "먹지 않으면 정녕 살리라."고 말씀하신 겁니다. 하나님의 명령에 순종하여 선악과를 먹지 않으면, 반드시 살아서 동산 각종 나무 실과와 생명나무 열매까지도 즐거이 먹고 마시는 교제의 식사가 약속되었습니다. 하나님의 부르심-사람의 응답-교제의 식사. 이것이 첫 안식일에 하나님께서 만들어 주신 예배였습니다.[2]

첫 삶: 예배가 중심에 있는 삶

이제 첫 안식에서의 삶을 살펴봅시다. 놀랍게도, 성경에 기록된 하나님과 사람의 첫 번째 대화는 '삶'에 대한 대화였습니다. 창세기 1장 28절 말씀입니다. "하나님이 그들에게 복을 주시며 그들에게 이르시되 생육하고 번성하여 땅에 충만하라, 땅을 정복하라, 바다의 고기와 공중의 새와 땅에 움직이는 모든 생물을 다스리라 하시니라." 하나님은 사람을 창조하신 후 그들에게, 세상에서 사람이 어떤 삶을 살아가야 하는지에 대해 가장 먼저 말씀하신 겁니다. 아담은 이 명령을 받들어 동산을 거닐며 많은 일을 합니다. 2장 15절 말씀처럼 땅을 경작하며

---

2 조나단 깁슨, 『종교개혁가들의 예배 예전』 (서울:CLC, 2022), 54-55

일했고요, 동산을 사탄으로부터 지키는 일도 해야 했습니다. 물론 휴식을 취하며 여가 시간을 보내기도 했을 겁니다. 또한 아담은 하나님이 알려 주신 대로 피조 세계가 지닌 잠재력을 사용하여 생육하고 번성하고 정복하고 다스리는 삶을 살고자 했을 것입니다.

그런데 그 삶이 예배와 명확하게 구분되지 않습니다. '월화수목금토일일일'하며 안식일이 계속된 것처럼, 그의 삶의 영역도 예배와 연결되어 있었습니다. 우선 에덴동산 전체가 하나님과 사람의 교제의 장소였습니다. 창세기 3장 8절을 보시면 아담과 하와가 죄를 짓고 숨어 있을 때, "그들이 날이 서늘할 때에 '동산에 거니시는 여호와 하나님'의 음성을…"(창 3:8) 들었다고 합니다. 여기서 '거닐다'라는 단어는 반복적이고 일상적인 행동을 뜻합니다. 늘 거니셨던 것처럼 그날도 거니셨다는 의미입니다. 하나님은 일곱째 날부터 안식하시며 동산에 임재하셔서 아담과 하와와 늘 거니시며 교제해 오셨습니다. 아담의 삶의 터전인 동산 전 영역이 하나님과의 교제의 장소였습니다.

특히 동산 중앙에 생명나무와 선악과가 있었는데요, 그곳은 특별히 예배의 중요한 장소였습니다. 성막이나 성전에서 '지성소'와 같은 장소가 바로 동산 중앙이었습니다. 지성소의 언약궤에 십계명 돌판이 있었던 것처럼, 선악과에 '선악과를 먹지 말라.' 하신 하나님의 계명이 있었기 때문이죠. 하나님의 권위와 주권을 기억나게 하는 나무가 동산 중앙에 있었습니다. 하나님과 만남의 장소인 지성소가 중앙에 있는 에덴동산은 하나의 거대한 성전이었고, 그 성전이 바로 아담과 하와가 삶을 영위하고 문화를 펼쳐 나가야 하는 장소였던 것이죠. 예배의 장소와 삶의 자리가 뚜렷이 구분되지 않았습니다.

이러한 에덴동산의 모습이 아담과 하와의 삶에 어떤 영향을 주었을지 생각해 봅시다.

아담은 어디에 있든지 동산 한 가운데에 하나님의 권위를 상징하는 나무가 세워져 있다는 것을 생각했을 겁니다. 즉 지리적인 위치가 아담의 삶의 중심에 하나님이 계시도록 한 겁니다. 예를 들어, 아담이 땅을 경작하다가 문득 동산 중앙을 보면, '아, 내가 동산의 동쪽에 있구나.' 하고 생각했을 것입니다. 하와와 산책하다가 동산 중앙을 보면, '아, 우리가 선악과에서 조금 멀리 떨어져 있구나.' 했을 겁니다. 예배의 장소가 삶의 중심에 늘 영향을 미치는 곳이 에덴이었다는 겁니다.[3] '동산 중앙에 예배가 있다.'는 개념은 시골 출신인 저에게 너무나 익숙한 개념입니다. 저에게는 고향과 같은 경남 합천군 초계 마을은 가장 높은 언덕에 교회가 있습니다. 그런 마을에 있으면 내가 어디 있는지를 교회를 보고 확인합니다. 유럽의 마을도 교회가 가장 높은 곳에 있도록 디자인된 곳이 많습니다. 교회가 마을과 삶의 중심을 잡아주는 기준 역할을 하도록 한 겁니다. 이처럼 아담과 하와의 삶에도 하나님의 계명이 있는 지성소, 즉 선악과가 중심에 있었습니다.

그 나무는 단지 지리적으로만 에덴의 중심에 있었을까요? 아마 그렇지 않았겠죠. 그 동산 중앙에는 하나님의 계명, 즉 하나님의 계시의

---

3 Nate Sahnnon, '기독교 인식론의 기본틀' 강의 중, Westminster Seminary 'Apologetics and Preaching' 과목 2023년 겨울학기 10강

말씀이 있었기 때문입니다. 하나님은 아담의 마음과 삶의 중심에 하나님의 말씀과 예배가 있게 하셨습니다. 하나님은 아담의 삶이 예배 중심의 삶이 되도록 허락하셨습니다. 조금 어려운 말로, 모든 일을 신학적으로 할 수 있도록 허락하신 것입니다. 에덴이 이렇게 디자인되었다는 것은, 아담이 앞으로 만들어 갈 모든 것이 하나님 중심적이어야 함을 나타냅니다. 타락이 없었다면, 사람이 만들어 내는 모든 것이 하나님께 간접적으로 영광이 되었을 것입니다. 삶의 모든 것이 하나님을 영화롭게 하고 하나님을 기쁘시게 하는 것이었을 겁니다. 사람이 생육하고 번성하고 정복하고 다스리며 만들어 내는 모든 것의 중심에 하나님과 하나님이 세우신 질서가 있었을 것이기 때문입니다.

한마디로, 아담에게는 첫 안식의 날들이 예배와 예배가 아닌 '삶'으로 나누어지지 않았을 겁니다. 예배를 중심으로 모든 삶이 직간접적으로 예배와 연관되어 있었다는 겁니다.

심지어 죄로 인하여 많은 것이 오염되어 있는 오늘날에도, 그리스도인이 학문이나 기술이나 삶의 질서를 깊이 경험하는 과정에서 세상을 운행하시는 하나님의 질서를 희미하게나마 발견하곤 합니다. 쉽게 말해, 의사가 환자를 진료하면서 치유의 하나님을 경외하는 일이 생기고요, 건축 설계를 하면서 하나님이 창조 세계를 세워가시는 선한 계획을 깨달으며 즐거워하기도 합니다. 운동을 지속하면서 질병을 이겨내고 건강을 회복하는 과정에서도 하나님의 창조의 오묘함을 찬양할 수 있습니다. 음악과 미술에 대한 이해가 깊어지면, 하나님의 영광의 아름다움에 대한 감각이 커지고요, 말로 표현할 수 없는 하나님의 영광을 작품으로 표현할 수 있게 됩니다. 일주일에 수십 개의 기저 귀를 갈거나, 군대에서 이등병 생활하면서는 우리를 섬기러 오셨다는 말씀에 울컥하고 깨우쳐져서 찬송하게 될 때가 있지요. 또 무엇이 있을까요? 모든 삶에서 공부하고 일하고 고치고 돕고 돌보고 만드는 과정이 예배가 될 수 있다는 겁니다. 그 일을 행하는 사람의 중심에 하나님이 주신 말씀과 예배와 '안식'이 있다면요.

이것이 바로 첫 '안식'의 모습이었습니다. 예배와 삶이 일치된 곳, 중심에는 예배가 있고, 삶의 모든 것이 예배로 연결되는 에덴동산, 거기로부터 생육하고 번성하여 안식의 기쁨이 온 땅에 충만해지기까지 확장되는 세계가 바로 하나님이 창조하신 세상이었습니다. 그러나 아시다시피, 우리는 아담이 누리던 그 멋진 안식과 교제와 기쁨을 죄로인해 잃어버렸습니다. 그래서 십계명이 안식을 '명령'하고 있지요. 죄인에게 그 안식은 사라지고 없어졌기 때문입니다.

복음

사랑하는 성도 여러분, 그래서 하나님이 새 일을 행하셨습니다. 그리스도 예수를 보내셔서 첫 안식에서 아담이 누리던 거룩한 예배와 거룩한 삶을 되찾아 주셨습니다. 그리스도께서 십자가에서 이루신 새 일을 통해 안식을 되찾아 주셨지요. 그 안식은 아직 완성되진 않았지만, 이미 우리 안에서 시작되었고, 날이 갈수록 그 안식은 점점 확장되고 있습니다. 즉 주일에만 예배하는 삶에서 점점 월, 화, 수, 목, 금, 토, 일주일 내내 예배하는 삶으로 변해가고 있습니다. 교회에서만 예배하는 삶이 아니라 직장과 가정에서 예배하는 삶으로 안식이 확장되고 있습니다. 이 일을 주도하시는 분이 바로 우리 중심에 계신 성령님이십니다. 성령님이 우리 몸을 성전 삼으셔서 우리의 안식이 점점 확장되고 있는 겁니다(고전 6:19). 이제 우리는 선악과로 달려가거나 성전으로 달려가서 하나님을 예배하지 않습니다. 언제 어디서든, 우리 안에, 마음 중앙에 계신 성령님을 통해 마음을 들어 올려 삼위 하나님과 교제하며 예배할 수 있게 되었기 때문입니다.

아직은 영원한 안식에 들어가지 않았기에, 우리의 예배는 완전하지 못합니다. 그러나 분명한 것은, 우리 안에 계신 성령님께서 말할 수 없는 탄식으로 간구하시며(롬 8:26) 우리의 기도를, 우리의 예배를 돕고 계시다는 겁니다. 그래서 우리의 몸을 하나님이 기뻐하시는 거룩한 산 제물이 되게 하시고, 거룩함으로 삶 속에서 예배하는 자들이 되게 하십니다(롬 12:1). 이것을 믿으셔야 합니다. 우리가 공부하고 일하며 알아가고 만들어 가고 있는 모든 것들로 예배할 수 있도록, 성령님이 우리 안에 거하시며 돕고 계신다는 걸 믿어야 합니다. 하나님은 이 믿음을 강하게 하시려고 한 주에 한 번, 주일에 모두가 모여서, 우리가 잃어버린 안식을 되찾았으며, 완전한 안식으로 나아가고 있다는 복음을 듣고 바라보며 기억하게 하셨습니다. 그래서 우리가 주일마다 함께 예배하고 있는 겁니다.

적용

사랑하는 성도 여러분, 공예배를 잘 드리자는 말은, 삶을 등한시하자는 말이 아닙니다. 오히려 정반대입니다. 우리의 삶이 무너지는 이유는 삶의 중심에 예배가 없거나 예배의 거룩함을 잃어버렸기 때문입니다. 우리가 하나님께서 회복하신 성전이라는 사실, 하나님이 회복하신 동산 중앙이라는 사실을 기억해야 합니다. 하나님의 계명이 어디 있습니까? 하나님 아버지의 말씀이 항상 우리 마음 중앙에 있어야 합니다. 말씀이신 그리스도가 마음 중앙에 있어야 합니다. 하나님의 말씀을 새기시는 성령님이 마음 중앙에 와 계시기 때문입니다. 거기로부터 삶의 모든 것이 시작되어야 합니다. 그래야 우리 삶에 안식과 평안이 시작됩니다.

혹 여러분 가운데, '예배는 무슨 예배인가? 삶이 얼마나 바쁜데, 이렇게 삶이 팍팍한데, 이렇게 내 삶이 버거운데, 주일 예배 잘 드리자는 말만 계속 하는가?' 이런 생각을 하는 분이 계실지 모르겠습니다. 그러나 어렵고 분주하고 버겁고, 그렇게 삶이 무너지는 이유는 뭡니까? 그 모든 삶의 현장에서 어떻게 예배해야 할지 모르기 때문입니다. 예배하지 못하는 삶의 현장에서 우리가 안식할 수는 없기 때문이죠. 우리가 성전이기 때문에, 예배를 잃어버리면 무너집니다. 삶에서 안식을 잃고 무너진다면, 그건 예배의 문제인 겁니다. 우리가 육아하면서, 아픈 가족을 돌보면서, 마음을 괴롭게 하는 일들을 겪으면서, 싸우고 갈등하면서, 어떻게 하나님께 예배해야 할지 모를 때 무너지는 겁니다. 번영이나 성공이 해결하지 못하고요, 경제적 자유도 해결해주지 않습니다.

육아하고 병시중 들면서도 하나님을 예배할 수 있을 때, 성도는 안식을 누리게 됩니다. 그걸 평안이라 합니다. 성경이 말하는 평안은 아무 일 없이 모든 것이 만족스러운 상태를 말하는 게 아닙니다. 기억합시다. 우리는 환경이 받쳐주고 조건이 맞아떨어져야 안식할 수 있는 존재가 아닙니다. 안식은 환경이나 조건에 있지 않고 예배에 있습니다. 하나님은 우리가 예배할 수만 있다면, 언제 어디서든 안식을 누릴 수 있는 새로운 피조물이 되게 하셨습니다. 그래서 우리 선조들은 카타콤과 지하 감옥에서도 안식을 누렸고, 돌에 맞고, 따돌림을 당하고, 온갖 고문을 당하고, 심지어 불 속에 들어가거나 사자 밥이 되면서도 안식할 수 있었습니다. 여러분, 그분들이 특별했던 게 아닙니다. 그 안에 계신 성령님이 특별하셨던 거죠. 동일한 성령님이 저와 여러분 속에도 계십니다. 이것이 놀라운 사실이죠. 우리도 언제 어디서든 예배하며 안식할 수 있음을 믿으시기 바랍니다.

우리는 주일 공예배 순서마다 예수님을 만나 교제하면서 그리스도 안에서 안식합니다. 그 안식 속에서 성령님이 우리를 예수 그리스도의 형상으로 빚으십니다. 예배가 끝나면 삶으로 돌아가, 그리스도의 형상으로 살도록 도우십니다. 일하고 무엇인가를 만들고 고치고 치료하고 공부하고 상담하고 읽고 쓰고 말하고, 심지어 놀고 노래하는, 모든 생활 속에서, 그리스도의 형상을 가지고 예배할 수 있도록 도우십니다. 지금 여기에서, 하나님과 교제하는 안식을 누리게 하십니다. 이 평안, 이 기쁨을 누리게 하시려고, 삼위 하나님은 우리를 공예배로 부르십니다. 그러니 매 주일, 공예배 가운데 주님과 만나고, 교제하며, 안식하시기 바랍니다. 그리스도의 형상으로 빚어지고, 삼위 하나님이 강복을 선언하실 때 삼위 하나님과 함께 예배당 문을 열고 삶으로 기쁘게 나아가기를 바랍니다.

상상해 보십시오. 우리가 모든 삶의 문제 속에서, 그 불구덩이 같고 감옥과 같은, 그 고문과 돌에 맞는 것 같은 삶 속에서, 우리 선조들과 같이 예배할 수 있다면 어떨까요? 우리는 세상이 줄 수 없는 평안 가운데, 그 모든 문제 속에서도 안식하게 될 것입니다. 이것이 그리스도인이 가진 경건의 능력이며, 우리와 함께하시는 삼위 하나님의 복입니다. 이 복과 이 능력과 삼위 하나님의 함께하시는 은혜가 올 한 해, 예배하는 저와 여러분에게 충만하기를, 성부와 성자와 성령의 이름으로 간절히 축원합니다.

초청에서
강복 선언까지

/

1장 초청

1장 초청

삼위 하나님의 초청을 받는 교회
(신 4:10-12)

정중현 목사

네가 호렙 산에서 네 하나님 여호와 앞에 섰던 날에 여호와께서 내게 이르시기를 나를 위하여 백성을 모으라 내가 그들에게 내 말을 들려서 그들로 세상에 사는 날 동안 나 경외함을 배우게 하며 그 자녀에게 가르치게 하려 하노라 하시매 너희가 가까이 나아와서 산 아래 서니 그 산에 불이 붙어 화염이 충천하고 유암과 구름과 흑암이 덮였는데 여호와께서 화염 중에서 너희에게 말씀하시되 음성뿐이므로 너희가 그 말소리만 듣고 형상은 보지 못하였느니라 _ 신명기 4장 10-12절

들어가며: 초청

오늘은 주보의 첫 순서인 '초청'을 주제로 설교합니다. 초청 때 무엇을 했습니까? 한번 떠올려 봅시다. 먼저 목사가 "정해진 시간이 되었습니다. 모두 일어나셔서 유일하고 참되신 성부 성자 성령 삼위 하나님께 경배를 드립시다!" 하면, 여러분이 자리에서 일어납니다. 자리에

서 일어나는 것은 하나님을 높이고 공경하는 마음으로 예를 갖추는 것입니다. 모두 일어서면, "예배로 초청하신 삼위 하나님의 음성을 들으십시오!" 하고 목사가 성경 말씀을 선포합니다. 그럼 여러분이 "아멘!" 합니다. 이것이 '초청'이라는 순서입니다.

우리 자녀들, 초청이 무엇입니까? 비슷한 말로 '초대'가 있죠. 삼위 하나님께서 우리를 예배로 초대하신다는 뜻입니다. 목사가 초청하는 것이 아니라, 삼위 하나님이 초청하십니다. 그래서 목사의 말로 인사하지 않고 성경 말씀을 선포하는 겁니다. 예배는 이렇게 삼위 하나님의 초청으로 시작합니다. 초청이 있기 전에 우리가 예배당에 모여 앉아 있지만, 모인 사람들은 다 하나님의 초청 덕분에 모일 수 있는 겁니다. 이 사실을 믿으며 초청의 말씀을 들어야 합니다. 삼위 하나님이 초청하지 않으시면, 우리는 예배할 수 없습니다. 우리 자녀들은 일어나서 초청의 말씀을 들을 때, 하나님의 초대를 받았다는 기쁨으로 예배를 시작할 수 있기를 바랍니다.

사실 '초청(Call to worship)'이라는 순서는 예전의 역사로 보면 그리 역사가 깊지 않습니다. 20세기에 미국 장로교 예배가 장로교 전통에서 너무 멀어져서 예배 개혁이 일어났습니다. 그때, 예배의 시작은 하나님이 회중을 부르는 순서로 시작하는 게 좋겠다고 해서 만들어진 것이 '초청'입니다. 그 이전에는 '보툼(votum)'이라고 해서, 우리가 하나님의 도움을 청하거나 기도하면서 예배를 시작했었습니다. 이와 달리 초청은 하나님께 예배 시작의 주도권을 드린 것입니다.[4]

---

4 박삼우, '예배 부름은 하나님께서 회중을 예배로 부르는 순서이다", 기독교보 2015.9.9.

당시 신학자인 로버트 G. 레이번은 초청이 단지 우리 몸을 예배 장소로 초대한다는 의미가 아니라고 말합니다.[5] 이게 무슨 말입니까? 저와 여러분은 예배당에 있지만, 예배할 준비를 마친 사람은 아무도 없습니다. 왜냐하면 우리가 이 땅의 것들에 더 마음이 사로잡힌 채로 앉아 있기 때문입니다. 어떤 분은 교회로 오면서 가족과 차에서 다툰 일 때문에 기분이 상해 있습니다. 어떤 분은 주중에 반드시 처리해야 할 중요한 사업 결정에 마음이 가 있습니다. 어떤 자녀는 중독적인 노랫말을 마음으로 계속 흥얼거리고 있습니다. 마음속에 있는 것들을 다 세는 것이 불가능할 정도로 우리는 복잡한 마음, 준비되지 않은 마음을 가지고 예배당에 모입니다. '초청'은 복잡한 생각에서 우리를 불러내어서 하나님 앞에 세우는 순서입니다. 여기 모인 회중이 하나님과 교제하는 특권을 가졌기 때문이죠. 하나님과 연합하는 특권을 누리도록 어지러운 마음에서 하나님 앞으로 우리를 불러내는 시간이 바로 '초청'입니다. 이처럼 하나님은 우리의 육체를 교회당으로 부르실 뿐 아니라, 이 땅의 것에 사로잡힌 생각과 마음을 예배하도록 불러내어 하나님 앞에 세우십니다. 그러니 초청의 역사는 비록 짧을지라도, 얼마나 복된 순서인가요?

심지어 오늘 본문을 보면, '초청'이라는 예배 순서가 20세기에 와서야 탄생한 것은 아니라는 걸 알 수 있습니다. 함께 말씀을 살펴보면서 공예배 역사 속에 늘 있어 왔던, 하나님의 초청을 확인하며 말씀의

---

5 Robert G. Layburn, O. come let us worship (Grand Rapid: Baker Book House Company, 1980), 174.

은혜를 나누겠습니다. 먼저 우리는 본문을 통해 누가 부르셨는가? 삼위 하나님이 부르셨다는 사실을 살펴보겠습니다. 둘째로 누구를 부르셨나? 교회를 부르셨다는 사실을 살펴봅니다. 마지막으로 왜 부르셨나? 듣게 하시려고 부르셨다는 사실을 살펴봅니다. 이 과정에서 우리가 '초청'받은 자로서 어떤 감사를 드리며 살아가야 할지 생각해 보겠습니다.

하나님의 초청

먼저 오늘 본문의 배경에 대해 간략히 설명드리겠습니다. 신명기 1장부터 4장은 신명기에 나오는 모세의 첫 번째 설교입니다. 이스라엘 백성이 모두 모여 언약을 갱신하는 예배 때 모세가 전한 설교이지요. 신명기 1장 3절은 이때를 출애굽 이후 40년이 지나고, 열한 번째 달 첫날이라고 기록하고 있습니다(40년 11월 1일). 이 설교에서 모세는 호렙 산지의 시내 산에서 출발하여 모압 평지에 이르기까지 40년 동안 하나님이 이스라엘 백성과 함께하신 일들을 설명합니다(신 1:1-3:29). 그리고 이제 율법을 지키는 것이 얼마나 중요한지를 설명하기 위해 그 율법을 받았던 날, 그러니까 시내 산에서 이스라엘 백성이 처음 예배한 날에 어떤 일이 있었는지 설명합니다. 우리가 읽은 말씀은 시내 산에서 있었던 예배 순서 중 맨 처음으로 있었던 일에 대한 묘사입니다. 그것이 무엇입니까? "모이라!" 하시는 하나님의 부르심, 그것이 맨 처음 있었다는 겁니다.

그러면 첫째로, 누가 모이라고 부르십니까? 여호와 하나님께서 모이라고 부르십니다.

"네가 호렙 산에서 네 하나님 여호와 앞에 섰던 날에 여호와께서 내게 이르시기를…"(신 4:10). 여기에서 '나'는 모세이고, '너'는 이스라엘 백성입니다. 호렙 산에서 모세에게 이스라엘 백성을 부르라고 명하신 분은 '하나님 여호와'이십니다. 하나님께서 백성을 부르셨습니다. 이스라엘 백성이 구원받은 후에, 공식적인 언약을 맺는 첫 예배가 '자기 백성을 불러 모으시는 하나님'으로부터 시작되고 있지요. "나를 위하여 내 백성을 모으라."(신 4:10) 하실 때, 예배가 시작된 것입니다.

이것은 우리가 지난 몇 주간 살펴본 에덴에서의 예배 모습과 다르지 않습니다. 하나님은 아담을 말씀으로 부르심으로 창조 후 첫 번째 예배를 시작하셨습니다(창 2:16-17). 아담이 죄를 지었을 때도, 하나님은 먼저 아담을 부르셨습니다. "여호와 하나님이 아담을 부르시며 그에게 이르시되 네가 어디 있느냐."(창 3:9) 하셨을 때, 죄로 타락한 아담의 예배가 하나님의 주권적인 부르심으로 시작되고 있었던 것입니다. 하나님께서는 아브라함을 부르셨고, 아브라함을 비롯한 그 대대 후손 사이에 언약을 맺으셔서 신실하게 약속을 지키셨습니다(창 17:7). 야곱을 이스라엘이라고 부르신 하나님은 그의 열두 아들을 통해 열두 지파를 이루게 하셨습니다. 애굽에서 종살이하고 있던 이스라엘을 구출하기 위해 하나님은 모세를 부르셨습니다. 모세와 백성이 출애굽 한 이후에 가장 먼저 이른 곳이 모세가 부름받았던, 호렙 산지의 시내 산이었습니다(출 3:1-2). 시내 산에서 하나님은 이스라엘 열두 지파를 제사장 나라요 거룩한 백성이라고 부르시면서, 하나님을 위한 거룩한 예배를 시작하게 하셨습니다.

그러나 이 열두 지파의 예배는 하나님의 부르심에 합당하지 못한 방향으로 흘러갑니다. 시내 산에서 깨어버린 금송아지가 부활하지요. 여로보암이 북이스라엘에 세운 두 곳의 예배 장소에서 부활합니다. 르호보암의 남유다 역시 우상숭배로 질투하시는 하나님의 진노를 격발하였습니다. 이들 모두 하나님께서 예배로 부르시는 말씀을, 아담처럼 바알과 아세라의 초대의 말로 대체해 버리고 말았습니다.

그러나 하나님은 그분의 영광을 우상에게 주지 않으셨습니다. 하나님의 영광을 위한 하나님의 열심으로 당신의 아들을 보내셨지요. 예수 그리스도께서 오셔서 무엇을 하셨습니까? 주권적으로 열두 제자들을 부르셨습니다. 예수님은 열두 지파를 대신해 부르신 열두 제자들 위에 교회를 세우십니다. 그리고 아브라함의 혈통적 자손이 아닌 그리스도를 믿는 메시야의 백성들을 지금도 부르고 계십니다. 그리스도께서 하늘 보좌 우편에서 기도하시는 가운데, 그의 몸된 교회를 통해 새로운 하나님의 백성이 성령님의 부름을 받고 모집되고 있습니다. 예배로의 부르심이 삼위 하나님의 주권적인 은혜로 자기 백성에게 주어지고 있는 겁니다.

사랑하는 성도 여러분, 이처럼 하나님께서 자기 백성을 예배로 부르신다는 것은, 예배가 하나님의 은혜요 선물이라는 것을 알려 줍니다. 예배는 하나님께 나아가고자 하는 사람의 몸부림이 아니라는 겁니다. 그런데 우리의 현실은 어떻습니까? 겉으로는 별일 없어 보여

도, 이 예배당에 앉기 위해 여러 갈등과 마음의 부침과 장애물을 경험할 때가 많지 않습니까? 몸부림을 쳐야 겨우 예배하러 올 수 있는 날이 많지 않습니까? '초청'의 말씀을 들을 때, '아, 하나님께서 부르셔야 예배할 수 있구나. 예배함이 선물이구나.' 이런 마음이 도무지 생기지 않지요.

그러나 사랑하는 여러분, 하나님이 부르시기 때문에 우리가 모이게 됩니다. 우리가 여기 모이기 전에 무엇이 있었습니까? 예배하러 오려고 몸부림치기 전에, 부침과 장애물과 갈등을 경험하기 전에 무엇이 있었나요? 네, 지난 주일 예배 끝에 '강복 선언'이 먼저 있었습니다. 그리스도의 은혜와 하나님의 사랑과 성령님의 교통하심 속에 삼위 하나님이 우리와 한 주 내내 동행하시겠다는 약속이 먼저 있었습니다. 삼위 하나님의 동행이 있었습니다. 그 모든 장애를 넘어 예배하러 모일 수 있도록, 삼위 하나님이 함께하신 것입니다. 그리고 우리가 몸부림치기 전에, 그리스도의 기도가 먼저 있었습니다. "내가 비옵는 것은 저희를 세상에서 데려가시기를 위함이 아니요 오직 악에 빠지지 않게 보전하시기를 위함이니이다"(요 17:15). 우리가 세상에서 데려감을 당하지 않고, 즉 죽지 아니하고, 악에 빠지지 않고, 우리 생명과 신앙이 보전되어 이 자리에 앉아 있는 것은, 우리의 대제사장이신 그리스도께서 비셨기 때문이고, 아버지께서 그 간구에 응답하신 결과입니다. 그래서 성령님의 도움을 받아 여러분이 여기 예배의 자리에 초청받아 앉아 계시는 겁니다. 사랑하는 성도 여러분, 그래서 예배는 하나님의 주권적인 선물입니다. 예배로 초청을 받으실 때마다 실제로 삼위 하나님이 내 삶을 주도하셨기에 예배에 나올 수 있었음을 기억하고 감사합시다. 이 예배 또한 삼위 하나님이 주도하신다는 사실을 인정하며, 삼위 하나님만을 높이고 경배하는 여러분 되시기를 바랍니다.

둘째, 하나님은 누구를 모이라고 부르셨습니까? '교회'를 모이라고 부르셨습니다.

오늘 본문 말씀은 예배의 시작이라는 측면에서도 중요하지만, 교회의 시작이라는 측면에서도 매우 중요한 말씀입니다. 왜냐하면 오늘 본문 말씀에서 '교회'라는 단어가 생겨났기 때문입니다. 초대교회 스데반 집사가 유대인을 향해 설교할 때 '광야교회'(행 7:38)라는 표현을 쓰는데요, 이것은 스데반 집사가 창작한 독특한 표현이 아닙니다. 오늘 "내 백성을 모으라."(신 4:10) 하실 때, 이 '모으라'는 히브리어 '카할'이 바로 '회중' 혹은 '총회'(민 16:3; 신 31:30)라는 단어의 기원입니다. 이 '총회'라는 단어가 70인역이라는 성경에서 헬라어로 기록될 때, '에클레시아', 즉 '교회'라고 기록됩니다.[6] 하나님께서 부르셔서 예배하기 위해 그 앞에 모인 백성이 곧 교회라는 말입니다. 하나님께서 백성을 부르시는 초청의 말씀에서 예배와 교회가 동시에 시작된 겁니다. 참 놀랍지요. 즉 '모이라'는 초청의 말씀은 단순히 예배를 시작하자는 선언이 아닙니다. '교회'의 정체성이 '모이라'는 초청의 말씀에 담겨 있는 것입니다.

6 안재경, "너희가 예배를 아느냐?: 예배 시간에 대체 무슨 일이 일어나는가?", 매거진 Re (여수: 그라티아, 2013), 60-61.

그러니까 하나님은 우리가 매주 하나님의 초청을 받아 모여서 예배할 때마다, 우리가 누구인지 기억하게 하시는 겁니다. 우리가 누구입니까? 하나님의 부르심을 받은 사람들이죠. 실제로 저와 여러분 모두, 각각의 이름이 교회 안에서 하나님의 부름을 받아 교회에 소속됩니다. 우리의 이름이 교회 안에서 언제 처음 부름을 받습니까? 그리스도께서 제정하신 세례의 자리입니다. 세례받을 때, 우리의 이름이 거룩한 공교회의 일원으로 하나님의 호명을 받지요. 그때 하나님은 우리의 이름을 부르시면서, 성부 하나님의 이름 안으로, 성자 하나님의 이름 안으로, 성령 하나님의 이름 안으로 우리를 연합시키십니다. 이 사실을 '초청' 때마다 기억하며 감사하며 경배하시기 바랍니다.

사랑하는 성도 여러분, 이 세례의 부르심 때문에 우리 인생은 실패가 없는 인생이 되었습니다. 여러분이 시험을 망칠 수는 있지만, 삼위하나님의 부르심을 받는 일에서는 망칠 수가 없습니다. 여러분이 승진에서 탈락할 수는 있지만, 삼위 하나님의 부르심을 받는 일에서 탈락할 순 없습니다. 여러분이 계획을 그르칠 수는 있지만, 삼위 하나님의 부르심을 받는 일을 그르칠 수는 없습니다. 여러분이 어떤 직장이나, 어떤 학교나, 어떤 직위나, 어떤 위치에 오르다 실패할 수 있지만, 삼위 하나님의 부르심을 받는 일을 실패할 순 없습니다. 삼위 하나님의 신실함 때문입니다. 하나님께서는 누구를 부르십니까? 그분이 미리 정하신 자들을 부르십니다. 부르신 자들을 의롭다 하시고, 의롭다하신 자들을 영광스럽게 하십니다(롬 8:30). 모든 것보다 영광스러우신 그분의 이름, 성부 성자 성령의 이름 속으로 우리가 세례받을 때, 하나님은 우리를 그 이름의 영광 속에 초청하십니다. 그래서 우리는 영광스러운 그리스도의 형상을 닮아가며, 날로 더욱 영광스러워지는 겁니다. 그분의 뜻대로 부르심을 입은 자들에게는 궁극적으로 실패란 사라지고, 모든 것이 합력하여 선을 이루게 됩니다(롬 8:28). 예배로 초청받고 계신 사랑하는 성도 여러분, 하나님께서 궁극적인 실패가 사라진 인생을 선물로 주셨습니다. 예배로 부름받을 때마다 이런 삶을 주신 하나님께 격려와 위로를 얻으시기 바랍니다.

셋째, 하나님은 왜 모이라고 부르십니까? 말씀을 들려주시려고 부르십니다.

"내가 그들에게 내 말을 들려서 그들로 세상에 사는 날 동안 나 경외함을 배우게 하며 그 자녀에게 가르치게 하려 하노라 하시매"(신 4:10). 하나님은 하나님을 경외하는 법을 알려 주겠다 하십니다. 말씀을 들려줌으로써 배울 수 있게 하겠다 하십니다. 그리고 선포하신 것이 바로 열 가지 언약의 말씀, '십계명'이죠. 13절과 14절에 보면, "여호와께서 그 언약을 너희에게 반포하시고 너희로 지키라 명하셨으니 곧 십계명이며 두 돌판에 친히 쓰신 것이라. 그때에 여호와께서 내게 명하사 너희에게 규례와 법도를 교훈하게 하셨나니 이는 너희로 건너가서 얻을 땅에서 행하게 하려 하심이니라."(신 4:13-14) 하셨습니다. 하나님은 율법과 규례와 법도를 통해 백성들이 일상생활 가운데서 어떠한 모습으로 경외함을 표현해야 하는지를 구체적으로 가르치셨습니다. 종을 어떻게 대해야 하는지(출 21:2-11), 폭력을 쓴 자에게 어떻게 해야 하는지(출 21:12-27), 소가 사람을 죽게 하면 그 임자에게 어떻게 해야 하는지(출 21:28-32) 상세하게 설명하시죠. 여호와를 경외하는 삶을 배울 수 있는 말씀, 그래서 자녀에게 전수해 줄 수 있는 말씀을 들려주시려고 하나님은 우리를 예배로 부르십니다.

이 말씀은 교회를 삶의 예배로, 또 가정 예배로 부르시는 말씀이기도 합니다. 생각해 보십시오. 하나님의 말씀을 들었습니다. 거기서 경외함을 배웠습니다. 배운 것을 자녀에게 가르치려 합니다. 그러면 이 과정에서 반드시 필요한 것이 무엇입니까? 하나님을 경외하는 삶입니다. 앞서 보셨듯이, 십계명을 포함하여 하나님이 들려주신 말씀의 내용이 다 삶과 밀접한 관련이 있습니다. 삶에서 하나님을 경외하는 예배가 없다면, 자녀에게 여호와 경외하는 것이 무엇인지 보여 줄 방법도, 가르칠 방법도 없습니다. 자녀들이 부모에게 무엇을 배웁니까? 말하는 내용을 배우지 않고 말투를 배웁니다. "기도 똑바로 하자!" 해서 똑바로 하는 게 아니라, 부모님의 기도 언어를 통해 똑바른 기도를 배웁니다. 하나님을 경외함은 매우 실천적인 지식이기 때문에 가르침이 반드시 삶과 함께 가야 합니다. 그래서 신명기 6장을 읽어 보면, 하나님은 말씀을 마음에 새기고, 자녀에게 부지런히 반복적으로 계속 가르치고, 집에 앉든지, 길에 다니든지, 누웠을 때나 일어날 때도 말씀을 가르치고, 손목에도 기호를 삼고 미간에도 붙이고 문설주, 바깥문에도 말씀을 기록하라고 말씀하십니다(신 6:6-9). 마음에 새긴 말씀을 집에서, 가정을 거쳐, 문밖의 공적인 영역에 이르기까지 삶에서 보여 주고 가르칠 수 있어야 한다고 명령하신 겁니다.

이러한 명령은 엄청난 부담으로 다가옵니다. 그러나 그리스도 안에 있는 자에게는 이 명령도 복음 안에서 기쁜 명령이 되었음을 믿습니다. 마음으로부터 문 바깥의 공적인 영역에 이르기까지 모든 삶에서 하나님을 사랑하고 경외하고 죽기까지 순종하신 분이 우리 안에 계십니다. 그래서 우리는 우리 자신을 완벽한 도덕적 표본으로 만들려는 노력을 그쳐도 됩니다. 우리의 실패 속에서도 완벽하신 그리스도를 증거할 수 있게 되었기 때문입니다. 이 그리스도를 증거하는 것이 삶의 예배와 가정 예배의 본질입니다. 부부끼리 사랑이 넘치는 대화를 하다가 곁에서 듣고 있는 아들에게 "아들아, 바로 이 대화가 예수님 덕분에 할 수 있게 된 대화란다."라고 가르칠 수 있다면, 그 시간이 가정 예배가 될 수 있습니다. 짧은 시간이지만, 자녀가 이런 대화를 가능하게 하시는 예수님을 찬송하게 된다면 예배가 아니라 할 수 없겠죠. 운전하다가도 예수님 때문에 바뀌게 된 운전 태도란 무엇인지, 하나님께서 생명 보호를 위해 무엇을 명령하셨는지 알려줄 수 있다면, 그 시간이 가정 예배라는 거죠. 이뿐만 아니라 우리의 실패도 그리스도를 증거할 수단으로 만들 수 있게 되었습니다. 지난주처럼 긴 연휴를 보낼 때, 우리는 게으름이나 분노와 같은 여러 죄에 더 노출되기 쉽습니다. 그때 서로 간에 지은 크고 작은 죄에 대해서 용서를 구하면서 그리스도 안에서 예배하며 안식하는 것이 정말 쉼이 된다는 걸 경험할 수 있었다고 고백한다면, 거기에서 예배가 일어나게 되는 것이지요. 아프거나 괴로운 시간을 보내면서 마음이 너무 힘들면 자녀에게도 누구에게도 아무것도 해줄 수 없는 시절을 지나게 됩니다. 그럴 때는 오히려 자녀에게 기도를 부탁하면서, 이런 어른조차 나약하고, 예수님의 도움 없이는 아무것도 할 수 없다는 것을 고백합시다. 자녀는 우리의 그 나약한 고백에서 하나님의 강함을 보게 될 것이고, 하나님을 더욱 의지하게 되는 예배의 시간을 갖게 될 겁니다. 이처럼 오히려 우리는 우리가 약할 때, 그리스도의 강함을 자랑할 수 있는 복된 인생이 되었습니다. 이것이 복음의 힘이고 그리스도의 초청을 받은 자들의 능력입니다.

이처럼 하나님이 예배로 초청하시며 부르실 때는, 우리가 그리스도 안에서 예배를 배우게 하시려는, 그리스도 안에서 우리에게 예배를 가르치게 하시려는 목적이 있습니다. 오늘 우리는 하나님의 초청에 대해 들었습니다. 따라서 이제 우리는 자녀들에게 하나님께 초청받은 그리스도인의 삶의 기쁨에 대해서, 예수님이 이루신 초청의 아름다움에 대해서 증거할 준비를 하며 예배해야 합니다. 이것은 자녀가 있건 없건 상관이 없습니다. 그리스도께서 우리 모두를 그리스도의 형제자매요, 하나님의 자녀와 가족으로 만드셨기 때문입니다. 주경외함을 배워서 가르쳐야 할 사람들은 교회 안에 많습니다. 그리스도를 의지하는 것을 배워서 나누어야 할 사람이 교회에 많습니다. 예배의 시작에서 하나님의 초청을 들으실 때, '초청해 주신 하나님, 감사합니다. 오늘도 들려주시는 말씀으로 어떤 삶의 예배를 드려야 할지 알려 주세요.' 이렇게 기도로 초청을 받아들이는 여러분 되시기를 바랍니다.

결론: 초청하시는 주님을 따르는 교회

삼위 하나님은 그렇게 우리를 예배로 초청하시며, 예배에서 삶의 예배로 초청하십니다. 주님께서 어디로 초청하시든 기쁨으로 따라나서는 저와 여러분 되기를 바랍니다. 여러분이 계신 곳은 어떤 삶입니까? 어떤 난관이 있습니까? 어떤 한숨이 있습니까? 어떤 기도가 나옵니까? 어떤 막막함이 있습니까? 용서해야 할 사람이 있습니까? 사랑해야 할 사람이 있습니까? 인내해야 할 사람이 있습니까? 그러한 삶에서 예배로 초청하시는 삼위 하나님을 좇아 이곳에 모여 예배하고, 그리스도, 곧 우리의 유일한 위안으로 말미암아 만족하시기 바랍니다. 그리고 다시 삼위 하나님이 초청하시는 삶을 향해 따라나설 때는 모든 광교장로교회 성도가 그리스도의 은혜와 하나님의 사랑과 성령의 교통하심을 힘입어서 기쁨으로 따라나서기를 성부와 성자와 성령의 이름으로 축원합니다.

초청에서
강복 선언까지

/

2장 초청2

죄인이 의인의 회중에 들지 못하리로다
(시 1:1-6)

정중현 목사

복 있는 사람은 악인의 꾀를 좇지 아니하며 죄인의 길에 서지 아니하며 오만한 자의 자리에 앉지 아니하고 오직 여호와의 율법을 즐거워하여 그 율법을 주야로 묵상하는 자로다 저는 시냇가에 심은 나무가 시절을 좇아 과실을 맺으며 그 잎사귀가 마르지 아니함 같으니 그 행사가 다 형통하리로다 악인은 그렇지 않음이여 오직 바람에 나는 겨와 같도다 그러므로 악인이 심판을 견디지 못하며 죄인이 의인의 회중에 들지 못하리로다 대저 의인의 길은 여호와께서 인정하시나 악인의 길은 망하리로다 _ 시편 1편 1-6절

서론

하나님의 초청을 받으신 사랑하는 성도 여러분, 오늘도 우리는 주의 은혜로 예배하고 있습니다. 교회가 교회로 모인 것이 은혜이고, 예배로 나아올 수 있다는 것이 선물이라 했지요. 말씀을 들려주시려고 교회를 부르신 삼위 하나님을 찬송하며, 오늘도 감사와 기쁨으로 예배

하기 원합니다.

한 주간을 돌아봅시다. 여러분은 지난 한 주간 어떻게 예배하셨습니까? 요 몇 주간, 우리의 삶의 예배는 나아지고 있습니까? 매일 새 일을 행하실 하나님을 소망하며 바라보고 있습니까? 삶이 예배고 예배가 삶인, 그 아름다운 첫 안식의 회복을 향해 나아가고 있습니까? 제 삶을 보면, '좋았다 나빴다'를 반복하는 것 같습니다. 읽는 말씀이 맛있고, 기도에 집중이 잘 되고, 주님과 교제함이 즐거운 날도 있지만, 그렇지 않은 날도 많은 것 같습니다. 하나님은 동일하시고 신실하셔서, 매 주일, 또 매일매일 우리를 예배로 초청하시며 동행해 주시는데, 저는 나아지고 있는 것인지 아니면 후퇴하고 있는 것인지 헷갈릴 정도로 기복이 있더라는 것이죠. 여러분은 어떻습니까?

오늘 시편은 우리의 예배가 오르락내리락하는 이유를 알려 줍니다. 오늘 설교 제목처럼, '의인의 회중'이 거기에 들어가지 못한 죄인들의 세상 속에 있기 때문입니다. 교회가 하나님의 초청을 거부하고 하나님을 부인하는 세상 속에서 공격당하기 때문입니다. 6절에 나오는 시편의 결론처럼, 이 땅에는 의인의 길과 악인의 길, 두 인생의 길 외에 다른 길이 없습니다. 너무 단순합니까? 흑백논리입니까? 사람들은 이 세상에 셀 수 없이 다양한 길이 있다고 말합니다. 그러나 하나님은 생각이 다르십니다. 의인의 길과 악인의 길뿐입니다. 우리는 하나님을 부인하는 악인의 길에서 하나님만 예배하는 의인의 길로 초청받은 '의인의 회중'입니다. 그렇게 자리를 옮기는 순간, 우리는 우리를 공기처럼 둘러싼 악인들과 죄인들과 오만한 자들과 갈등하며 살아가게 됩니다. 그리고 이들의 아비, 마귀의 유혹에도 시달리게 됩니다. 게다가 우리는 얼마나 연약합니까? 이런 이유들로 우리의 예배는 쉽게 방해를 받고, 삶에는 기복이 있고, 전진과 후퇴를 반복합니다.

시편 1편은 그러한 상황 속에서 우리가 예배의 부름에 어떻게 더 신실하게 응답할 수 있는지를 알려 줍니다. 초청에 대한 첫 번째 설교에서, 우리는 누가 누구를 왜 초청하셨는지를 들었습니다. 오늘은 시편 1편을 통해 하나님이 '우리를 어떻게 예배로 초청하시는지' 바라보며 은혜를 나누겠습니다.

본문 해설

먼저 시편 1편 내용을 살펴보도록 하죠. 시편 1편은 시편이라는 책 전체와 깊은 관련이 있습니다. 시편이 어떤 목적을 가진 책입니까? 예배가 목적인 책입니다. 공적이든 사적이든 하나님께 기도하고 간구하며 예배하는 교제를 위해 기록된 책이 시편이지요. 많은 시편을 다윗이 썼지만, 시편은 출애굽 때 모세가 지은 시편(90편)부터 바벨론 포로에서 돌아온 이후에 쓴 시편까지(85편) 포함하고 있습니다. 1,000년에 가까운 기간 동안 이스라엘 백성이 하나님과 교제하며 드린 기도와 찬송과 송영이 시편입니다. 시편 1편은 2편과 함께 이 방대한 시편을 어떻게 읽어야 할지, 그 길을 제시하는 아주 중요한 시편입니다. 모든 시편이 이 두 시편의 주제를 다루고 있을 정도로 중요합니다. 즉 시편 전체로 하나님과 교제하는 데, 방향키를 쥐고 있는 시편이 1편과 2편이라고 할 수 있겠습니다.

1편의 구조는 간단합니다. 1-3절은 의인이 어떻게 교제하며 사는지를 보여 줍니다. 4-5절은 악인이 어떻게 교제하며 사는지를 보여 주고, 6절은 하나님이 누구와 교제하시는지를 보여 줍니다.

먼저 의인이 어떻게 교제하는지 살펴봅시다.

1절은 의인을 '복 있는 사람'이라고 표현합니다. 여기 '복 있는' 할 때 사용된 단어 '아슈레이'는 감정적으로 행복하다는 의미가 아닙니다. '복스러워 보인다'에 가깝습니다. 그 사람에게서 참 바람직하고 복스러운 모습이 보인다는 의미죠. '나도 저런 모습으로 살고 싶다.' 하는, 모범적이고 동경할 만한 삶의 자세를 갖추었다는 뜻입니다.

그 삶의 자세는 무엇입니까? 악인들과 교제하지 않겠다는 자세입니다. 1절에 악인들, 죄인들, 오만한 자들은 다 복수로 되어 있고, 복 있는 사람은 단수입니다. 마치 한 사람을 악한 자들이 에워싸고 있는 것처럼 묘사합니다. 여기서 악인들과 교제하지 않는다는 말은 악인들이 없는 곳에 가서 산다는 말이 아닙니다. 의인은 악인과 함께 살지만, 악한 꾀를 얻으려고 그들과 교제하지 않는다는 말입니다. 의인은 세상에서 죄인들과 함께 지냅니다. 그러나 죄인들의 길에 서려고 교제하진 않습니다. 악한 생각이 악행의 길을 만들지 못하게 차단합니다. 의인은 하나님을 무시하는 오만한 자와 부대낄 수밖에 없습니다. 그러나 그들의 모임에 자기 자리를 만들지는 않습니다. 악한 자들과

한 패거리가 되어 교제하지는 않는다는 거죠. 이처럼 의인은 하나님을 부인하는 세상에 둘러싸여 있습니다. 그러나 세상이 의인의 생각과 습관과 정체성을 허무는 걸 허락하지 않습니다. 이것이 하나님께 복스러운 모습이라는 겁니다.

악인과 교제하지 않는 이 복스러운 의인은 그럼 누구와 교제합니까? 네, 하나님과 교제합니다. 2절입니다. "오직 여호와의 율법을 즐거워하여 그 율법을 주야로 묵상하는 자로다." 여호와의 율법, 즉 토라로 대표되는 모든 하나님의 말씀을 즐거워하여 주야로 항상 묵상합니다. 여기 묵상이라는 단어는 '하가'라는 단어인데, 작게 중얼거리며 읊조리는 소리를 뜻하는 '속닥속닥' 같은 의성어입니다. 쉽게 설명하자면, 작은 소리로 암송하는 겁니다. 묵상은 암송이고 선언입니다. 자기 영혼에 하나님의 말씀을 지속해서 선언하는 것이 묵상이죠. 예배 시간에 하나님이 들려주신 말씀을 자기 영혼에게 들려주는 것입니다. 2절은 1절에 나온 의인의 복스러운 삶의 모습이 마지못해 나온 순종이 아님을 알려 줍니다. 하나님의 율법을 즐거워하여서 기쁨으로 순종했다는 겁니다. 하나님께서 주신 말씀을 묵상하며 하나님과 늘 교제하는 자가 바로 복스러운 의인의 모습입니다.

그를 비유하자면, 3절처럼 시냇가에 심긴 나무와 같습니다. '시냇가'라고 번역한 단어는 사실 '여러 갈래의 물길'이라는 뜻입니다. 즉 자연적인 시냇물보다는 사람이 나무에 물을 대기 위해 만든 인공적인 수로로 보는 것이 더 맞겠습니다. 누군가 의도적으로 공급해 준 물 덕분에, 계절과 상관 없이 잎사귀가 푸르고 철을 따라 열매를 맺는 나무가, 바로 의인이라고 말합니다. 즉, 의인이 왜 복스러운가? 그에게 물을 공급하시는 자와 늘 교제 가운데 있기 때문입니다. 율법을 묵상하며 하나님과 늘 교제하는 가운데 신령한 은혜와 능력을 힘입어서 어떤 계절, 어떤 날씨, 어떤 풍파 속에서도 푸른 잎을 내고, 열매를 맺으며 살아가는 자, '그가 바로 복스러운 의인이다'라고 말씀합니다.

그럼 악인은 어떻게 교제합니까?

우선 4절은 악인들을 묘사하기 위해 나무와 대조적인 '바람에 날리는 겨'를 가져옵니다. 우리 자녀들, '겨'가 무엇입니까? 겨는 곡식 알갱이의 껍데기입니다. 벼나 보리의 껍질을 말합니다. 알갱이와 껍데기가 한데 섞여 있으면 어떻게 알갱이만 모으겠습니까? 위로 휙 던져서 빨리 떨어지는 알갱이는 모으고, 겨는 바람에 날려버리면 되겠죠. 그걸 키질이라고 합니다. 그때 날아가 버리는 '겨'를 시인은 악인들이라고 묘사합니다. 이 '겨'는 여러모로 의인의 나무와 다릅니다. 우선 촉촉하고 푸르른 나무에 비해서 겨는 바짝 말라서 바람에 날아갑니다. 나무는 열매를 맺지만, 겨는 열매가 없습니다. 나무는 물이 공급되는 한 계속 살아가겠지만, 겨는 이미 죽었습니다. 사실 푸른 나무를 말했기 때문에 마른 나무가 대조되어야 맞는데, 시인은 마른 나무로는 의미를 전달하기에 충분하지 않다고 생각한 것 같습니다. 그만큼이나 악인의 존재는 의인에 비해 헛되고 일시적이고 가치가 없다고 말하죠.

　5절은 이 비유의 구체적인 의미를 밝힙니다. 악인은 어떻게 교제합니까? 하나님을 피하고 의인과 교제하지 않습니다. 5절에 나오는 '심판'과 '의인들의 회중' 모두 '성전'을 가리키는 단어입니다. 성전은 하나님의 율법이 있는 곳이죠. 현재적인 죄의 심판이 이루어지는 곳인데, 악인들은 그곳에 서 있지 못하고 달아납니다. 하나님 앞에 있기를 견디지 못합니다. 그뿐만 아니라 의인들의 회중, 의인들의 모임, 즉 하나님이 초청하시고 부르시고 모으신 사람들과 교제하지도 못합니다. 이들은 미래에 최종적으로 멸망을 당할 것입니다.

이것을 6절이 한마디로 정리하고 있지요. 6절은 하나님이 누구와 교제하시는지 밝히고 있습니다. 하나님은 의인과 교제하십니다. 의인의 길을 여호와께서 인정하십니다. '인정하다'는 '야다'라는 단어인데, '알다'라는 뜻입니다. 즉 의인의 길은 하나님이 아십니다. 왜일까요? 의인은 하나님과 늘 동행했기 때문입니다. '야다'는 경험적으로 아는 것을 의미합니다. 삶의 모든 부분에서 말씀을 읊조리며 하나님을 기뻐하며 동행한 그 의인을 하나님도 아시는 겁니다. 하나님은 이 땅에서 교제하시던 성도와 영원히 교제하실 것입니다. 그러나 악인은 멸망할 것입니다. 이것이 의인의 길과 악인의 길의 최후입니다. 핵심은 3절과 6절입니다. 의인은 그가 하는 모든 일이 형통하고 성공적일 것입니다. 악인의 길은 다 망할 것입니다. 여기까지가 본문의 내용입니다.

복음

자, 그런데 사랑하는 성도 여러분, 그래서 어떻게 하라는 말씀입니까? 말씀에 어떻게 반응하면 될까요? 의인의 길과 악인의 길이 다르고, 그 결말은 성공과 멸망이라고 선언하셨으니 어떻게 하라는 거죠? 의롭게 살아야 할까요? 그러고 싶죠. 문제는 이것입니다. 우리가 어떻게 의인의 길로 행할 수 있습니까? 우리가 악한 자들의 꾀를 얼마나 쉽게 받아들입니까? 조금이라도 득이 되면, 옳고 그른 건 제쳐두고 '꿀팁이다.' 하며 받아들이지 않습니까? 우리가 얼마나 죄의 길, 죄악 된 습관들을 포기하지 못하는 사람들입니까? 성이나 결혼이나 육아나 교육이나 나이 들어감 등에 대한 성경적 가치들이 공격받을 때, 비난받지 않으려고 침묵하면서, 표정 관리를 하는 우리들이지 않습니까? 말씀을 즐거워하면서 묵상하는, 진정한 순종의 예배를 드리고 있을까요? 드릴 수 있습니까? 무엇보다 정말 우리의 삶이 늘 형통합니까? 마르지 않는 나무처럼, 늘 하나님과 교제하는 가운데 우리가 행하는 모든 일에 성공하고 있나요? 그렇지 않죠. 게다가 악한 자들은 얼마나 형통한지요. 악인들은 우리의 겨와 같은 초라한 모습에 비해 얼마나 푸르고 열매가 많은지요. 그들의 올무에 넘어지고, 공격에 쓰러지고, 속임 당하고 괴롭힘을 당할 때는 싸울 생각조차 하지 못하고, 그래서 초청이니 예배니 다 포기하고 싶은 마음이 넘쳐납니다. 그러니까, 이 말씀 읽고, "악인의 삶을 버리십시오. 새롭게 훈련을 시작하세요. 죄인들과 관계를 끊고, 나쁜 일을 하지 마세요. 성경 매일 읽고 묵상하면, 당신은 성공할 것입니다." 이렇게 설교할 수는 없는 겁니다.

그러면 이 말씀은 도대체 어떻게 우리를 예배의 자리로 초청하고 있는 겁니까? 오늘 말씀은 예배로 모인 모든 회중에게 '복 있는 사람'을 제시합니다. 복 있는 사람을 통해 우리를 예배의 자리로 초청합니다. 우리는 '복 있는 사람'이 한 사람이라는 데 주목할 필요가 있습니다. 그리고 2편에서 그 한 사람의 정체가 분명히 드러난다는 것을 알아두어야 합니다. 이 복 있는 사람은 누구입니까? "내가 나의 왕을 내 거룩한 산 시온에 세웠다…." 하나님이 세우신 이 왕이 누구죠? "…여호와께서 내게 이르시되 너는 내 아들이라. 오늘날 내가 너를 낳았도다." 이 아들이 누구입니까? 다윗입니다. 기름 부어 세운 메시야, 다윗 왕입니다. 그러나 궁극적으로 다윗도 1편 말씀처럼 살지는 못했지요. 다윗조차 예배로 나아가기 위해 한 왕이 필요했습니다. 바로 그리스도 예수시죠(Iain Duquid). 하나님께서는 다윗에게 하신 약속대로 오신 아들, 다윗의 자손 예수 그리스도를 통해 우리를 예배의 자리로 초청하시는 겁니다.

예수 그리스도를 통해 예배할 수 있다는 말은 무슨 말일까요? 그분이 우리를 위하여 행하신 일을 믿으므로 예배한다는 것입니다. 그분은 무슨 일을 행하셨습니까? 예수님은 의롭고 율법을 사랑하시고 순종하셨습니다. 그런데 그분은 형통하지 않았습니다. 수로에 심긴 푸른 나무 같지 않으셨지요. 그분은 오히려 바람에 날리는 겨 취급을 받으셨습니다. 이사야 53장 2절은 그분을 "… 연한 순 같고 마른 땅에서 나온 줄기 같아서 고운 모양도 없고 풍채도 없은즉 우리의 보기에 흠모할 만한 아름다운 것이 없도다.”라고 묘사했습니다. 그분은 보기에도 복스럽지 않았습니다. 그는 찔렸고, 상했고, 징계를 받았고, 채찍에 맞으셨는데, 사람들에게 하나님께 맞으며 고난을 당한다는 소리를 들으셨지요(사 53:4 - 5).

왜 그분은 온전한 순종을 드렸음에도 ‘겨’와 같은 삶을 사셨습니까? 고린도후서 5장 21절은 이렇게 밝힙니다. “하나님이 죄를 알지도 못하신 자로 우리를 대신하여 죄를 삼으신 것은 우리로 하여금 저의 안에서 하나님의 의가 되게 하려 하심이니라.” 아멘. 예수님이 우리 죄를 위하여 바람에 날리는 겨가 되신 것입니다. 예수님의 온전한 순종이 믿는 모든 자의 것이 되게 하신 것이죠. “악인이 심판을 견디지 못한다.” 했는데, 예수님이 심판의 십자가를 견디셔서, 저와 여러분은 심판받지 않게 되었습니다. “죄인이 의인의 회중에 들 수 없다.” 하셨는데, 예수님이 죄인의 자리에 서심으로, 믿는 저와 여러분이 의인의 회중에 들어오게 되었습니다.

사랑하는 성도 여러분, 바로 이 그리스도의 복음이 우리를 참된 순종과 예배로 초청하는 겁니다. 복음은 하나님이 독생자를 주셨는데, 이는 하나님이 세상을 이처럼 사랑하시기 때문이라고 합니다. 우리는 그리스도 안에서 하나님의 사랑을 알고 감사와 사랑으로 순종하게 됩니다. 복음은, 그를 믿는 자는 바람에 날리는 겨처럼 멸망하지 않고, 그리스도께 접붙임을 받아 그분의 가지가 된다고 말합니다. 그러면 어떻게 됩니까? “나는 포도나무요 너희는 가지니 저가 내 안에, 내가 저 안에 있으면 이 사람은 과실을 많이 맺나니…"(요 15:5). 하나님의 명령에 응답할 능력도 소망도 없던 우리가, 그리스도의 순종을 힘입어 순종하며 과실을 많이 맺게 됩니다. 또한 우리의 응답 결과가 궁극적으로 '다 형통할 것이다.'라는 확실한 소망으로 순종하게 됩니다. 왜냐하면, 우리의 머리이신 예수님이 잠시 고난 당하셨으나 부활하셨고, 모든 일을 성공적으로 마치시고 지극히 존귀하게 되셨기 때문입니다. 그분의 몸인 우리도 '지금은 고난으로' 부르심 받았으나, '나중에는 영광으로' 부르심 받으리라는 확신 가운데 소망하게 되는 겁니다. 예수님의 삶이 고난의 길을 걸어가신 거라면, 우리의 삶이 달라야 할 이유가 없다고 인정하게 되는 거죠. 그리스도는 우리가 이 믿음과 사랑과 소망 가운데 하나님의 초청에 응답하여 예배로 들어가게 하십니다. 매주 예배에서 하늘 잔치로 초청하시듯이, 그리스도께서 계신 아버지 집에 우리도 가게 되리라 소망하게 하시면서, 삶의 예배로 또한 초청하십니다. 비록 마귀와 세상과 육신의 연약함으로 인해 어려움을 당하지만, 복음은 찬양할 수 있는 충분한 동기가 됩니다. 그것이 복음의 힘입니다.

적용

사랑하는 성도 여러분, 오늘 시편 1편에 담긴 이 복음은, 한 주간의 삶을 시작하는 우리를 다음과 같은 예배로 초청합니다.

첫째, 하나님을 부인하는 세상을 등지는 예배로 초청합니다. 우리는 복음에서 하늘 보좌 우편에 그리스도가 계시다는 것을 듣고 믿습니다. 이는 세상 안에서 살아가지만, 세상에 속하지 않은 자처럼 살아갈 힘을 줍니다. 그리스도가 계신 위에 것을 찾으며, 나그네와 행인으로 담대히 살아갈 용기를 줍니다. 그러므로, "이 세상이나 세상에 있는 것들을 사랑치 말라. 누구든지 세상을 사랑하면 아버지의 사랑이 그 속에 있지 아니하니 이는 세상에 있는 모든 것이 육신의 정욕과 안목의 정욕과 이생의 자랑이니 다 아버지께로 좇아 온 것이 아니요, 세상으로 좇아 온 것이라. 이 세상도, 그 정욕도 지나가되 오직 하나님의 뜻을 행하는 이는 영원히 거하느니라"(요일 2:15-17), 이 말씀을 자기 영혼에 외치면서 예배하는 삶으로 나아가시기 바랍니다.

둘째, 복음은 하나님을 부인하는 세상을 이기는 예배로 우리를 초청합니다. 세상의 목적은 교회를 파괴하는 데 있기 때문에, 예수님은 제자들을 보내실 때 양을 이리 가운데 보내는 것 같다고 하셨습니다. 의인의 회중에 들지 않은 악인들은 교회와 그리스도와 그분의 아버지를 미워합니다. 그럼에도 음부의 권세가 교회를 이기지 못할 것을 믿고 예배합시다. 세상과 그 왕은 이미 심판을 받았습니다. 예수님은 말씀하셨습니다. "이것을 너희에게 이름은 너희로 내 안에서 평안을 누리게 하려 함이라. 세상에서는 너희가 환난을 당하나 담대하라. 내가 세상을 이기었노라"(요 16:33). 이 왕의 명령을 자기 영혼에 외치며, 승리하는 예배로 나아가시기 바랍니다.

끝으로, 복음은 하나님을 부인하는 세상을 향해 하나님 나라를 전파하는 예배로 초청합니다. 이미 예수님께서는 우리에게 하늘나라 복음을 들고 오셔서 초청하셨습니다. 그 결과로 우리가 교회로 모여 있습니다. 교회는 삼위 하나님을 전파해야 합니다. 예수님처럼 병자와 약자에게 선한 사마리아인이, 세상의 빛과 소금이 되어야 합니다. 우리는 십자가에 죽으심으로 세상을 이기신 그리스도의 통치를 전파하는 예배로 초청받습니다. "오직 너희는 택하신 족속이요 왕 같은 제사장들이요 거룩한 나라요 그의 소유된 백성이니 이는 너희를 어두운 데서 불러내어 그의 기이한 빛에 들어가게 하신 자의 아름다운 덕을 선전하게 하려 하심이라"(벧전 2:9). 이 말씀을 자기 영혼에 외치며, 성령님의 도움을 구하며, 그리스도의 통치를 삶으로 증거하는 예배로 나아가시기 바랍니다.

나가며

이 모든 예배에 오늘 들으신 복음을 확신하며 나아갑시다. 한 주 살아갈 때, 여전히 우리의 지속적인 죄가 발견되겠지요. 불경건한 삶의 현실이 여전할 것입니다. 그러나 우리는 시편 1편의 복음을 통해 그리스도 안에서 무엇을 확신합니까? 하나님이 그리스도 안에 있는 저와 여러분을 '겨'처럼 취급하지 않으실 것을 확신합니다. 실패에도, 두려움에도, 유혹과 공격을 당하는 가운데도, 그리스도 안에서 삶의 예배로 나아가는 자에게 성령님께서 위로와 힘과 능력과 장래의 완전한 소망에 우리를 연결해 주실 것을 믿습니다. 그리스도를 통해 예배로 초청 받으신 사랑하는 성도 여러분, 부르심 받은 자들과 동행하시는 삼위 하나님께 이끌리어 예배하는 복 있는 사람들, 의인들의 회중이 되시기를 성부와 성자와 성령의 이름으로 축원합니다.

초청에서
강복 선언까지

/

3장 송영

3장 송영

그의 영광을 찬미하게 하려 하심이라
(엡 1:3-14)

정중현 목사

찬송하리로다 하나님 곧 우리 주 예수 그리스도의 아버지께서 그리스도 안에
서 하늘에 속한 모든 신령한 복으로 우리에게 복 주시되 곧 창세 전에 그리스
도 안에서 우리를 택하사 우리로 사랑 안에서 그 앞에 거룩하고 흠이 없게 하
시려고 그 기쁘신 뜻대로 우리를 예정하사 예수 그리스도로 말미암아 자기의
아들들이 되게 하셨으니 이는 그의 사랑하시는 자 안에서 우리에게 거저 주시
는바 그의 은혜의 영광을 찬미하게 하려는 것이라 우리가 그리스도 안에서 그
의 은혜의 풍성함을 따라 그의 피로 말미암아 구속 곧 죄 사함을 받았으니 이
는 그가 모든 지혜와 총명으로 우리에게 넘치게 하사 그 뜻의 비밀을 우리에
게 알리셨으니 곧 그 기쁘심을 따라 그리스도 안에서 때가 찬 경륜을 위하여
예정하신 것이니 하늘에 있는 것이나 땅에 있는 것이 다 그리스도 안에서 통
일되게 하려 하심이라 모든 일을 그 마음의 원대로 역사하시는 자의 뜻을 따
라 우리가 예정을 입어 그 안에서 기업이 되었으니 이는 그리스도 안에서 전
부터 바라던 우리로 그의 영광의 찬송이 되게 하려 하심이라 그 안에서 너희
도 진리의 말씀 곧 너희의 구원의 복음을 듣고 그 안에서 또한 믿어 약속의 성
령으로 인치심을 받았으니 이는 우리의 기업에 보증이 되사 그 얻으신 것을
구속하시고 그의 영광을 찬미하게 하려 하심이라 _ 에베소서 1장 3-14절

들어가며: 송영

삼위 하나님께서 예배로 초청하셔서 오늘도 우리가 예배당에 모였습니다. 악인들과 죄인들과 교만한 사람들의 세상 속에서, 저와 여러분을 예배로 불러주셔서 우리가 하나님과 교제하고 있습니다. 감사하시죠? 그래서 우리는 초청을 받은 즉시 감사의 노래를 부르기 시작합니다. 그 노래가 바로 오늘 다루게 될 송영입니다. 우리를 초청하신 하나님이 '성부 성자 성령 삼위 하나님이십니다!'라고 고백하면서 '오직 그분께만 영광을 돌립니다!' 하며 부르는 찬송이 바로 '송영'입니다.

이처럼 송영이란, 성부 성자 성령, 성 삼위 하나님의 거룩하신 이름을 분명히 부르면서, 그분께만 영광을 돌리는 말이나 노래를 뜻합니다. 찬송의 대상이 삼위 하나님이고, 영광을 돌리는 내용일 때, 그 찬송을 송영이라 할 수 있습니다. 분명하게 삼위 하나님의 이름을 부른다는 측면에서 송영은 다른 찬송들과 차이가 있습니다. 또 송영은 대체로 짧습니다. 그러나 절대 무시해선 안 됩니다. 우리가 송영을 통해 삼위 하나님의 이름을 부르지 않고 예배를 시작한다면, 우리는 함께 앉아 있지만 각기 다른 분을 예배할지도 모릅니다. 혹시 이단이 여기서 예배를 드린다면, 송영을 제대로 부르지 못할 것이 분명합니다. 송영을 통해 우리는 우리를 부르신 한 분 삼위일체 하나님께 마음과 시선을 고정하고 예배하는 겁니다. 작은 키 하나가 배 전체를 좌우하듯이, 짧지만 예배의 전체 방향을 좌우하는 것이 송영입니다. 우리가 아니라 삼위 하나님, 우리 영광이 아니라 삼위 하나님의 영광을 위해 예배해야 함을 송영이 알려 주기 때문이지요.

송영이 예배의 방향을 좌우한다는 것은, 우리 삶도 좌우한다는 말입니다. 여러분, 사람의 주된 목적이 무엇입니까? 웨스트민스터 소교리문답 1문답에서 뭐라고 고백합니까? 하나님을 영화롭게 하고 그분을 영원토록 즐거워하는 것이 사람의 주된 목적이라고 합니다. 하나님을 영화롭게 하는 것, 이것을 딱 두 글자로 줄이면? 송영입니다. 사람은 이 '송영'을 위해 창조되었습니다(사 43:21). 그래서 송영을 잃어버린 삶은 의미가 없습니다. 목적이 없습니다. 허무합니다. 그래서 죄인이 어떻게 삽니까? 스스로 지혜 있다고 하지만 어리석게 되어 마음의 정욕대로 더러움 가운데, 영광스럽지 못한 가운데, 욕되게 살아간다는 것이 로마서의 진단 아닙니까(롬 1:22-24)? 송영이 주도하지 못하는 삶은 친구들이, 많은 사람이, 인기와 유행이 '영광스럽다' 하는 것에 의해 좌우됩니다. 그것이 아니면 자기 마음이 '영광스럽다' 하는 것을 좇아 살아가지요. 아담이 송영을 잃어버린 이래로, 사람은 누구나 피조물의 영광을 찬송하며 살아갑니다. 감사하게도 저와 여러분은 그리스도로 말미암아 아담이 잃어버린 송영을 되찾았습니다. 그러나 되찾은 자처럼 살고 있을까요? 송영이 좌우하는 삶을 살고 있습니까? 사람들의 영광, 사람들의 의미, 사람들의 뜻에 떠밀려 불안 가운데 살고 있지는 않습니까? 혹 자기 영광, 자기 의미, 자기 뜻에 도취해 살고 있지는 않습니까?

송영이 무엇인지는 믿는 자들이 더 잘 배워야 합니다. 그렇다면, 우리는 어떻게 송영할 수 있나요? 어디에서 그것을 배워야 합니까?

오늘 본문은 '삼위 하나님께' 송영을 배울 수 있음을 잘 보여 줍니다. 삼위 하나님이 송영하시는 하나님이시기 때문입니다. 오늘 본문은 3절부터 14절까지 딱 한 문장으로 이루어진, 성경에서 가장 긴 문장입니다. 한 문장이니 주제가 하나겠지요? '송영'입니다. 오늘 말씀에 나타난 송영을 통해 삼위 하나님께 어떻게 영광을 돌려야 할지를 배우며 함께 송영이 이끄는 삶을 향해 나아가기를 바랍니다.

영광을 돌린다?

먼저 우리는 송영의 의미, 즉 '삼위 하나님께 영광을 돌린다.'는 말이 무엇인지 분명히 해야 할 것 같습니다. 누구나 쉽게 오해하기 때문입니다. '하나님께 영광 돌린다.' 하면 무엇부터 떠오릅니까? '상'이 떠오르죠. 연말 시상식에서, 수상자가 하나님께 영광 돌린다는 소감을 종종 하곤 합니다. 물론, 뭔가 탁월하게 해냈을 때, 그 영광이 하나님의 것이라는 고백은 참 귀합니다. 그러나 그런 장면만 계속 보다 보면 역효과가 생깁니다. 즉 뭔가 상을 받고, 성공을 하고, 합격을 하고, 세상이 놀랄 만한 쾌거를 이루어야 하나님께 영광을 돌릴 수 있다고 오해하게 되기 때문입니다. 반대로, 뭔가 실패를 하고, 떨어지고, 내려가고, 가난하게 되고, 아프고 어려운 처지에 놓이게 되면, 영광 돌릴 수 없다고 생각하거나 심지어 자신이 하나님의 영광을 가린다고 생각하곤 합니다. 사실 다 교만한 생각입니다. 내가 하나님의 영광을 더하거나 **뺄** 수 있다고 생각하는 것이죠.

우리 사람에게는 더 탁월하고 더 뛰어난 것이 영광스러운 것입니다. 그러나 하나님께는 더 탁월하고 더 영광스러운 것이라는 개념 자체가 없습니다. 왜입니까? 하나님 스스로가 한없이 영광스러운 분이시기 때문입니다. 삼위 하나님이 무한한 영광이요 한없는 탁월함이십니다. 그래서 하나님은 그저 '하나님다움'이 드러날 때, 영광을 받으십니다. 하나님이 고스란히 드러날 때, 하나님이 하나님답게 나타나실 때, 영광을 받으시는 겁니다. 하나님이 영광 그 자체이시기 때문입니다. 그러니까, 나의 실패를 통해 하나님만이 주실 수 있는 위로와 인내가 내 삶을 통해 드러난다면, 그때 하나님께 영광이 돌려집니다. 내가 약할 때, 하나님의 강하심이 크게 나타나는 바로 그때 하나님은 영광 받으십니다. 삼위 하나님이 어떠한 분인지가 아무 훼손 없이, 가감 없이, 왜곡 없이 드러날 때, 하나님은 영광 받으십니다. 그래서 송영은 그저 '삼위 하나님의 이름이 영광스럽다.'라고 단순히 노래하는 겁니다.

서로를 영화롭게 하시는 성부 성자 성령 하나님

이 사실을 기억하며 본문을 보시면, 바울 사도가 '성부 성자 성령 각 위격이 서로를 고스란히 드러내신다'는 내용으로 송영하고 있음을 알 수 있습니다. 오늘 본문은 삼위 하나님의 구원 사역 속에서 성부가 성자 하나님을 고스란히 드러내시고, 성자가 성부 하나님을 고스란히 드러내시며, 성령이 성부 성자 하나님을 고스란히 드러내신다고 송영합니다. 그렇게 서로를 영화롭게 하심으로 하나님다움을 나타내시는 삼위 하나님을 찬송하고 있습니다. 그뿐만 아니라, 삼위 하나님은 우리가 영화롭게 되는 것이 구원 사역의 목적이라 말씀하십니다. 6절을 보십시오. "이는 … 그의 은혜의 영광을 찬미하게 하려는 것이라." 12절을 보시죠. "이는 … 우리로 그의 영광의 찬송이 되게 하려 하심이라." 14절도 봅시다. "이는 … 그의 영광을 찬미하게 하려 하심이라." 이 구절들은 성부 성자 성령 하나님의 구원 사역이 어떤 목적을 위해 시행되는지 알려 줍니다. 성부는 무엇을 위해 일하십니까? 우리가 하나님의 은혜의 영광을 찬미하게 하시려고 일하십니다. 성자는 무엇을 위해 일하십니까? 우리가 하나님을 영화롭게 하는 찬송이 되게 하시려고 일하십니다. 성령은 무엇을 위해 일하십니까? 우리가 하나님의 영광을 찬미하게 하려 하심입니다. 이처럼 삼위 하나님은 서로를 영화롭게 하시는 가운데 우리도 영화롭게 만들어 가십니다. 즉 삼위 하나님이 서로를 향해 부르시는 송영을 우리도 따라 부르게 하십니다. 우리가 하나님의 송영이 되도록 성부께서는 예정하셨고, 성자께서는 구속하셨고, 성령께서는 늘 함께하십니다. 이 내용을 본문을 통해 자세히 살펴보겠습니다.

첫째, 성부 하나님은 우리가 하나님의 은혜를 송영하는 자가 되도록 예정하셨습니다(6절). 성부 하나님의 예정을 바라보면, 그리스도에 의해 고스란히 드러나는 성부의 사랑과 은혜가 보입니다. 우리가 송영할 수 있도록, 성자는 성부를 고스란히 보여 주십니다.

먼저 3절을 보시면, "찬송하리로다! 하나님!" 하며 송영이 시작됩니다. 그런데 그 하나님은 누구십니까? '곧 우리 주 예수 그리스도의 아버지', 즉 성부 하나님이십니다. 그분은 하늘에 속한 모든 복을 주시는 분이신데, 어떻게 복을 주십니까? '그리스도 안에서' 복을 주십니다. 성자 하나님 안에서 복을 주시죠. 참고로, 본문에 '그리스도 안에서'가 열한 번이나 나오는데요, 대부분은 '그리스도와 교회의 신비로운 연합'을 뜻합니다. 포도나무에 접붙인 가지처럼, 우리는 그리스도 안에서만 성부 하나님의 시냇물을 공급받습니다. 그리스도 안에서 공급되는 이 하늘에 속한 모든 복을 '신령한 복'이라고 합니다. '신령한' 복이란 성령님을 통해 우리에게 주어지는 복을 말합니다. 우리가 접근할 수 없는 하늘의 영적인 선물을 성령님이 전해주실 때, 그 선물들이 우리의 복이 됩니다. 그러니까 3절은 우리에게 복 주신 하나님이 '성부 성자 성령' 삼위 하나님이라고 분명히 선언하면서, 송영을 시작하고 있습니다.

4절에서는 본격적으로 창세 전에 성부께서 하신 일을 묘사합니다. 성부께서는 우리를 사랑 안에서 하나님 앞에 거룩하고 흠이 없게 하시려고 '선택'하셨습니다. 그리고 예정하셨는데, 무엇을 예정하셨습니까? 아들로 삼으시고, 우리를 입양하시기로 예정하셨습니다. 입양의 기준은 외모인가요? 아이큐인가요? 착한 성품인가요? 전혀 아닙니다. 하나님의 기쁘신 뜻입니다. 우리가 존재하기도 전에, 우리가 뭔가 하나님께 예뻐 보일 수 있는 여지가 없을 때, 우리를 거룩하고 흠이 없게 하시려고 입양하기로 하셨습니다. 오직 그분의 사랑 안에서 택하셨습니다. 선택과 예정의 목적은 무엇입니까? 6절은 "그의 은혜의 영광을 찬미하게 하려는 것"이라고 답합니다. 우리가 하나님의 은혜를 송영할 수 있게끔 예정하셨다는 겁니다.

이 과정에서 성부 하나님을 영화롭게 하시는 성자 하나님이 보입니다. 창세 전에 선택하실 때, '그리스도 안에서' 택하셨고, 예정도 '그리스도 예수로 말미암아' 하셨다고 합니다. 이 두 표현이 없으면 어떻게 될까요? 아무 변화가 없습니까? 아닙니다. 성부께서 예수 그리스도 없이 우리를 택하고, 그리스도로 말미암지 않고 우리를 예정하셨다면, 우리는 성부의 은혜와 사랑을 알지 못했을 겁니다. 여러분, 우리는 조금 덜 거룩하거나 흠이 조금 있던 자들이 아니었죠. 하나님을 거역하고, 그 아들을 못 박아 죽일 만큼, 악한 죄인이었습니다. 그런데 하나님은 아들을 죽인 그 원수 같은 죄인들을, 그의 사랑하시는 자 안에서, 즉 사랑하는 아들과 한 몸을 이루어 연합하도록 택하신 겁니다. 또한 우리를 입양하여 그리스도의 형제로 삼으셨다는 것 아닙니까? 이 얼마나 측량 못 할 사랑과 은혜입니까? 이 은혜의 영광은 그리스도가 없이는 보이지 않습니다. 그리스도께서 성부의 영광을 고스란히 드러내신 것입니다. 그리스도로 말미암아 성부의 아들이 된 우리는, 그리스도를 통해 하나님의 사랑과 은혜를 깨닫게 되는 겁니다.

복음 속에서 성부의 영광을 바라보고 송영하는 사람은 어떠한 삶을 살겠습니까? 아버지의 사랑을 닮아가게 될 것입니다. 사랑하는 성도 여러분, 원수를 바라보면 원수를 사랑할 수 없습니다. 아버지를 바라보며 송영하는 가운데 원수를 사랑하게 되는 겁니다. 아버지의 영광을 송영하는 가운데 사랑이 삶을 주도하게 됩니다. 부족한 사랑이지만, 성부의 사랑을 닮아가며 조금씩 조금씩 이웃을 사랑하게 됩니다. 그런데 교회가 이런 사랑을 잃어버린 지 오래입니다. 대가성 없는 사랑, 무언가를 바라지 않고 주는 사랑, 계산이 없는 사랑, 돌려받지 못해도 서운함이 없는 사랑, 온전히 성부 하나님의 사랑에 만족하며 거저 주는 사랑을 요즘 교회에서 찾아보기 힘든 것 같습니다. 우리는 그런 교회입니까? 그런 교회가 될 수 있겠습니까? 네, 사랑의 아버지를 송영하는 가운데, 그 사랑을 닮아간다면, 가능하지 않겠습니까? 저는 확신합니다. 삼위 하나님을 송영하는 가운데, 성부 하나님의 사랑을 닮아가는 여러분 되시기를 간절히 바랍니다.

둘째, 성자 하나님은 우리가 하나님을 송영하는 찬송이 되게 하시려고 우리를 구속하셨습니다(12절). 성자 하나님의 구속의 영광은, 성부 하나님에 의해 고스란히 드러납니다. 우리가 송영할 수 있도록, 성부는 성자를 보여 주십니다.

성자의 일은 성부께서 예정하신 일들을 실제로 이루신 일입니다. 핵심은 7절이죠. 그리스도 안에서 그리스도의 피로 말미암아 우리가 구속, 곧 죄 사함을 받았다는 겁니다. 이 구속은 때가 차기까지 하나님의 경륜 가운데 숨겨진 비밀입니다. 그런데 그리스도를 믿는 자들은 계시를 통해 이 구원의 비밀을 밝히 알게 되죠. 그러면 그리스도 안에서 하늘과 땅에 속한 모든 것이 통일되어 하나님 나라의 기업이 된다는 것도 알게 됩니다. 누구나 예수님을 믿는 믿음으로만, 하나님의 기업이 되고 하나님의 예정을 알게 된다는 겁니다. 이처럼 예수님은 하나님의 작정과 예정을 역사 속에서 실행하셔서 12절 말씀과 같이 "전부터 바라던 우리로 그의 영광의 찬송이 되게" 하셨습니다. 우리 삶의 내용이 하나님을 송영하는 찬송이 되게 하시려고, 그리스도 안에서 구속하신 것입니다.

놀라운 것은 그리스도 안에서 일어난 구속의 일들이 모두 성부 하나님의 은혜와 뜻대로 이루어졌다고 묘사한다는 겁니다. 7절부터 그리스도의 모든 사역의 원동력이 되는 것이 '그의 은혜의 풍성함'입니다. 즉 예정하신 성부 하나님의 은혜의 풍성함을 따라 그리스도 안에서 구속이 일어났던 겁니다. 또한 모든 것이 하나님의 계획과 뜻과 예정대로 실행되었습니다. 그리스도 안에서 입양하시기로 예정하신 뜻대로, 모든 구속 사역마다, '그리스도 안에서, 그 안에서'가 반복되고 있습니다. 그리스도 안에서 죄 용서함을 받는 순간부터 그리스도 안에서 영광의 찬송이 되기까지, 우리의 모든 구속이 그리스도 밖에서 일어난 일이 없습니다. 모든 일이 그리스도 안에서, 예정대로 실현되었습니다. 이것은 그리스도가 성부의 뜻에 고스란히 순복하신 결과입니다. 그리스도께서 그의 피를 흘리시기까지, 아버지의 뜻대로 되기를 원하셨기 때문이지요. 성부의 뜻대로 이루어진 모든 일이 순종하신 성자의 영광을 보여 줍니다.

복음 속에서 성자의 이 영광스러운 순종의 모습을 바라보고 송영하는 사람은 어떠한 삶을 살겠습니까? 그리스도의 순종을 닮아가게 될 것입니다. 사랑하는 성도 여러분, 그리스도 안에 있다는 사실을 기억하며 송영하는 사람만이, 하나님의 말씀에 순종할 수 있습니다. 그리스도 안에서 하나님의 말씀을 사랑할 수 있습니다. 그리스도와 연합한 사람만이 하나님의 말씀을 기뻐할 수 있습니다. "아버지여 만일 아버지의 뜻이어든 이 잔을 내게서 옮기시옵소서. 그러나 내 원대로 마옵시고 아버지의 원대로 되기를 원하나이다"(눅 22:42). 이런 기도 소리를 들을 수 있는 교회가 어디입니까? 우리는 그런 교회입니까? 나의 유불리를 따지지 않고, 하나님의 말씀이 지시하는 대로, 한결같이 순종하는 일들이 요즘에도 일어나겠습니까? 네, 그리스도를 송영하는 가운데, 그리스도 안에 있음을 감사하는 성도에게는 가능하지 않겠습니까? 그리스도께서 하나님의 뜻을 모두 이루심으로 말미암은 구속, 곧 죄 사함을 받은 성도에게는 가능한 일이 아닐까요? 구속하신 구세주를 송영하며 그 순종을 닮아가는 여러분 되시기를 바랍니다.

마지막으로 성령님께서는 우리가 고난 속에서도 송영할 수 있도록, 인을 치시고 보증이 되어주십니다(14절). 성령 하나님은 성부와 성자 하나님의 영광을 고스란히 드러내십니다. 우리가 고난 중에도 송영할 수 있도록, 성령은 성부와 성자를 고스란히 보여 주십니다.

우선 '인치심'이라는 말은 도장을 찍는다는 뜻입니다. 13절의 말씀대로 진리의 말씀, 즉 구원의 복음을 듣는 것과 그리스도 안에서 그분을 믿는 것, 이 두 가지 일로 '도장을 찍는다'는 뜻입니다. 도장 찍으면 계약이 완료되지요. 도장을 찍으면 일이 확정됩니다. 이와 같이 성령님은 복음을 듣게 하시고 믿게 하셔서 예수님이 이루신 구속을 확정하시고 적용하십니다. 또한 성령님은 우리가 얻게 될 구속의 완성을 위한 '보증'이 되십니다. 14절은 조금 이해하기가 어려운데 한마디로 이런 의미입니다. 우리가 구속의 완성을 상속받을 그날까지 성령님이 신뢰할 만한 담보가 되어주신다는 겁니다. 그래서 구속의 완성에 이르지 못할 수도 있겠다는 불안과 두려움을 일으키는 고난 속에서도, 꿋꿋이 하나님의 영광을 찬송할 수 있게 하셨다는 거죠. 주님 뵐 때까지, 송영하며 찬양하는 인생을 살아가게 하시려고 성령님께서 인치심과 보증으로 일하신다는 겁니다.

성령님은 이미와 아직 사이의 모든 기간에, 우리에게 성자의 영광을 보여 주시고, 성부의 영광을 송영하도록 인도하십니다. 성부와 성자를 드러내십니다. 성령님은 성부와 성자로부터 보내심을 받으셨습니다. 약속대로 파송 받아 우리에게로 오신 것이지요. 우리가 영광의 완성에 이를 때까지, 그리스도의 복음을 증거하시고, 믿음에 이르도록 도우시는 보혜사가 되십니다. 성령님은 성자를 증거하셔서 구속의 완성을 미리 맛보게 하시고, 고난 가운데 송영할 수 있도록 일하실 것입니다.

복음 속에서 성령님이 그리스도를 증거하는 모습을 바라보고 송영하는 사람은 어떠한 삶을 살겠습니까? 그리스도를 증거하는 일에서 성령님을 닮아가게 될 것입니다. 사랑하는 성도 여러분, 누구든지 성령님이 도우신다는 사실을 기억하며 송영하는 자만이 그리스도를 증거할 수 있습니다. 고난 가운데 송영하며 복음을 삶으로 보여 줄 수 있습니다. 교회에서 세상으로 파송 받은 선교사처럼, 복음의 증인으로 살아갈 수 있습니다. 복음에 반하는 사람들, 복음을 거부하는 가족들을 보면, 가망이 없다는 생각밖에 들지 않을 겁니다. 그러나 성령님의 함께하심을 바라보며, 성령님이 증거해 주시는 진리에 기뻐하며 찬송을 드리는 사람은, 길을 찾을 겁니다. 길을 낼 것입니다. 진리가 필요한 부모에게, 복음이 필요한 자녀에게, 그리스도를 만나야 할 지인에게, 또 복음을 들어야 할 교회 안의 형제자매에게, 내가 들은 복음, 성령님께서 증거해 주신 진리를 전할 방법을 찾을 것입니다. 무엇을 말해야 할지 근심하지 않고, 성령님께서 말씀하게 하시는 대로 담대히 말하는 교회를 이 시대에도 볼 수 있을까요? 네, 성령님을 송영하는 교회는 가능하지 않겠습니까? 성자를 증거하시며 성부의 영광으로 인도하시는 성령님을 좇아 증인으로 살아가는 여러분 되시기를 간절히 바랍니다.

말씀을 맺습니다.

우리의 송영은, 성부 성자 성령 하나님의 구원 사역의 열매입니다. 예배 시간에 송영하는 것은 삼위 하나님의 구원의 결과란 말이죠. 동시에 우리 삶의 주된 목적을 이루는 시간입니다. 하나님의 구원의 목적과 우리의 삶의 목적이 동시에 만나는 '송영'을 기쁜 마음으로 힘차게 올려 드리는 여러분 되시기 바랍니다. 그리고 예배에서 드린 송영이 삶의 방향키가 되기를 바랍니다. 성부를 송영하며 사랑하시고, 성자를 송영하며 순종하시고, 성령을 송영하며 증거합시다. 사랑하고 순종하고 증거하며, 삼위 하나님이 어떠한 분인지를 고스란히 보여 주는 교회, 예배와 삶에서 삼위 하나님을 영화롭게 하며 증거하는 성도가 되기를, 성부 성자 성령의 이름으로 간절히 축원합니다.

초청에서
강복 선언까지

/

4장 율법의 선포

4장 율법의 선포

율법의 완성자
(마 5:17-20)

정중현 목사

내가 율법이나 선지자나 폐하러 온 줄로 생각지 말라 폐하러 온 것이 아니요 완전케 하려 함이로라 진실로 너희에게 이르노니 천지가 없어지기 전에는 율법의 일점일획이라도 반드시 없어지지 아니하고 다 이루리라 그러므로 누구든지 이 계명 중에 지극히 작은 것 하나라도 버리고 또 그같이 사람을 가르치는 자는 천국에서 지극히 작다 일컬음을 받을 것이요 누구든지 이를 행하며 가르치는 자는 천국에서 크다 일컬음을 받으리라 내가 너희에게 이르노니 너희 의가 서기관과 바리새인보다 더 낫지 못하면 결단코 천국에 들어가지 못하리라 _ 마태복음 5장 17-20절

서론: 마음의 소리

오늘은 공예배 세 번째 순서인 '율법의 선포'에 대하여 깊이 생각해 봅시다.

우선 율법의 선포 시간에 무엇을 합니까? 저는 십계명을 읽고, 여러분은 십계명을 듣습니다. 간단하죠? 우리는 주일마다 출애굽기 20

장과 신명기 5장에 있는 십계명의 전문을 읽고 듣습니다. 십계명이 율법에 나타난 하나님의 모든 뜻을 요약해서 보여 주기 때문입니다. 특히 십계명은 오늘날에도 하나님 백성들의 삶을 규율하는 언약의 말씀이기에, 우리는 '율법의 선포' 시간에 '십계명'을 듣습니다.

그런데 여러분, 이런 질문을 드려봅니다. 여러분은 그 긴 시간에 정말 무엇을 듣고 계십니까? 귀로는 분명히 십계명을 듣고 있는데, 마음으로는 무엇을 듣고 있습니까? 부디 '하나님의 뜻'을 듣고 계신 분들이 많기를 바랍니다. 우리 교회 예배 지침이 "율법 선포를 통해 우리는 하나님의 선하시고, 기뻐하시고, 온전한 뜻이 무엇인지를 듣게 된다."라고 가르치듯이 말입니다.

그러나 혹 이런 마음의 소리가 들리지는 않습니까? '왜 매주 십계명을 읽지? 마음 불편하게… 율법주의 아닌가? 진리가 자유케 했다고 했는데, 왜 구약 이스라엘처럼 십계명을 읽을까?' 예수님이 오셨으니, 이제 율법은 필요 없다는 마음의 소리가 들려올 수 있습니다. 또는 '1계명? 문제없고, 2계명도? 네, 잘 지켰고요. 그래, 어제 부모님과 싸웠으니 5계명에 대해서는 회개해야겠다. 어? 그런데 저분은 이 중요한 시간에 왜 졸고 계시지? 저 친구는 옷차림이 왜 저럴까?' 이렇게 어느 정도 자기 순종에 만족하면서, 한편으로는 타인을 정죄하는 마음으로 십계명을 들을 수도 있습니다. 십계명이 귓전에 들려오고는 있지만, 전혀 다른 소리에 마음을 빼앗길 수 있다는 겁니다. 아무 생각 없이 한 귀로 듣고 한 귀로 흘리며 무의미하게 앉아 있을 수도 있습니다.

이런 문제가 일어나는 이유는, 십계명이 선포될 때 마음으로 무엇을 붙잡아야 할지를 모르기 때문입니다. 즉 십계명을 '어떤 의미'로 들어야 할지 모르기 때문이죠. 오늘 본문에서 예수님은 우리가 율법을 들을 때, 마음으로 거부해야 할 소리와 붙들어야 할 음성을 들려주십니다. 함께 주님의 가르침 속에서 예배하기를 바랍니다.

거부해야 할 소리, 붙들어야 할 음성

율법 선포 시간에 우리가 거부해야 할 소리를 먼저 살펴봅시다. 우리가 거부해야 할 소리는 바로 "예수님은 율법을 없애러 오셨다."는 소리입니다.

오늘 본문은 "내가 율법이나 선지자나 폐하러 온 줄로 생각지 말라…." 하며 시작합니다. 예수님이 왜 이런 말씀을 하셨을까요? 예수님이 율법이나 선지자를 폐지하고 없애려고 오셨다는 오해를 받았기 때문입니다. 율법과 선지자는 구약 성경 전체를 말하지요. 예수님이 모세의 율법과 선지자들의 말씀, 즉 구약 성경을 파괴하기 위해 오셨다는 오해를 받고 계셨습니다.

이유가 있었습니다. 예수님이 전파하시는 복음 설교가 너무나 새롭고 또 강력했기 때문입니다. 마치 이전에 있던 구약 성경의 가르침을 모두 갈아엎는 새로운 종교처럼 보였던 겁니다. 예수님의 복음이 구약 성경을 기반으로 하는 종교와 지배구조를 무너뜨리고 새로운 세상을 열 수 있겠다는 기대를 하게 하였던 겁니다. 실제로 예수님이 산상수훈을 다 마치시자 사람들이 어떤 반응을 보였습니까? 굉장히 놀랐습니다. 왜냐하면 예수님의 가르침이 "권세 있는 자와 같고 저희 서기관들과 같지" 않았기 때문입니다(마 7:28-29). 예수님이 전파하신 복음은 강력한 힘이 있었고, 기존의 성경 교사는 그렇지 않았음이 벌써 대조가 되고 있습니다.

　예수님이 율법을 없애러 오셨다는 오해는 여러모로 위험했습니다. 우선 예수님께 위험했죠. 율법의 수호자를 자처하던 서기관과 바리새인들은 우리가 아는 것처럼 예수님을 십자가에 못 박기까지 분노하게 됩니다. 그런데 예수님은 이런 오해가 예수님 앞에 서 있는 '너희', 즉 제자들과 교회에게 가장 위험하다는 것을 알고 계십니다. 그래서 교회에게 이 가르침을 주고 계십니다. 만일 예수님이 율법을 없애러 왔다는 오해가 굳어졌다면, 당시 하나님을 경외하던 유대인 중에서는 아무도 복음을 받아들이지 않았을 겁니다. 또한 난폭한 사람들이 기존 질서를 뒤집어엎기 위해 복음을 활용했을 가능성도 높지요. 무엇보다 큰 위험은 교회 안에 '율법이 폐기 처분 되었다는 생각'이 퍼지는 것입니다. '이제 율법은 버려졌다. 무의미해졌다. 무효화 되었다. 쓸모없다.' 이런 생각이 퍼져나갈 수 있었습니다.

　사랑하는 성도 여러분, 지금도 교회는 이러한 오해에 사로잡힐 수 있습니다. 유혹을 받고 있습니다. 그래서 지금도 위험합니다. 하나님은 나를 있는 그대로 받아주신다고 합니다. 그러니 율법에 얽매이지 말자 합니다. 내가 이렇게 생겨 먹었지만, 하나님은 은혜로우시니까, 율법이 뭐라 하든지 말든지, 나는 이 상태로 살아가겠다고 말합니다.

그 결과 하나님을 믿는 방식을 자기가 스스로 정합니다. 내가 이리 믿든 저리 믿든, 아무 소리 말라 합니다. 그러면서 하는 말이 뭡니까? 예수님이 율법을 폐기하셨고, 나는 은혜로 자유를 얻은 몸이라고 말합니다.

이 생각의 함정은 무엇입니까? 예수님 때문에 자유로워졌다고 말하면서, 예수님을 떠나 자유를 누리는 것입니다. 하나님의 사랑을 말하면서, 그 사랑 밖에 있겠다고 고집을 피우는 거죠. 사랑이 율법의 완성이라는 말씀은 있지만(롬 13:10), 율법을 대체한다는 말씀은 없습니다. 물론 하나님은 우리의 조건이나 우리가 얼마나 준비되었는가와 상관 없이 우리를 사랑하십니다. 그러나 하나님은, 그리스도 안에서 사랑하십니다. 그리스도와 혼인하고 연합한 우리를 사랑하십니다. 하나님이 우리의 현재 모습 그대로를 받아주신다는 말은 적절하지 않습니다. 현재 내 모습에도 '불구하고' 그리스도로 말미암아 받아주시는 겁니다. 그리스도로 옷 입었기 때문에 받아주시는 겁니다. 그리고 하나님은 우리를 현재 상태 그대로 내버려 두실 마음이 없으시며, 그리스도의 형상을 닮아가게 하시려는 사랑의 열망으로 가득하십니다. 그렇기에 성령님은 율법에 나타난 삶의 규칙에 따라 죄에 대해 점점 죽어가고, 의에 대해 점점 살아가도록, 우리를 거룩하게 변화시켜 가십니다. 따라서 율법을 폐기 처분하고, 생겨 먹은 대로 살겠다는 고집이 계속 꺾이지 않고, 삶과 예배에서 그리스도를 의지하지 않는다면, 과연 내가 하나님의 사랑 안에 있다고 확신할 수 있을까요? 그렇게 생각할 수 없습니다.

따라서 공예배에서 십계명을 들을 때, '예수님이 율법과 나를 아무 상관 없게 만드셨지.' 하지 마십시오. 예수님은 율법을 없애려고 오시지 않았습니다. 율법의 일점일획이라도 반드시 없어지지 아니하고 다 이룰 것인데, 이 율법의 완성자가 그리스도이십니다. 십계명이 우리에게 그리스도께서 완성하신 삶의 규칙으로서 주어지고 있음을 깨닫고, 은혜받은 자답게, 십계명을 통해 그리스도가 제시하는 거룩한 삶으로, 새로운 순종으로 나아가야 합니다. 율법의 선포 시간에 삶의 준칙으로 주어지는 십계명을 듣는 여러분 되시기를 바랍니다.

둘째로, 율법의 선포 때 마음으로 붙들어야 할 음성은 무엇입니까? "예수님은 율법을 완성하러 오셨다."는 음성입니다.

오늘 본문에서 예수님은 "내가 율법이나 선지자를 폐하러 온 줄로 생각지 말라. 폐하러 온 것이 아니라 완전케 하려고 왔다." 하십니다. 완전하게 한다는 말씀은 율법이 원래 부족한데 새로운 것을 보충하셨다는 말이 아닙니다. 옛 법을 새 법으로 대체한다는 뜻도 아닙니다. 미완성으로 마무리된 것을 비로소 완성한다는 의미도 결코 아닙니다!

그러면 율법을 완성하신다는 말씀은 어떤 의미입니까? 먼저 예수님은 오늘 본문에서와 같이, 하나님이 율법을 주셨을 때 원래 의도하신 대로, 깊고 오묘한 의미를 하나하나 다 해석하고 알려 주심으로 율법을 완성하십니다. 이 일은 마치 선지자가 율법의 참 의미를 드러내는 모습처럼 보입니다. 또한 예수님은 율법의 모든 요구를 이루시고, 율법대로 죄인이 받아야 할 심판을 대신 받으시는 삶과 사역을 통해 율법을 완성하셨습니다. 이는 마치 대제사장의 사역으로 보입니다. 마지막으로 예수님은 하나님의 뜻대로 순종하여 죽으셨으나, 율법의 종이 아니라 율법을 초월하는 권위자로 부활 승천하셨습니다. 그리하여 이제는 그 백성에게 그리스도의 명령으로서 계명을 주시는데, 이 모습은 마치 왕의 모습과 같습니다. 즉 예수님께서는 선지자와 제사장과 왕으로서, 율법을 완성하신 것입니다.

특별히 예수님은 이 율법의 완성이 서기관과 바리새인의 '율법주의'적 해석과 적용으로는 결코 실현될 수 없음을 확실히 밝히고 계십니다. 20절을 보시면 "내가 너희에게 이르노니 너희 의가 서기관과 바리새인보다 더 낫지 못하면 결단코 천국에 들어가지 못하리라." 하고 말씀하시죠. 이 말은 서기관과 바리새인의 의로는 천국에 들어가지 못하기에, 그보다 더 나아야 들어갈 수 있다는 의미입니다. 당대 서기관과 바리새인들이 한 율법 해석의 핵심은 '율법주의'였습니다. 그러니까 율법주의로 만들어 낸 의로는 결코 천국에 들어갈 수 없다고 못을 박고 계십니다.

율법주의의 특징은 예수님의 공생애 내내 서기관과 바리새인들에게서 나타나는데, 무엇인가요?

첫째, 외적 의로움을 추구합니다. 겉보기에 그들은 거룩하고 성결하고 아름다웠습니다. 그러나 그 속은 탐욕과 더러움으로 가득했지요. 이에 대해 예수님께서는 "이와 같이 너희도 겉으로는 사람에게 옳게 보이되 안으로는 외식과 불법이 가득하도다."(마 23:28) 하고 말씀하시죠. 회칠한 무덤, 속이 더러운 대접에 비유되는 것이 바리새인의 의로움입니다.

둘째, 의로움이 자기에게서 나옵니다. 서기관과 바리새인들은 자기들이 이뤄낼 만한 일들을 만들어 놓고, 그것을 지켜냄으로써 '스스로 의롭다 하는' 자들이었습니다. 자기 공로에서 의롭다 함을 받을 자격을 찾는 것이 율법주의의 특징입니다. "또 자기를 의롭다고 믿고 다른 사람을 멸시하는 자들에게 이 비유로 말씀하시되… 하나는 바리새인이요…"(눅 18:9-14). 예수님은 이처럼 스스로 의롭다 하는 것이 바리새인의 특징임을 비유로 말씀하셨습니다.

셋째, 결과적으로 자기를 영화롭게 하는 의로움입니다. 즉 자기를 영광스러운 자리에 올리고, 스스로를 과시하는 교만이 이들의 의로움이었습니다. 당연히 하나님의 영광에는 관심이 없었습니다. 바로 앞 구절에서 예수님은 "너희 빛을 사람 앞에 비춰게 하여 … 너희 아버지께 영광을 돌리게 하라." 하셨지만(마 5:16), 바리새인들은 "외식하는 자가 사람에게 영광을 얻으려고 회당과 거리에서 하는 것 같이" 그 앞에 나팔을 불며 긍휼의 구제를 베풀었습니다(마 6:1-2).

이러한 의로움은 하나님에게서 난 의가 아닙니다. 당연히 은혜로 주어진 것이 아니며, 따라서 하나님이 영광을 받으실 수도 없습니다. 그들은 '율법주의'로 살았으나, 하나님께서 율법을 통해 가리키신 의로움에 전혀 미치지 못합니다. 도리어 겉과 속이 다르게 행동함으로 하나님을 속이고 모욕합니다. 스스로 율법주의자, 율법의 수호자로 여겼지만, 사실 이들은 진정한 의미에서 '율법을 버린 자들'입니다. 그런데 우리도 이러한 율법주의의 유혹에 늘 노출되어 있습니다. 겉과 속이 다른 외식이 율법주의의 핵심이라면, 우리는 얼마나 겉과 속이 다르게 살아가고 있습니까? 겉으론 웃고 있지만, 속으로는 나보다 재능이 떨어지고, 경험 없고, 부족해 보이는 사람들이 중요한 자리에 있다고 분노합니다. 사실 그 분노는 하나님의 은혜에 대한 분노인 경우가 많습니다. 포도원 일꾼의 비유에서 먼저 일하던 사람들이 나중에 온 자들과 품삯을 똑같이 받고는 누구에게 화를 냅니까? 포도원 주인에게 화를 내죠(마 20:10-11). 그에게 은혜 베푸신 하나님께 화를 냅니다. 우리 마음이 '공로'에 따라 은혜를 받아야 한다는 생각으로 가득하기 때문입니다. 하나님이 남들에게 주신 것에 대한 시기, 질투도 율법주의적인 모습입니다. 때로 우리는 순종하면서도 그 동기가 율법주의적이기도 합니다. 은혜가 아니라 충성에서 하나님의 자비를 기대하거나, 그리스도를 통해 하나님께 받는 선물이 아니라 나의 고난, 나의 인내, 나의 오래 참음에 대한 보상으로 영생을 기대할 때, 우리는 순종하면서도 율법주의를 좇아가는 중인 겁니다.

사랑하는 성도 여러분, 예수님이 율법의 완성자이십니다. 예수님이 선지자와 대제사장과 왕으로서 율법을 완성하십니다. 이 말씀을 기억할 때, 우리가 십계명 선포 때 마음으로 붙들어야 할 소리는 무엇이겠습니까? '지금 귀에 들리는 이 율법 가운데, 내가 홀로 지킬 수 있는 것도 하나 없고, 나에게서 나올 수 있는 의도 전혀 없구나. 내가 사람들 앞에서 행하는 의로움도 아무런 가치가 없구나. 조금의 의미도 없구나. 다 위선적일 뿐이구나. 겉은 멀쩡히 앉아 있지만, 율법이 드러내는 나의 진실이 너무나도 처절하구나. 내 의로는 설 수가 없구나.

나로서는 하늘나라에 들어갈 수가 없구나. 그리스도께 의탁해야 하는구나. 십자가에서 나의 죄를 지신 그리스도를 바라보아야 하는구나.' 이 사실을 마음에 붙든 채로 십계명을 들어야 합니다. 율법의 선포 시간에 십계명을 통해 그리스도께로 향하는 여러분 되시기를 간절히 바랍니다.

정리하자면, 오늘 우리는 율법을 대할 때, 거부해야 할 소리와 붙들어야 할 음성을 듣습니다.

거부해야 할 소리는 무엇이었습니까? 예수님이 율법을 없애고 파괴하러 오셨다는 소리입니다. 율법에서 벗어나 방종하고 싶은 우리의 죄악 된 본성에서 나오는 소리입니다. 율법이 선포될 때 우리는 죄된 본성의 소리를 물리치고, 그리스도께서 제시하시는 삶의 규칙을 가지고 거룩한 삶과 새로운 순종으로 나아가야 합니다.

붙들어야 할 음성은 무엇이었습니까? 예수님께서 율법을 완성하러 오셨다는 음성입니다. 이처럼 달콤한 음성이 없습니다. 율법이 선포될 때 우리는 율법주의에 이끌리는 눈길을 돌려 모든 계명을 홀로 지키셔서 은혜의 구원을 이루신 그리스도만 바라봅시다.

개혁교회 예배에서 십계명의 위치

흥미로운 점은 오늘 이 본문의 가르침을 기억할 때, 개혁교회 예배에서 '율법의 선포' 순서의 위치에 대한 이해가 풍성해진다는 겁니다. 십계명을 설교 전에 선포하는가, 아니면 설교 후에 선포하는가에 따라서 그 의미가 달라집니다.

설교 앞에, 특히 사죄의 기도 앞에 율법을 선포할 수 있습니다. 우리 교회가 이렇게 하고 있지요. 이때는 십계명을 통해 우리 죄악을 보게 하고, 예수님께로 마음을 향하도록 하려는 의도가 있습니다. 우리의 죄가 솔직하게 드러나서 아버지의 은혜와 용서가 필요하다는 점을 깨닫게 하고, 율법의 완성자이신 그리스도께 달려가게 하려는 의도가 있는 거죠. 그 이후에 설교도 그리스도를 향해 집중하도록 돕습니다. 여러분도 이 점을 기억하셔서, 율법의 선포 시간에 그리스도를 향해 마음을 돌리시기 바랍니다.

이와 달리, 설교한 뒤에 십계명을 선포할 수도 있습니다. 이때는 설교에서 복음을 들은 교회가 어떻게 살아야 하는지, 즉 생활의 준칙으로써 십계명을 선포하는 순서가 됩니다. 십계명에는 하나님의 성품이 드러나므로, 그리스도의 복음을 들은 교회가 하나님을 사랑하고 또한 이웃을 사랑하는 삶으로 십계명에 순종하며 나아갈 수 있는 것입니다.

이처럼 개혁교회는 두 가지 기능을 모두 강조했습니다. 그런데 사실 이 두 기능은 하나입니다. 율법 선포로 우리 죄가 드러나면, 아버지의 은혜와 용서를 구하며 그리스도를 향해 나아가게 됩니다. 그런데 그리스도를 바라보면 그리스도가 드러내시는 하나님의 성품을 알게 되고, 그리스도의 가르침을 따라, 아버지의 아들다운 삶을 향해 나아가게 됩니다. 십계명이 설교 앞에 있든지 뒤에 있든지, 강조점만 조금 다를 뿐입니다. 우리는 율법의 완성자 그리스도 안에서 주일에도 주중에도 하나님께 영광이 돌려지는 삶을 살아가게 되는 것입니다.

결론

사랑하는 성도 여러분, 율법이 선포되는 시간마다, "내가 율법을 완성하러 왔다!" 말씀하신 그리스도의 음성을 들으며 예배합시다. 하나님은 우리에게 행위를 요구하지 않으신다는 사실을 기억합시다. 우리 마음이 우리를 속여서 우리의 공로와 우리의 영광으로 하나님 앞에 서게 할 것입니다. 그때마다 하나님이 우리에게 '율법을 완성하신 그리스도'를 요구하신다는 사실을 기억하는 여러분 되시기 바랍니다.

우리가 마지막 날 하나님의 심판대 앞에 설 때, "제가 살면서 십계명을 이러이러하게 잘 지켰습니다."라고 말할 수 있는 사람은 아무도 없습니다. 우리는 다만 이렇게 말할 수 있을 뿐입니다. "제가 이렇게 그리스도께 의지했습니다." 그것만 하나님 앞에 말할 수 있습니다. "제가 평생, 그리스도께로 돌아왔습니다. 그리스도를 의지했습니다. 그리스도의 도움 받아 순종했습니다. 그러니 오직 하나님께 영광입니다!" 이 찬양을 부르게 하실 것입니다!

이렇게 예배하고, 이렇게 살아갑시다. 율법을 버리고 방종하는 세상인 동시에, 온갖 교만과 외식으로 어지러운 세상입니다. 다 마음대로 살라고 하는데, 겉과 속이 달라서 어디까지가 진실인지 모르는 세상 속에서, 우리의 위로는 어디에 있습니까? 마음대로 사는 삶에도 위로가 없고, 마음 숨기는 삶에도 위로가 없습니다. 하나님의 뜻대로 살라 명령하시며, 우리를 초청하시는 그리스도 안에 사나 죽으나 참된 위로가 있음을 기억합시다. 그리스도의 음성으로 주일마다 열 가지 언약의 말씀을 들으며, 하나님의 뜻대로 살아가는 여러분 되시기를 성부 성자 성령의 이름으로 축원합니다.

초청에서
강복 선언까지

/

5장 죄의 고백

5장 죄의 고백

죄의 고백에 이르게 하시는 그리스도
(눅 5:1-11)

정중현 목사

무리가 옹위하여 하나님의 말씀을 들을새 예수는 게네사렛 호숫가에 서서 호숫가에 두 배가 있는 것을 보시니 어부들은 배에서 나와서 그물을 씻는지라 예수께서 한 배에 오르시니 그 배는 시몬의 배라 육지에서 조금 띄기를 청하시고 앉으사 배에서 무리를 가르치시더니 말씀을 마치시고 시몬에게 이르시되 깊은 데로 가서 그물을 내려 고기를 잡으라 시몬이 대답하여 가로되 선생이여 우리들이 밤이 맞도록 수고를 하였으되 얻은 것이 없지마는 말씀에 의지하여 내가 그물을 내리리이다 하고 그리한즉 고기를 에운 것이 심히 많아 그물이 찢어지는지라 이에 다른 배에 있는 동무를 손짓하여 와서 도와달라 하니 저희가 와서 두 배에 채우매 잠기게 되었더라 시몬 베드로가 이를 보고 예수의 무릎 아래 엎드려 가로되 주여 나를 떠나소서 나는 죄인이로소이다 하니 이는 자기와 및 함께 있는 모든 사람이 고기 잡힌 것을 인하여 놀라고 세베대의 아들로서 시몬의 동업자인 야고보와 요한도 놀랐음이라 예수께서 시몬에게 일러 가라사대 무서워 말라 이제 후로는 네가 사람을 취하리라 하시니 저희가 배들을 육지에 대고 모든 것을 버려두고 예수를 좇으니라 _ 누가복음 5장 1-11절

서론

아마 교회를 다니면서 가장 많이 듣는 단어 중 하나가 '죄'일 것입니다. 여러분은 오늘도 율법 선포 시간에 십계명을 들으셨고, 죄의 고백 시간에 이런저런 한 주간의 죄들을 고백했을 겁니다. 그런데 여러분, 죄가 무엇입니까? 죄의 고백 시간에 여러분은 무엇을 고백하고 계십니까? 혹시 이런 죄들만 고백하고 있지 않습니까: 형제자매 사이에 싸운 것, 거짓말, 음란한 영상을 본 것, 다른 사람의 것을 탐낸 것, 뒤에서 몰래 험담한 것, 질투하고 미워한 것, 게을렀던 것, 뭔가 악한 행동이나 생각. 이처럼 우리가 생각할 때 나쁜 죄들을 고백할 것입니다. 물론 이런 것들이 다 죄가 맞습니다. 그러나 이런 것들만 죄라고 생각하면, 오늘 본문에서 베드로가 한 말을 이해하기가 힘듭니다. 8절에서 베드로는 "주님, 나를 떠나십시오. 왜냐하면 나는 죄가 많은 사람이기 때문입니다."라고 하는데요, 베드로는 지금 무슨 죄를 고백합니까? 왜 갑자기 악한 행동을 했다고 고백하고 있는 겁니까? 무슨 죄를 그렇게 많이 지었다는 말입니까?

베드로는 '하나님 앞에서' 자신이 죄인이라고 고백하고 있습니다. 내가 생각하는 죄가 아니라 하나님이 죄라고 여기시는 그 죄가 나에게 가득하다고 고백하고 있는 겁니다. 웨스트민스터 소교리문답 14문답은 '죄가 무엇이냐'는 질문에 이렇게 답합니다. "죄는 하나님의 법을 조금이라도 온전히 못 지키거나 그 법을 어기는 것입니다." 죄의 기준은 하나님의 법입니다. 하나님이 기준이십니다. 우리 생각에 얼마나 나쁜지, 이 땅의 도덕적 상식에서 얼마나 나쁜지는 궁극적인 기준이 될 수 없습니다. 하나님을 중심에 두고, 하나님의 방향성 앞에서 고민해야 할 문제라는 겁니다. 바로 이 기준으로 자신의 죄를 고백하도록 베드로를 인도하신 분이 예수 그리스도이십니다. 베드로의 죄 고백이 우리가 주일마다 해야 할 죄의 고백입니다. 이 고백이 어떤 고백인지, 함께 말씀을 살펴보는 가운데, 우리 모두가 참된 죄의 고백에 이르게 되기를 간절히 바랍니다.

베드로: 어설픈 믿음의 사람

우리는 먼저 '베드로'에 주목해야 합니다. 누가가 베드로에게 주목하고 있고, 예수님이 베드로를 주목하고 계시기 때문입니다. 1-2절에서 가장 중요한 대목이 바로 '예수께서 호숫가에 두 배가 있는 것을 보셨다.' 하는 내용입니다. 처음 호숫가에 오실 때부터, 예수님은 배를 보셨고, 베드로를 보셨습니다.

예수님이 보고 계시는 베드로는 지금 어떤 사람입니까? 일단, '무리'에 속한 자는 아닙니다. 무리는 누굽니까? 1절에 보면 무리가 예수님을 옹위했다 하죠. 이들은 하나님의 말씀을 들으려고 예수님께 왔으나, 아직 예수님께 속하지 않은 다수의 사람들이었습니다. 그래서 그분을 '옹위'했습니다. 즉 예수님을 밀치고 들어왔습니다. 아직 예수님께 헌신하지 않은 자들이었습니다. 그들은 아직 예수님께 잡히지 않은 물고기들과 같습니다. 베드로는 이런 무리에 속한 자는 아니었습니다.

베드로는 굳이 말하자면 '제자'에 속한 자라고 할 수 있습니다. 일단 베드로는, 본문에서는 주로 시몬이라고 기록되어 있는데요, 바로 앞 4장 38절에 이미 등장했었습니다. 시몬의 장모가 열병에 걸렸는데, 예수님이 고쳐주시죠. 그 병을 고친 집이 '시몬'의 집이었습니다. 이미 서로 알고 있었다는 말입니다. 오늘 본문만 봐도, 예수님이 그냥 별말씀 없이 시몬 베드로의 배에 올라타십니다. 베드로도 예수님이 배를 강대상으로 쓰시도록 자연스럽게 내어 드립니다. 또 가르침이 끝날 즘에 예수님이 시몬에게 깊은 곳에 그물을 던지라 하시는데, 당연한 듯 명령하시고, 베드로는 순종합니다. 즉 둘 사이에 스승과 제자의 관계가 있었다는 말입니다. 5절에 '선생이여'라는 말이 이 관계를 잘 보여 줍니다. 요한복음 1장을 보시면, 이미 베드로가 예수님께 부름받았다는 걸 알 수 있습니다. 그러니까 굳이 말하자면 베드로는 무리가 아니라 '제자'에 속한 사람이었습니다.

제가 왜 '굳이'라고 말하냐면, 본문에서 베드로가 딱히 제자 같지는 않기 때문입니다. 수많은 무리가 하나님의 말씀을 들으려고 모여서 예수님을 밀치고 있는 상황입니다. 베드로, 야고보, 요한도 거기 있었는데, 이 제자들이 뭐하고 있습니까? 그물을 씻고 있죠. 5절을 보니까 이미 밤새도록 그물을 던졌습니다. 즉 어제도 그물질을 했습니다. 그런데 오늘도 그물을 손질하고 있네요. 이 말은 무슨 말이죠? 내일도 그물 던지러 갈 준비를 하고 있었다는 말입니다. 어떻습니까? 제자의 모습 같습니까? 예수님이 무리들을 상대하느라 정신이 없는데, 그물 손질하며 멀뚱히 쳐다보면서, 내일 조업을 준비하고 있는 이 사람들이 제자가 맞습니까?

베드로가 예수님을 압니다. 그런데 정말 아는가? 아리송합니다. 예수님의 제자입니다. 그런데 정말 제자일까? 애매합니다. 즉 누가복음의 이 시점에서 베드로는 '어설픈 신자'입니다. 예수님을 알지만 모르고요, 따른다고 했지만 따르지 않는 제자입니다. 그런데 이 모습이 우리와 닮았다는 생각이 들지 않습니까? 부모님 때문에 어릴 때부터 교회를 오래 다니고는 있는데, 나보고 누가 '교회 성도입니까?' 하면, 답이 잘 안 나오죠. 우리 자녀들 어떻습니까? '언약의 자녀'라는 말을 들으면 기쁜가요? 부담스럽나요? 여러분, 우리는 예수님을 알고 믿고 있지요. 그런데 정말 알고 있을까요? 예수님을 아십니까? 우리는 예수님을 따르기에 그의 몸 된 교회라 불리는데, 여러분, 우리가 정말 예수님을 따르고 있습니까? 믿음에 어설픈 구석이 있는 우리들이지 않습니까? 그래서 예수님이 베드로를 어떻게 만나 주시는가를 지켜보는 것은 우리에게 매우 중요합니다.

잘못된 반응: 자기중심적인 순종

예수님은 믿음이 어설픈 베드로에게 명령하십니다. 4절이죠. "… 깊은 데로 가서 그물을 내려 고기를 잡으라"(눅 5:4). '예수님의 명령'입니다. 지난 주일 율법 선포 시간에 우리가 십계명을 누구의 계명으로 받는다고 했습니까? 예수님의 계명으로 받는다고 했습니다. 베드로도 예수님의 명령을 받았습니다. 그리고 겉보기에 순종을 하기는 합니다. 그러나 결론적으로 베드로는 예수님의 명령에 잘못된 반응을 합니다. '자기중심적인 순종'을 행했기 때문입니다.

먼저, 시몬 베드로는 즉각 '자기 지식'을 내세웁니다. 5절에서 "밤이 맞도록 수고하였는데 얻은 것이 없었습니다."라고 말합니다. 이런 말을 왜 했을까요? 평생을 어부로 살아온 전문가로서, "너무 모르는 소리 하신다."라고 말한 겁니다. 여기 '수고했다'는 동사는 '애를 써서 고생을 했다'는 의미입니다. 할 수 있는 건 다 해봤다는 뜻이죠. '그런데도 안 잡혔고, 지금도 깊은 곳에 고기가 있을 리 없습니다. 예수님이 병은 잘 고치실지 모르지만, 물고기 잡는 일이야 제가 더 잘 압니다. 순종할 만한 의견은 아닙니다.' 이런 뜻입니다. 예수님을 무시하고 있습니다.

다음으로, 자기 지식을 내세우고 나서는 자기를 높입니다. 계속 뭐라고 합니까? "그렇지만 당신의 말씀 위에서!(이 말이 어순과 안 맞게 앞에 나와서 강조되고 있습니다) 당신의 말씀이니까! 그 말씀에 근거해서! 내가 그물을 달아 내려 보겠습니다." 여러분, 이 말이 얼마나 허세가 가득한 말입니까? 우리는 예수님이 하나님의 말씀을 전하고 있을 때, 베드로가 그물 깁고 있었다는 걸 기억하고 있지요? 그는 하나님의 말씀에 무리보다 못한 반응을 보였습니다. 그런데 '제가 이만큼 당신의 말씀을 존중합니다. 어부의 상식으로는 안 될 일인 거 뻔히 아는데, 주님의 말씀을 존중하는 차원에서 한번 그물을 내려 보겠습니다.' 이렇게 말하는 모습이 얼마나 우스꽝스럽나요? 주인에게 순종하는 종의 모습이 아니라, 종의 부탁을 흔쾌히 들어주는 주인처럼 어깨가 으쓱거리고 있습니다.[7] 예수님의 말씀을 존중하는 것처럼 보이지만, 사실 물고기 잡는 것에 대해 한 수 가르쳐 줘야겠다는 마음이죠. 자기가 정말 괜찮은 제자인 것처럼 행동하는 겁니다. 자기 지식을 내세우며 말을 시작하더니, 자기를 높이며 말을 마칩니다. 이것이 베드로의 반응이었습니다.

사랑하는 성도 여러분, 이 우스꽝스러운 모습이 우리의 모습이지 않습니까? 여기서 우리는 베드로의 죄를 보고요, 우리의 죄도 봅니다. 예수님의 명령에 잘못 반응하는 베드로에게서 우리의 모습이 보입니다. 무엇입니까? 지독한 자기중심성입니다. 자기를 향하고 자기를 높이는 마음의 방향성 말입니다. 여러분, 베드로의 이 행동이 도덕적으로 죄가 됩니까? 윤리적으로 문제가 됩니까? 아무 문제 없습니다. 게다가 실제로 순종을 했잖아요? 겉으로 보기에는 믿음이 좋은 행동 아닙니까? 자기 생각과 맞지 않지만 순종한다니, 얼마나 좋은 신앙입니까? 그러나 성도 여러분, 예수님은 아십니다. 그 생각과 결정에 예수님이 없다는 걸요. 베드로가 자기 자신으로 가득 차 있는 걸 보고 계십니다. 여러분, 아담과 하와가 도덕적으로 대단하게 큰 악을 저질렀습니까? 살인을 했나요? 전쟁을 일으켰습니까? 아닙니다. 그냥 나무 열매를 먹은 겁니다. 그런데 그 죄가 인류 전체를 하나님의 형상의 고귀한 자리에서 타락시켜 버렸지요. 왜입니까? 그 결정에 하나님이 없었거든요. 자기 자신으로 가득한 결정이었기 때문입니다. '내 인생

7 Jakob van Bruggen, Lucas (Kampen: J. H. Kok, 2013) 133.

의 선장은 나다!' 하며, 내 마음대로, 내 멋대로, 내 인생의 방향을 결정하고 나아간 것, 그것이 하나님을 그토록 진노하게 만든 죄라는 겁니다.

십계명은 하나님께서 원하시는 결정의 '방향'을 알려 줍니다. "살인하지 말라!" 하셨으면, 살인으로부터 하나님이 창조하신 생명을 살리는 방향으로 결정해야 한다고 말씀하시는 것이지요. "거짓 증거하지 말라!" 하셨으면, 거짓의 반대편에 있는 진실을 추구하는 방향으로 결정해야 한다고 말씀하시는 것입니다. 즉 하나님을 향해 가라고 명령하시는 것이 십계명에서 들려오는 예수님의 음성입니다. 그러나 어설픈 제자인 우리의 결정을 보면 어떤가요? 결정을 내릴 때, '나에게 좋은 결정인가?'를 고려하고, '사람들이 이런 결정을 하는 나를 어떻게 봐줄까?'를 고민합니다. 그런데 하나님은 없습니다. 있긴 있는데, 끝에 살짝 언급만 합니다. 하나님이 가라 하시는 방향과 아무 상관 없이 결정하고, '이것이 하나님의 기쁨이 되게 하소서.' 하고 말죠. 그 일이 하나님께 기쁨이 되겠습니까? 승천하신 그리스도와 하나님 나라와 복음에 대한 의식 없이, 마음대로 선택하고 걸어가는 것이 신앙생활일까요? 겉으로 순종처럼 보이기만 하면, 내가 좋은 사람이라는 것을 증명하려는 마음으로 가득해도 될까요? 자기 마음대로 살면서도 주일 잘 지키고, 예의 바르게 행동하고, 예배 잘 드리면 사람들에게 좋은 성도로 좋은 자녀로 평가받을 수 있습니다. 하지만, 하나님도 좋다고 하실까요? 자기를 위한 일들을 계획하고, 그게 잘 되면 '하나님께 영광입니다!' 한다고, 하나님이 영광을 받으십니까? 하나님께서 가라고 하시는 방향에 대한 일말의 고려 없이도, 교회 생활 잘할 수 있습니다. 목사도 될 수 있어요. 설교도 할 수 있습니다. 그러니까 예수님의 명령을 들은 신자들이 율법주의자로 살 수 있습니다. 예수님의 명령을 듣고도 율법이 폐해진 것처럼 예수님을 무시할 수도 있습니다. 이런 자기중심적인 방향성이 베드로에게서 나타나고 있는 겁니다.

예수님의 반응: 계시

예수님은 어설픈 신앙을 지닌 베드로에게 어떻게 하십니까? 사랑과 인내로 참아 주십니다. 찾아오셨고 떠나지 않으십니다. 그리고 예수님이 누구신지 보여 주십니다. 하나님이 하나님을 알려 주시는 것을 '계시'라고 합니다. 예수님은 방금까지 배 위에서 하나님의 말씀을 계시하셨습니다. 이제 예수님은 그 말씀을 전하신 자신이 누구신지 계시해 주십니다. 예수님은 누구십니까? 물속에서 어떤 일이 일어나고 있는지 다 아시고, 심지어 물고기를 모으실 수도 있는, 전지전능한 하나님이십니다.

6절을 보면, 물고기들을 에워싼 그물이 터질 정도로 고기가 가득 찼습니다. 다른 배를 손짓하여 불러서 들어 올리는데, 두 배에 가득 차서 배가 침몰 직전까지 갔다고 합니다. 딱딱한 마음을 지닌 우리는 "물고기가 많이 잡혀 봤자지, 그게 뭐가 그렇게 큰일일까?" 하고 생각할 수도 있습니다. 그런데 어부들의 반응을 보면, 이런 일이 한 번도 없었던 것처럼 반응하지요. 그런 규모로 물고기가 잡힌 것을 본 적이 없었기에, 베드로와 품꾼들과 야고보와 요한까지 한마음으로 놀랐다고 기록하고 있는 겁니다. 베드로가 얼마나 자기 경력을 스스로 자부했는지 기억하십니까? 그런 베테랑이 한 번도 본 적 없는 현상이라는 것은, 보통 기적이 아니었음을 확증해 줍니다. 그렇게 예수님이 그분의 '신성'을 잠시 내비쳐 주셨습니다. 예수님이 선포하셨던 말씀이 정말 세상을 창조하시고 다스리시는 '하나님의 말씀'이라는 걸 깨닫게 하셨습니다. 베드로가 예수님이 하나님이신 줄을 보게 된 것입니다.

바른 반응: 자기 부인과 그리스도 중심성

그러자 베드로는 즉각 예수님의 무릎 앞에 꿇어앉아 죄를 고백합니다. "주여(퀴리에! 이 말은 선생님보다는 훨씬 높은 분이심을 깨달았다는 뜻입니다), 저를 떠나소서. 저는 죄가 많은 자이니이다." 합니다. 그 이유를 9절에서 설명합니다. 왜 절할 수밖에 없었는가? 고기 잡힌 것, 즉 고기의 포획량을 보고 놀라움이 그를 꽉 붙들었기 때문입니다. 사람이 이 일을 할 수 없다는 분명한 증거를 보았고, 하나님에 대한 경외감에 압도당한 겁니다. 그래서 그는 자신의 자격 없음을 고백합니다.[8] "주님, 저는 제자가 될 수 없습니다. 더 이상 제자라 불릴 자격이 없습니다."라고 말합니다. 모든 결정권을 예수님께 드리고 있지요. 이 모습이 바로 '자기 부인'입니다. 하나님 앞에서 두려움을 느낀 죄인의 떨림을 베드

---

8 Jakob van Bruggen, Lucas (Kampen: J. H. Kok, 2013) 133.

로도 경험하고 있었던 것입니다. 마치 이사야 선지자가 하나님의 환상을 보고서는 "화로다 나여, 망하게 되었도다…."(사 6:5) 했던 것과 같습니다. 그런데 베드로에게는 환상이 필요 없었습니다. 하나님의 영광 그 자체이신 예수님과 대면하고 있었기 때문입니다.

즉 베드로는 그제야 예수님을 알게 됩니다. 그제야 예수님을 보게 되었고, 비로소 예수님께 제대로 반응하고 있습니다. 예수님이 계시하셔서 그분이 하나님이심을 알게 하셨기 때문입니다. 하나님의 영광을 보이셨기 때문이죠. 그러자 베드로는 자신이 예수님께 합당하지 않음을 알게 되었고, 물고기를 잡기 전에 그가 보였던 그 교만한 태도가 하나님의 진노를 사기에 충분하다는 것도 인정하게 됩니다. 베드로는 더 이상 예수님을 섬길 자격이 없다고 고백하고 있습니다. 그는 자신을 파면해 주시기를 간청하고 있습니다.

베드로는 죄를 고백하며 철저히 낮아집니다. 동시에 그의 삶의 방향이 자기에게서 그리스도 중심으로 전환됩니다. 자기중심, 자기 영광을 향해 있던 모든 생각과 태도를 그리스도께로 돌이켜 회개하며, '내가 죄인입니다.' 하고 고백했던 것이죠. 이 죄의 고백이 바로 우리가 매주 해야 할 고백의 내용입니다. 예수님이 창조주요 구속자라는 분명한 인식으로, 우리는 그 앞에 바짝 엎드려야 합니다. 마음을 낮추어야 합니다. 우리의 교만과 방종을, 하나님을 매사에 인정하며 높이지 못하는 어리석음을, 우리에게는 하나님의 백성, 하나님의 자녀, 거룩한 성도, 그리스도의 제자라고 불릴 아무런 자격도 없음을 처절하게 고백해야 합니다.

죄 고백의 결과: 제자가 제자답게 됨

이 죄 고백에 대해 예수님은 어떻게 반응하셨습니까? 두려워하는 제자에게 두려워 말라 하십니다. 베드로를 안심시키십니다. 그리고 지금부터 앞으로도 쭉— 사람을 생포하는 일을 할 것이라고, 즉 사람을 산 채로 건져 올리는 일, 죽음에서 생명으로 건져 올리는 일을 할 것이라고 말씀하셨습니다. 제자로서의 사명을 변함없이 선언해 주십니다. 즉 그들의 어설품이 예수님의 은혜로운 부르심을 무효화 할 수 없음을 분명하게 밝혀주신 겁니다. 베드로의 죄 고백을 이끌어 내시려고 오늘 베드로를 찾아오신 분도 예수님이시요, 이 고백을 이끌어 내기 위해 깊은 곳에 그물을 던지라 말씀하신 분도 예수님이십니다. 예수님께서 베드로를 이 고백으로 이끌어 주셨던 겁니다.

그 결과가 무엇입니까? 드디어 제자가 '제자답게' 됩니다. 물론 여전히 베드로에게는 더 제자다워질 일들이 남아 있지만, 획기적인 변화가 바로 여기서 일어납니다. 우선순위가 완전히 바로 서게 됩니다. 베드로는 더 이상 어부의 일과 예수님의 제자 일을 '겸임'하지 않습니다. 이제 다시는 예수님이 말씀 전하시는데, 옆에서 그물 손질이나 하는 일은 없을 겁니다. 베드로는 이제 모든 일을 뒤로하고, 잡은 물고기는 아버지에게 맡기고, 쟁기를 들고 뒤돌아보지 않고, 머리 둘 곳 없으신 주님을 따라나섭니다. 놀라운 변화지요. 베드로는 스스로가 죄인이고 예수님의 제자가 되기에 적합하지 않다고 고백했는데, 바로 그때, 제자가 되기에 합당한 사람이 되어 버립니다. 이것이 하나님 나라의 원리입니다. 자격 없는 자, 스스로 하나님 앞에 낮추는 자, 자기를 부인하며 하나님께 인생의 모든 권리를 드리는 자. 하나님께서는 바로 그런 사람을 계속해서 참 제자요 참 신자로 성장하도록 인도하십니다. 5장을 보면 죄인을 부르시는 예수님의 모습을 계속 보여 줍니다. 나병환자를 부르시고 중풍병자를 부르시고 레위를 부르시지요. 그런데 누가는 그중 1번이 베드로라고 말합니다. 사도라 해도 그 역시 예수님의 은혜 덕분에 살 수 있는 죄인일 뿐이라는 겁니다.

정리해 봅시다. 베드로는 어설픈 제자로, 부름받은 이후에도 제자인 듯 제자가 아닌 삶을 살고 있었습니다. 예수님의 명령을 따를 때도 자기중심적이고 자기 영광을 추구하는 죄의 영향을 크게 받았습니다. 예수님은 그에게 예수님이 누구신지를 알려 주시며 하나님의 영광을 경험하게 해주셨습니다. 그러자 베드로는 자기를 부인하며 죄를 고백했습니다. 모든 결정권을 주님께 드리는 그리스도 중심적인 삶으로 변했습니다. 그 결과 베드로는 제자다운 삶을 향해 성큼 나아갈 수 있게 되었습니다.

베드로에게 가장 큰 변화는, 자신이 예수님과 배를 함께 타고 있다는 것조차 말도 안 되는 은혜임을 깨달은 것입니다. 그것이 자격 없다는 것을 인정한 자의 마음이지요. 베드로는 예수님과 함께 있을 기회만 생겨도 순전한 은혜로 여기기 시작했습니다. 예수님께 잘 보이기 위해 겉으로 부풀리려고 애쓸 필요가 없다는 것을 알게 되었습니다. 예수님이 바닷속도 들여다보실 뿐만 아니라, 가장 추한 내 마음의 결정들도 다 보고 계신 하나님이심을 인격적으로 경험했기 때문입니다. 놀라운 것은, 그럼에도 베드로는 나중에 예수님을 세 번이나 부인한다는 겁니다. 이것은 어설픔으로는 설명할 수 없는, 공개적이고 적극적인 죄였습니다. 그런데요, 이런 인간의 죄보다 더 놀라운 것은, 예수님께서 바로 그 시점에 그와 같은 죄인을 위해 십자가로 향하고 계셨다는 사실입니다. 베드로와, 또한 그와 같은 우리의 죄를 지시고 십자가로 향하고 계셨다는 겁니다. 그분이 저와 여러분의 주님, 예수 그리스도이십니다.

적용 및 결론

이 십자가의 주님을 찬송합시다. 우리가 율법을 듣고, 죄를 고백하는 과정이 찬송이 되게 합시다. 바짝 엎드려서, 우리의 어설픈 신앙을 참으시는 주님만 높여드립시다. 제자답지 못한 우리들, 자기만 생각하고 타인의 시선만 중요시하며, 하나님 없이 결정하는 우리들임을 인정합시다. 그런 우리를 예배로 초청하셔서 삼위 하나님의 영광을 보게 하시는 분을 우러러 바라보는 '죄의 고백' 시간이 되길 바랍니다. 공예배에서뿐만 아니라 일상의 삶 속에서도, 하나님의 방향으로 향하도록 명령하시고, 그리스도를 따를 수 있도록 말씀으로 찾아오시는 주님께 주목하기 위해 성경을 펴 읽으시고 또 기도하시기 바랍니다. 가정에서 자녀와 함께 예배하시기 바랍니다. 때로 우리는 더 절망적인 죄를 짓습니다. 예수님의 음성을 듣고도 겉과 속이 다른 행동으로 율법주의를 실천해 버리는 우리입니다. 때로는 들은 말씀을 싹 무시하고 제멋대로 결정하는 우리입니다. 그러나 이런 우리를 아시고, 찾아오셔서 그 죄들을 다루기 원하시는 분이 예수 그리스도이십니다. 믿으며, 주중에도 죄를 고백하며 구주를 찬송합시다. 우리는 자격 없고, 우리는 할 수 없지만, 하나님이신 주 예수 그리스도의 능력이 우리를 변화시켜 갈 것을 믿으시기 바랍니다.

이 땅에 가득한 그분의 교회가 이 변화의 증거입니다. 베드로가 3,000명에게 세례를 주던 날까지만 해도 셀 수 있었지만, 이제 셀 수 없을 정도로 온 땅에 충만해진 교회가 바로 변화가 가능하다는 증거입니다. 그리스도께서 절망적으로 자격 없는 저와 여러분을 제자답게, 성도답게, 영혼을 건져 내는 사람들로 변화시켜 내실 것입니다. 그리스도를 믿고 죄를 고백하는 모든 성도에게 이러한 은혜가 매일 충만하기를 성부와 성자와 성령의 이름으로 축원합니다.

초청에서 강복 선언까지

초청에서
강복 선언까지

/

6장
죄 사함의 선언

6장 죄 사함의 선언

주께서 내 죄의 악을 사하셨나이다
(시 32:1-11)

정중현 목사

허물의 사함을 얻고 그 죄의 가리움을 받은 자는 복이 있도다 마음에 간사가 없고 여호와께 정죄를 당치 않은 자는 복이 있도다 내가 토설치 아니할 때에 종일 신음하므로 내 뼈가 쇠하였도다 주의 손이 주야로 나를 누르시오니 내 진액이 화하여 여름 가물에 마름 같이 되었나이다 (셀라) 내가 이르기를 내 허물을 여호와께 자복하리라 하고 주께 내 죄를 아뢰고 내 죄악을 숨기지 아니하였더니 곧 주께서 내 죄의 악을 사하셨나이다 (셀라) 이로 인하여 무릇 경건한 자는 주를 만날 기회를 타서 주께 기도할찌라 진실로 홍수가 범람할찌라도 저에게 미치지 못하리이다 주는 나의 은신처이오니 환난에서 나를 보호하시고 구원의 노래로 나를 에우시리이다 (셀라) 내가 너의 갈 길을 가르쳐 보이고 너를 주목하여 훈계하리로다 너희는 무지한 말이나 노새 같이 되지 말찌어다 그것들은 자갈과 굴레로 단속하지 아니하면 너희에게 가까이 오지 아니하리로다 악인에게는 많은 슬픔이 있으나 여호와를 신뢰하는 자에게는 인자하심이 두르리로다 너희 의인들아 여호와를 기뻐하며 즐거워할찌어다 마음이 정직한 너희들아 다 즐거이 외칠찌어다 _ 시편 32편 1-11절

서론

오늘은 공예배 순서 중 '죄 사함의 선언'에 대해 설교하겠습니다. 우리 자녀들, '죄 사함'이 무엇인가요? 말이 어렵죠? 죄를 벌하지 않고 용서해 준다는 뜻입니다. 그러니까 죄 사함의 선언은 '죄를 용서한다고 모두에게 알려 주는 것'을 뜻합니다. 죄 사함의 선언은 예배 중에 어떻게 이루어지나요? 우리가 함께 십계명을 듣고 죄를 고백하다 보면, 피아노 소리가 희미해지고 이내 성경 말씀이 들려옵니다. 오늘 읽은 말씀도 그때 읽는 말씀들 중 하나죠. "주께서 내 죄의 악을 사하셨나이다!" 하면 모두 "아멘!" 하고 응답합니다. 왜 이때 목사가, "네 죄를 사하노라." 하면서 목사의 말로 용서하지 않고 성경 말씀을 그대로 읽을까요? '죄를 용서하겠다는 하나님의 약속'에서 하나님의 용서가 나오기 때문입니다. 목사는 죄를 없애지 못하기 때문에 하나님의 말씀을 그대로 읽는 시간이 '죄 사함의 선언'입니다.

그런데 여러분, 우리는 공예배 자리에서 십계명도 매주 듣고요, 죄의 고백도 매주 하고요, 죄 사함의 선언도 매주 듣고 있습니다. 그뿐만 아니라 수시로 우리의 잘못을 고백하며 회개합니다. 그런데 길을 가다가 어떤 사람이 이렇게 물어본다고 합시다. 한번 마음으로 답해 보십시오. "선생님, 교회 다니시죠? 그럼, 예수님께서 십자가에서 영 단번에 우리 모든 죄를 사하셨다는 것 믿으시죠? 그렇다면, 과거의 모든 죄뿐 아니라 미래의 죄까지 다 용서받았다는 것 믿으시죠? 그러면 선생님은 왜 주일마다 죄를 고백하고 죄 용서를 받고 계시나요? 이제 용서받을 죄가 없는데 왜 회개를 매번 하나요?" 이러면 뭐라고 답하시겠습니까? 특히 대학생 여러분, 이런 질문을 하는 사람들을 만날 가능성이 큽니다. 저처럼 군대에서 만날 수도 있습니다. 거기서 답을 못하고 "그, 그러네요." 하고 듣다 보면 어떻게 될까요? 구원파라는 이단에 빠질 수 있습니다.

예수님이 죄를 다 사하셨는데, 왜 주일마다 죄 고백과 죄 사함의 선언이 필요할까요? 뭐라고 답해야 합니까? 의외로 답을 못 하는 분들이 많고, 오히려 반박하다가 오류에 빠지는 분도 많습니다. 예수님을 믿을 때 과거의 죄는 다 씻겨지지만, 현재로부터 미래의 모든 죄는 내가 회개해서 씻어야 한다고 말하면 오류입니다. 예수님이 아니라 회개라는 공로로 구원받는 거짓 신앙이기 때문입니다. 예수님은 원죄를 해결하셨고, 우리는 자범죄를 회개로 해결해야 한다고 말하는 것도 완전히 오류입니다. 오늘 다윗은 시편을 통해 무엇이라고 말합니까? 죄 사함을 받은 다윗의 전 삶이 '죄 사함을 경험하는 삶'이라고 말하고 있습니다. 다윗은 구원받은 왕이었지만, 그의 일생 전체가 '구원의 노래'로 가득했다는 겁니다. 성도가 완전한 구원을 받지만, 그 구원이 삶 전체에 나타나야 한다는 것을 분명히 이해해야 합니다. 오늘 시편은 바로 하나님께 죄 사함의 선언을 듣는 성도의 삶이 가장 복스럽다고 가르칩니다. 계속 죄 사함의 선언을 듣는 성도에게, 죄를 죽이는 기쁨과 의인으로 살아가는 기쁨이 점점 커지고 확장된다고 가르칩니다. 함께 설교를 들을 때, 우리 모두가 죄 사함의 은혜에서 오는 기쁨을 더욱 풍성히 누리게 되기를 바랍니다.

오늘 시편은 첫째로, 죄 사함을 받는 자의 삶이 가장 복된 삶이라고 선언하고 있습니다(1-5절).

1, 2절을 먼저 보시면 두 문장이 다 어떻게 끝납니까? "복이 있도다(아슈레이)"로 끝납니다. 시편 1편에 '복 있는 사람은'이라는 표현을 기억하실 겁니다. 그 이후에 다시 나오는 곳이 여깁니다. 그것도 두 번 반복이 되고 있는데요, 1, 2절이 설명하고 있는 삶이 최고로 복된 삶이라고 강조하는 것입니다. '아슈레이'는 감정적으로 행복하다는 뜻이 아니라고 했지요. 복스러워 보인다, 참 바람직하고, 동경할 만한 이상적인 모습이라는 뜻입니다.

어떤 모습이 그렇게 복스러운가? 한마디로, '믿음으로 죄 사함을 받는 삶'이라는 겁니다. 허물의 사함을 얻는 사람, 그 죄의 가리움을 받는 사람, 여호와께 정죄당하지 않는 사람. 모든 표현이 죄 용서받는 삶을 가리키고 있습니다.

특히 이 시편은 바울이 이신칭의의 복음을 전하며 인용한 말씀입니다. "일한 것이 없이 하나님께 의로 여기심을 받는 사람의 행복에 대하여 다윗의 말한 바…"(롬 4:6) 하면서 오늘 1, 2절이 인용됩니다. 다윗을 통하여 말씀하신 성령님께서 바울의 입을 통하여 이 말씀이 믿음으로 받는 의에 대한 정의라는 걸 알려 주십니다. 자기 공로 없이 하나님께 의롭다 여김 받는 자가 얼마나 복된가에 대한 시편이라는 겁니다. 실제로 1, 2절의 표현들이 다 수동태로 되어 있는데요, 능동태로 바꾸면 복음이 아주 선명하게 드러납니다.

"허물의 사함을 얻은 자"에서 '사함'이란 '들어 올리는 것'을 말합니다. 하나님이 그의 허물, 그의 잘못을 '들어 올리셨다'는 뜻이지요. 그러면 그 허물은 누가 들고 계십니까? 하나님이시죠? 다시 말해 '죄인의 어깨를 짓누르던 무거운 죄의 짐을 들어 올려서 하나님이 지셨다. 그의 죄 짐을 하나님이 대신 져주신 사람은 복이 있다.'라고 읽을 수 있습니다.

"그 죄의 가리움을 받은 자"에서 '가리움'이라는 말은 옷이나 천으로 덮는다는 뜻입니다. 즉 하나님이 그의 죄를 옷과 같은 천으로 '덮어 주셨다'는 뜻입니다. 죄인을 옷으로 덮었으니, 그 옷을 주신 하나님은 어찌 되셨다는 말입니까? 하나님의 옷을 벗으셨겠지요. 하나님께는 옷이 없지만, 용서를 이런 식으로 표현하고 있는 것입니다.

"마음에 간사가 없고 여호와께 정죄를 당치 않는 자"에서, 마음에 간사가 없다는 말은 거짓이 없다는 말입니다. 즉 하나님의 눈앞에 그 영혼의 모든 것이 숨김없이 드러났다는 뜻입니다. 그 영혼의 죄가 다 드러났음에도 불구하고, 하나님께서 죄를 셈하지 않는 사람, 그 영혼에 가득한 죄에 대해 계산이 끝난 것으로 '여김 받는' 그 사람은 복이 있다고 말합니다. 왜 그 사람의 죄가 없는 것으로 여겨질까요? 하나님이 죄인으로 여겨질 의인을 대신 내어 주셨기 때문입니다.

그러니까, 죄인을 바람직하고 복스럽게 만드는 것이 무엇인가 보면, 사람이 한 일이 하나도 없습니다. 사람은 하나님이 하신 일을 당할 뿐이고, 모든 것이 하나님이 하신 일로 묘사가 되어 있습니다. 하나님의 일들은 또한 무엇을 말하고 있습니까? 복음을 말하고 있습니다. 저와 여러분이 질 수 없던 죄 짐을 대신 져주시는 하나님은 누구십니까? 예수 그리스도십니다. 우리와 같은 수치스러운 죄인을 구원으로 옷 입히시기 위하여 벌거벗은 몸으로 조롱당하신 하나님은 누구십니까? 예수 그리스도십니다. 정죄 받은 자를 의인으로 여김 받게 하시려고, 완전한 의인이시면서 죄인으로 여김 받으신 하나님은 누구십니까? 예수 그리스도십니다. 마치 사람인 것처럼 표현된 하나님의 용서가 실제 사람으로 오신 그리스도 안에서 나타난 것입니다. 그리스도로 말미암아 용서받은 자는 복이 있다고 1, 2절이 말하고 있습니다. 사람이 노력이나 공로로는 절대 얻을 수 없는 성자 예수 그리스도의 구원의 은혜를 정확하게 묘사하고 있습니다.

그런데, 죄 사함의 은혜를 처음 맛본 것은 죄 사함이 지속되는 복된 삶의 시작일 뿐입니다. 다윗은 3절부터 자신의 삶을 통해 이 사실을 가르칩니다. 먼저 복을 받는 것이 단번으로 끝나는 것이 아니라는 것을 가르칩니다. 다윗은 어려서부터 하나님을 경외했던 사람입니다. 젊은 시절부터 성령의 감동을 받았고, 참된 경건으로 자라왔던 사람입니다. 그러나 그런 그에게도 '죄를 토설하지 아니하는' 시기가 있었다고 고백합니다. 하나님께 입을 닫고 고집 피우면서, 죄가 있는데도, 죄를 아는데도, 하나님께 고백하지 않았던 시기를 떠올립니다. 죄를 마음에 품고 있는 동안에 뼈가 쇠하였고, 하루 종일을 신음했다고 하지요. 이는 뼈만 아팠다는 말이 아닙니다. 몸 전체, 육신 전체가 죄로 인한 징계 때문에 하루 종일 사자가 울부짖듯이 신음했다는 뜻입니다. 다윗은 그 아픔이 우연한 일이 아니라 죄에 대해 하나님이 밤낮 누르는 손길이었다고 묘사합니다. 마치 여름의 열기가 모든 살아 있는 것들을 바짝 말려 버리듯이 기력이 다 말라버렸고, 그 정도로 죄에 대한 하나님의 진노 아래 있는 삶이 비참했다고 고백합니다. 저도 그렇고, 아마 여러분도 이 마음이 어떤 마음인지 아실 것입니다. 죄가 있고, 잘못을 아는데도 하나님께 고백하지 않고 지낼 때의 황폐한 고통이 있습니다. 회개로 몰아가시는 아버지의 손길에 잠 못 이루는 밤이 있습니다.

다윗은 결국 그 손길을 못 이겨 죄를 고백했다고 말합니다. 5절에서, "내 허물을 여호와께 자복하리라 하고, 죄를 아뢰고 숨기지 아니하였더니," 어떻게 되었습니까? "주께서 내 죄의 악을 사하셨나이다!" 다시 죄 용서를 받았습니다! 다시 복된 삶을 회복한 것입니다. 다윗은 5절에서 1, 2절의 복음을 믿으므로 죄를 고백하고 용서를 받습니다. 2절 말씀처럼, "여호와께" 정죄당하지 않을 것을 믿었기에, "내가 여호와께 자복하리라." 할 수 있었던 것입니다. 1절 말씀처럼 "죄의 가리움"을 받게 하실 하나님을 믿었기에, 그 죄의 가리움을 받았던 것입니다. '가리다'와 '숨기다'는 같은 단어입니다. 그러자 1절에서 죄 짐을 "들어 올려주신" 하나님께서, 5절에서도 죄의 악을 "들어 올려주신 것"입니다. '사했다'는 단어가 같은 단어입니다. 결국 복음으로 선포된 1, 2절 말씀과 그 복음에 대한 믿음 때문에, 죄를 자복하고 내 죄를 아뢰고 내 죄악을 숨기지 않고 회개할 수 있었던 겁니다.

바로 여기에서 우리는 죄 용서가 신자의 삶의 시작에만 필요한 게 아니라는 걸 확인합니다. 믿는 자들도 날마다 많은 잘못에 말려 들어갑니다. 수많은 유혹 가운데 살아갑니다. 그래서 우리가 그리스도와 연합할 수 있도록 인도해 주신 첫 번째 은혜가 삶의 마지막까지 주어져야 하는 겁니다. 즉 신자는 한 번의 은혜로 결승점을 통과하지 않습니다. 회개는 회심의 첫 순간만을 말하는 것도 아니고, 매일 구체적인 죄악을 고백하는 것만을 말하는 것도 아닙니다. 회개는, 지난 주일에 말씀드린 것처럼 방향의 전환을 말합니다. 자기를 중심으로 자기를 향해 살던 삶, 죄를 사랑하던 삶에서, 하나님을 중심으로 하나님을 향해, 죄를 미워하며 하나님을 사랑하는 방향으로 전환하는 것이 회개입니다. 삶의 방향이 바뀌니까 소소한 선택도 바뀌게 되겠지요. 삶의 목표가 바뀌니까 작은 실천 사항들이 바뀌게 됩니다. 삶 전체가 사탄과 세상과 나 자신을 향한 삶에서 하나님을 향한 삶으로 전환되었다면, 매일매일의 삶에서도 작은 죄의 습관들로부터 돌이키게 되는 겁니다. 원죄, 자범죄를 따지지 않고요, 크고 작은 죄도 따지지 않고, 과거와 미래의 죄를 따지지 않습니다. 삶 전체의 흐름이 바뀌게 되었으니, 매일매일 잘못된 방향으로 흐를 때마다 바른 방향으로 돌아오는 겁니다. 그것이 회개입니다.

다시 말해, 우리는 구원파적 신앙을 가진 사람들에게 "구원받았기 때문에, 더욱 힘써 회개해야 합니다."라고 알려 주어야 합니다. 예수님이 완전한 구원으로 우리의 신분을 바꾸셨다면, 그 신분에 걸맞은 삶은 회개하는 삶이지 않겠습니까? 거지에서 왕의 자녀의 신분을 갖게 되었으니, 거지였을 때 가졌던 습관들을 발견하는 족족 버리고 왕의 자녀들로 사는 삶을 매일매일 습득해야 하는 겁니다. 그래서 우리는 공예배에서 매주 죄 고백과 죄 사함의 선언을 통해 우리의 바뀐 신분을 재확인하며, 더 감사하고 더 순종하게 되는 겁니다. 그러니 죄 사함을 계속 받는 삶이 얼마나 복된 삶입니까? 회개로 몰아가시는 하나님의 손을 경험하는 것이 얼마나 복된지요. 우리를 내버려 두지 않으시고, 회개하게 하셔서 처음으로 우리를 용서하신 그 용서를 더 밝은 빛 속에서 경험하게 하시는 은혜가 얼마나 복됩니까? 이 복된 죄 용서의 삶으로 초청받았다는 것을 공예배 때마다 확인하시고 기뻐하시기 바랍니다.

그렇다면 둘째로, 하나님은 죄 사함의 선언을 받은 자를 어떻게 인도하십니까?

한마디로 옛 사람이 죽고 새 사람으로 살도록 예배와 말씀 사역 가운데 이루어 가십니다. 죄에서 점점 더 멀어질 수 있도록 공적/사적 예배와 설교 사역을 통해 이루어 가시는 것입니다.

6절 이후는 모든 경건한 자, 즉 저와 여러분을 포함한 모든 성도를 위한 가르침입니다. 회개는 방향의 전환이라 했지요. 죄 사함을 받은 자는 죄에서 돌이킨 상태에 머물러 있는 것이 아니라 의의 길로 계속 나아가야 합니다. 죄를 억제하고 죽이며 의에 대해 더 풍성한 삶을 살아가야 합니다. 이러한 삶을 위하여 하나님으로부터 주어지는 은혜의 수단들이 제시되고 있습니다.

첫 번째가 바로 '기도'입니다.

6절에서 다윗은 자신과 같은 모든 경건한 자에게 권면합니다. 즉 죄를 숨기지 않고 솔직하게 고백하는 모든 성도에게 앞으로 주를 만날 기회를 타서 지속해서 기도하라고 권합니다. 이 기도는 어떤 기도입니까? 기본적으로 5절에 나왔던 기도입니다. 허물을 여호와께 자복하는 기도, 주께 자기 죄를 아뢰는 기도, 자기 죄악을 숨기지 아니하는 기도를 말합니다. 복음을 믿는 믿음으로 드리는 죄 고백의 기도를 말하지요. 죄를 고백하는 믿음의 기도에 죄 용서가 약속되어 있습니다. 그러므로 "이로 인하여", 앞으로 계속 하나님을 만날 만할 때를 찾아서 더 부지런히 믿음으로 기도하라 권면하는 것입니다. 그러면 홍수가 범람하더라도 그에게 미치지 못할 것이라고 합니다. 홍수는 성경의 많은 곳에서 피할 방법이 없어 보이는 모든 죽음의 위험을 뜻합니다. 기도하는 가운데 죽음의 위험이 닥친다 하더라도 두려움이 없도록 하신다는 겁니다. 그 죽음의 위협이 삶을 무너뜨리는 일도 없을 것이라고 약속하시고 있는 것이죠.

기도하며 두려움 없는 삶을 향해 나아가라고 권면하고 있습니다. 우리가 이런 기도를 향해 나아가야 할 것입니다. 죄의 고백으로부터 시작하여 기도할 만한 모든 때를 찾아 기도하는 여러분 되시기 바랍니다. 그러면 말씀대로, 두려움 때문에 죄를 선택하거나 두려워서 의를 포기하는 일이 없을 것입니다. 요즘 경제적으로나 사회적으로 우리를 두렵게 하는 일들이 많고, 그 결과가 결혼 통계나 출산율 등으로 나타나고 있습니다. 홍수가 우리를 엄습하는 일은 늘 있을 것입니다. 그러나 홍수보다 더 두려운 하나님의 진노로부터 죄 사함의 은혜를 입은 성도 여러분, 기도하며 두려움 없는 삶을 향해 계속 나아가시기 바랍니다.

죄를 억제하고 의에 대해 풍성하게 살게 하시려고 주시는 두 번째 수단은 공적 예배입니다.

다윗은 7절에서 어떤 어려움이 와도 숨을 수 있는 은신처가 주님 이시라고 고백합니다. 주님은 다윗을 환난에서 보호하시고 구원의 노 래가 그를 둘러싸게 하시는 분이십니다. 이 말씀은 하나님에 대한 비 유적인 표현으로 볼 수도 있지만, '성소'를 묘사하는 것으로 보입니다. 하나님이 임재하시는 은신처가 '성소'를 의미하는 것으로 보이고, 특 히 감사의 제사를 드리며 회중의 즐거운 찬송이 둘러싸는 장소가 '성 소'를 연상하게 합니다. 하나님의 사람들은 성소에 모여서 보호를 받 고, 구원의 노래 속에서 안심한다는 것입니다.

지금 우리에게 이 장소는 어디라고 할 수 있습니까? 여러분이 여 러분을 둘러싼 구원의 찬송을 어디서 듣습니까? 네, 교회에서 듣습니 다. 우리가 서로 구원의 노래가 되어 나의 찬송으로 너를 감싸고, 너 의 찬송은 나를 감싸는 장소, 바로 교회입니다. 단지 노래를 부를 뿐 아니라, 하나님이 우리를 어떻게 건지셨는지, 어떤 상황 속에서 보호 하셨는지 간증하며 감사함으로 서로 보호하는 곳이 바로 교회입니다. 공교회의 예배 속에서, 교회가 모여 드리는 입술의 고백과 감사의 제 사 속에서, 우리는 하나님을 우리 피난처로 삼도록 격려하고 격려받 으며 죄를 이길 힘을 얻게 됩니다. 죄 사함의 은혜를 입은 여러분, 죄 사함을 입은 옆에 계신 형제자매와 함께, 또 오늘 허입하는 형제와 함께, 죄를 떠나 예배하는 삶을 향해 계속 나아가시기 바랍니다.

　세 번째로 주어지는 수단은 '말씀 사역'입니다.

　8절과 9절에서 다윗은 여호와의 교훈을 전하고 있습니다. "내가 너의 갈 길을 가르쳐 보이고, 너를 주목하여 훈계하리로다." 하나님께서 가르침과 지시와 훈계로 죄와 고난으로부터 회복되는 길로 우리를 인도하신다 하십니다. 실제로 9절에서는 무지한 말과 노새같이 되지 말라고 말씀하십니다. 말과 노새는 힘이 센 동물을 의미합니다. 재갈과 고삐로 제어하지 않으면 제멋대로 하려는 고집이 있죠. 그 고집을 꺾고, 악을 제어하여, 무지하지 말고 지식 있는 자가 되라고 말씀하십니다. 말씀을 듣는 자가 되라는 교훈이지요.

　지금 우리에게 하나님의 말씀인 설교가 주어지고 있습니다. 설교 속에서 죄의 고난으로부터 회복될 길을 찾게 하시고 지시를 받게 하시며 훈계를 받아서 앞으로 나아가게 하셨습니다. 그러나 귀 있는 자가 들을 것입니다. 고집을 꺾지 않고 악을 제어하지 않는다면, 말씀을 들을 마음이 생기지 않습니다. 몸은 약해도 고집은 말처럼 셉니다. 마음은 약해도 죄에 끌리는 충동은 노새 같습니다. 죄 사함을 받아 하나님께 납작 엎드릴 수 있는 자들만이 가르침과 지시와 훈계를 들을 것이며, 죄로 이끌리는 고집을 이기고 순종할 수 있을 것입니다. 죄 사함의 은혜를 입은 여러분, 듣는 마음을 위하여 기도하시고 말씀으로 인도함을 받아 죄로부터 멀어지고 의를 향해 나아가는 삶을 살아가시기를 간절히 바랍니다.

결론

10절은 마지막으로 약속합니다. 여호와를 신뢰하는 자를 그분의 인자하심이 감싼다고 합니다. 결국 '죄 사함'의 은혜를 입은 자가 최종적으로 이르러야 할 곳은 '여호와를 신뢰하는 삶'입니다. 삼위 하나님을 믿으므로 시작한 여정이기에 마지막까지 삼위 하나님을 신뢰해야 합니다. 때론 10절의 약속과 달리, 우리가 슬픔의 사람이 되고 우리가 괴로운 일을 당하는 때도 있겠지만, 두려워 마십시오. 그때에도 신실하신 하나님께서는 그 언약적인 사랑으로 우리를 두르실 것입니다. 11절은 그러한 의인의 삶은 기쁜 찬송으로 마무리될 것이라고 선언합니다. 죄 사함의 선언은 우리를 하나님을 신뢰하는 삶으로, 하나님을 찬송하는 삶으로 인도할 것이라고 가르치고 있습니다. 그리스도를 믿으므로 죄 사함 받으신 사랑하는 성도 여러분, 계속 죄 사함 받기 위해 회개하는 삶을 살아가십시오. 죄에서 멀어지고 풍성한 의인의 삶을 향해 나아가도록 우리에게 주어진 은혜의 수단들을 더욱 부지런히 사용하시기 바랍니다. 그리하여 두려움의 홍수가 둘러치는 세상 속에서도, 두려움 없이 죄를 버리고, 두려움 없이 의로운 삶을 선택하며, 방종이 아니라 순종을, 미움이 아니라 사랑을, 자기 자신이 아니라 이웃을 향해 계속해서 나아가는 여러분 되시기를 성부 성자 성령의 이름으로 간절히 축원합니다.

초청에서
강복 선언까지

/

7장 시편 찬송

7장 시편 찬송

기뻐하여 하나님의 말씀을 찬송하며
(행 13:13-52)

신상훈 목사

바울과 및 동행하는 사람들이 바보에서 배 타고 밤빌리아에 있는 버가에 이르
니 요한은 저희에게서 떠나 예루살렘으로 돌아가고 저희는 버가로부터 지나
비시디아 안디옥에 이르러 안식일에 회당에 들어가 앉으니라 율법과 선지자
의 글을 읽은 후에 회당장들이 사람을 보내어 물어 가로되 형제들아 만일 백
성을 권할 말이 있거든 말하라 하니 바울이 일어나 손짓하며 말하되 이스라엘
사람들과 및 하나님을 경외하는 사람들아 들으라 이 이스라엘 백성의 하나님
이 우리 조상들을 택하시고 애굽 땅에서 나그네 된 그 백성을 높여 큰 권능으
로 인도하여 내사 광야에서 약 사십 년간 저희 소행을 참으시고 가나안 땅 일
곱 족속을 멸하사 그 땅을 기업으로 주시고(약 사백오십 년간) 그 후에 선지자
사무엘 때까지 사사를 주셨더니 그 후에 저희가 왕을 구하거늘 하나님이 베
냐민 지파 사람 기스의 아들 사울을 사십 년간 주셨다가 폐하시고 다윗을 왕
으로 세우시고 증거하여 가라사대 내가 이새의 아들 다윗을 만나니 내 마음
에 합한 사람이라 내 뜻을 다 이루게 하리라 하시더니 하나님이 약속하신 대
로 이 사람의 씨에서 이스라엘을 위하여 구주를 세우셨으니 곧 예수라 그 오
시는 앞에 요한이 먼저 회개의 세례를 이스라엘 모든 백성에게 전파하니라 요
한이 그 달려갈 길을 마칠 때에 말하되 너희가 나를 누구로 생각하느냐 나는
그리스도가 아니라 내 뒤에 오시는 이가 있으니 나는 그 발의 신 풀기도 감당
치 못하리라 하였으니 형제들 아브라함의 후예와 너희 중 하나님을 경외하는
사람들아 이 구원의 말씀을 우리에게 보내셨거늘 예루살렘에 사는 자들과 저
희 관원들이 예수와 및 안식일마다 외우는바 선지자들의 말을 알지 못하므로

예수를 정죄하여 선지자들의 말을 응하게 하였도다 죽일 죄를 하나도 찾지 못하였으나 빌라도에게 죽여 달라 하였으니 성경에 저를 가리켜 기록한 말씀을 다 응하게 한 것이라 후에 나무에서 내려다가 무덤에 두었으나 하나님이 죽은 자 가운데서 저를 살리신지라 갈릴리로부터 예루살렘에 함께 올라간 사람들에게 여러날 보이셨으니 저희가 이제 백성 앞에 그의 증인이라 우리도 조상들에게 주신 약속을 너희에게 전파하노니 곧 하나님이 예수를 일으키사 우리 자녀들에게 이 약속을 이루게 하셨다 함이라 시편 둘째 편에 기록한 바와 같이 너는 내 아들이라 오늘 너를 낳았다 하셨고 또 하나님께서 죽은 자 가운데서 저를 일으키사 다시 썩음을 당하지 않게 하실 것을 가르쳐 가라사대 내가 다윗의 거룩하고 미쁜 은사를 너희에게 주리라 하셨으니 그러므로 또 다른 편에 일렀으되 주의 거룩한 자로 썩음을 당하지 않게 하시리라 하셨느니라 다윗은 당시에 하나님의 뜻을 좇아 섬기다가 잠들어 그 조상들과 함께 묻혀 썩음을 당하였으되 하나님의 살리신 이는 썩음을 당하지 아니하였나니 그러므로 형제들아 너희가 알 것은 이 사람을 힘입어 죄 사함을 너희에게 전하는 이것이며 또 모세의 율법으로 너희가 의롭다 하심을 얻지 못하던 모든 일에도 이 사람을 힘입어 믿는 자마다 의롭다 하심을 얻는 이것이라 그런즉 너희는 선지자들로 말씀하신 것이 너희에게 미칠까 삼가라 일렀으되 보라 멸시하는 사람들아 너희는 놀라고 망하라 내가 너희 때를 당하여 한 일을 행할 것이니 사람이 너희에게 이를찌라도 도무지 믿지 못할 일이라 하였느니라 하니라 저희가 나갈새 사람들이 청하되 다음 안식일에도 이 말씀을 하라 하더라 폐회한 후에 유대인과 유대교에 입교한 경건한 사람들이 많이 바울과 바나바를 좇으니 두 사도가 더불어 말하고 항상 하나님의 은혜 가운데 있으라 권하니라 그다음 안식일에는 온 성이 거의 다 하나님 말씀을 듣고자 하여 모이니 유대인들이 그 무리를 보고 시기가 가득하여 바울의 말한 것을 변박하고 비방하거늘 바울과 바나바가 담대히 말하여 가로되 하나님의 말씀을 마땅히 먼저 너희에게 전할 것이로되 너희가 버리고 영생 얻음에 합당치 않은 자로 자처하기로 우리가 이방인에게로 향하노라 주께서 이같이 우리를 명하시되 내가 너를 이방의 빛을 삼아 너로 땅끝까지 구원하게 하리라 하셨느니라 하니 이방인들이 듣고 기뻐하여 하나님의 말씀을 찬송하며 영생을 주시기로 작정 된 자는 다 믿더라 주의 말씀이 그 지방에 두루 퍼지니라 이에 유대인들이 경건한 귀부인들과 그 성내 유력자들을 선동하여 바울과 바나바를 핍박케 하여 그 지경에서 쫓아내니 두 사람이 저희를 향하여 발에 티끌을 떨어 버리고 이고니온으로 가거늘 제자들은 기쁨과 성령이 충만하니라 _ 사도행전 13장 13–52절

서론

오늘은 공예배 순서 중 '시편 찬송'에 대해 설교합니다. 우리 교회에 처음 방문하신 분들에게 공예배에 대한 소감을 물으면 거의 공통으로 답하시는 게 두 가지 있습니다. 무엇일까요? 하나는, "절기가 아닌데 성찬을 시행하는 것이 낯설다, 그렇지만 좋다."는 것이고요, 다른 하나는, "시편으로 찬송하는 것이 낯설다."는 것입니다. 그런데 시편 찬송에 대해서는 "좋다"는 뒷말을 안 붙이는 경우가 많습니다. 왜 그럴까요? 찬송가나 복음성가의 멜로디와 리듬, 분위기에 익숙해서 그렇겠지요. '찬송은 감사한 마음, 즉 우리의 반응을 하나님께 들려드리는 것이니까, 이왕이면 우리의 정서를 잘 불러일으키는 곡을 부르는 게 좋지 않을까?' 하고 생각할 수도 있습니다.

여러분은 어떻습니까? 죄 사함이 선언되면, 목사님이 "다 같이 일어나서 우리를 용서하신 하나님께 감사하며 시편을 찬송합시다." 하고 인도합니다. 그때마다 여러분은 정말 '감사함으로' 찬송하시나요? 단조롭고 다소 어둡게 느껴지는 곡 위에, 무미건조하게 여러분의 목소리를 얹어놓으시진 않으십니까? "아니요, 저는 시편 찬송을 좋아합니다, 진정 감사함으로 부릅니다." 하시는 분들이 많을 줄 압니다. 귀합니다. 그럼 이렇게 묻고 싶습니다. 여러분은 몇천 년 전에 이스라엘 백성들이 지은 시편으로 찬송하는 것을 왜 좋아하시나요? 시편의 노랫말을 여러분의 입술로 옮길 때 마주하는 어려움은 없습니까? 시편 150편 중 3분의 2가 고난 중에 탄식하는 노래인데, 그것도 생사를 넘나들 만큼 극심한 고난의 상황이 많은데, 쉽게 공감이 되시나요? "저는 죄가 없습니다.", "저는 하나님의 말씀에서, 하나님의 길에서 결코 떠난 적이 없습니다." 이와 같은 고백을 당당하게 하실 수 있습니까? "온 세상을 위해서는 저의 승리가 반드시 필요합니다.", "저는 악인을 미워합니다! 저 원수들을 죽여 주십시오!" 이렇게 간청하기에 부담이 되지는 않나요? 어떻습니까? 이런 여러 가지 문제를 해결하지 않으면, 우리는 결코 '감사함으로' 시편을 노래할 수 없겠지요. 마음에도 없는 노래를 그저 멍하니 불러야 할 때가 참 많을 겁니다.

본문에는 바울과 바나바 사도가 비시디아 안디옥에서 전도한 일이 기록되어 있습니다. 소위 '바울의 1차 전도 여행'에 해당하는 부분이죠. 직접적으로 시편 찬송에 대해 가르치는 본문은 아닙니다. 하지만 이때 바울이 회당에서 설교한 내용과 그 후에 일어난 일들을 살펴보면, 시편 찬송에 대한 이해를 넓힐 수 있다고 생각합니다. 오늘 우리에게 주시는 말씀을 듣고, 매 주일 공예배에서 그리고 삶의 예배에서 우리를 용서하신 하나님께 '감사하며' '시편'을 찬송하게 되기를 바랍니다.

시편 찬송: '올려' 말하도록 '내려' 주신 '하나님의 말씀'

먼저 결론부터 볼까요? 비시디아 안디옥에 복음이 전해진 후에 갖가지 반응들이 있었는데요. 48절에 보시면, "이방인들이 듣고 기뻐하여 하나님의 말씀을 찬송"했습니다. 말씀이신 그리스도를, 그리스도의 복음을 찬송했습니다. 여기 찬송했다는 말은, '영광 돌렸다'라고도 번역할 수 있습니다. 예, 찬송의 근본적인 목적은 우리의 반응이나 감정을 표현하는 데 있지 않습니다. 하나님이 어떤 분이신지를 고스란히 드러내는 데 있습니다. 그렇다면 이 이방인들이 무엇으로 찬송했을까요? 어떻게 하나님을 영화롭게 하고 그분의 말씀을 가감 없이 드러냈을까요? 바울 사도는 복음을 전하면서, 시편으로 찬송하라고 권면했습니다(엡 5:19; 골 3:16). 성도들이 함께 모이는 자리에는 시편 찬송이 있다고 했습니다(고전 14:26). 비시디아 안디옥에서 복음을 받은 이방인들은 다양한 방식으로 찬양했겠지요. 구체적으로 기록되지 않아서 자세히 알 수는 없습니다. 그러나 하나만은 분명합니다. 그들은 시편으로 찬송했습니다. 시편만큼 하나님과 그분의 말씀을 드러낼 수 있는 찬송은 없기 때문입니다.

그런데요 여러분, 시편을 보면 하나님이 직접 말씀하시는 내용은 거의 없습니다. 율법이나 선지서와 극명하게 대조되지요. 인간의 반응이나 감정을 표현하는 내용이 대부분입니다. 그렇다면 찬송가나 성가곡, 심지어 CCM과도 별로 다를 바가 없지 않나요? 아니요, 아주 큰 차이가 하나 있습니다. 무엇입니까? 시편은 단순한 반응이 아니라, 하나님께 공식적으로 인정된 반응입니다. 성령의 감동으로 지어진 찬송이지요. 하나님께서 지으신 찬송입니다. 인간의 말이지만, 하나님의 말씀입니다. 하나님 자신에게 올려 말하도록 하나님이 내려주신 말씀입니다. 그러니 하나님은 시편 찬송을 좋아하실 수밖에 없지요. 자기 백성들이 시편으로 노래하기를 원하시는 것이 너무나 당연합니다.

시편 전체가 하나님이 우리에게 찬송하라고 내려주신 말씀이니, 우리는 무엇을 더하거나 빼지 않고 기록된 그대로 찬송해야 마땅합니다. 그런데 그렇게 하려니까 앞서 말씀드린 것과 같은 여러 문제가 발생하지요. 나와 동일시하기 어려운 고난들, 자신 있게 노래하기엔 부담되는 내용들이 참 많습니다. 이를 해결하기 위해 우리는 하나님께서 시편으로 올려 말하도록 먼저 누구에게 내려주셨는지를 알아야 합니다.

시편 찬송: 성취될 약속의 노래

바울 사도는 설교에서 시편을 여러 차례 인용합니다. 그런데 32절에, 그것이 우리 조상들에게 주신 약속이라고 말하죠. 이스라엘에 주신 약속, 이스라엘을 위한 약속이라는 겁니다.

바울이 인용한 약속 중 하나가 시편 2편 7절입니다. "너는 내 아들이라. 오늘 너를 낳았다." 공예배 첫 순서인 '초청'에 관한 설교에서, 시편 1편과 2편은 시편 전체의 방향키를 쥔 중요한 시편이라는 것을 들었지요. 시편 전체를 아우르는 주제와 약속이 담겨 있기 때문입니다. 그게 무엇입니까? 하나님과 그분의 말씀을 사랑하는 자가 복스러운 사람, 곧 의인이며(1편), 그가 하나님의 왕으로 세워져 하나님의 아들로서 온 세상을 다스릴 것(2편)이라는 약속이죠. 누구를 가리킨다고 했나요? 기름 부음 받은 메시야, 다윗 가문의 한 왕을 가리키지요. 시편 전체가 이 왕과 연결됩니다. 왕이 하나님께 말합니다. 하나님이 왕에게 말씀하십니다. 왕을 통해 백성에게 말씀하시기도 합니다. 백성들은 자기 왕에 대해 하나님께 아룁니다. 서로에게 말하고, 다른 민족들에게 말합니다. 그러니까 시편은 옛 언약 백성에게 주신 약속의 노래이며, 특별히 한 왕을 통해 '성취될' 약속이 담겨 있는 노래입니다. 시편에 다윗의 노래가 압도적으로 많이 포함된 이유가 바로 거기에 있지요. 다윗 왕의 노래를 토대로 편집하고 완성했기 때문입니다. 후손들이 왜 그리했을까요? 본문 22절에 보시면, 시편 89편 20절 말씀처럼(삼상 13:14와 더불어) 하나님이 사울을 폐하시고 다윗을 왕으로 세우실 때, 이렇게 약속하셨기 때문입니다. "내가 … 다윗을 만나니 내 마음에 합한 사람이라. 내 뜻을 다 이루게 하리라." 그리고 다윗에게 영원한 나라와 영원한 왕위에 대한 확실한 은혜("거룩하고 미쁜 은사")를 약속하셨기 때문이죠(삼하 7:12-16; 대상 17:11-14).

다윗은 살면서 극한 고난을 많이 경험했습니다. 그럼에도 그는 하나님의 뜻을 따라 섬겼습니다(36절). 하나님의 말씀을 자신의 준칙으로 삼고 이스라엘에 의와 선을 행했습니다. 그는 자신이 살았던 시대에 복스러운 사람이었고, 그 세대를 섬긴 종이었습니다. 그러나 그도 완전하지 않았지요. 하나님께 범죄했습니다. 시편에서 다윗은 "하나님은 내게서 흠을 찾지 못하셨습니다"(시 17:3), "내가 하나님 앞에 완전하여 죄악으로부터 스스로를 지켰습니다"(시 18:23). 이렇게 자신의 무죄를 주장할 때가 많습니다. 원수들 앞에서 자신의 의로움을 입증해 달라고 하나님께 간구할 때가 많지요. 그러나 다윗도 결국 그렇게 살지는 못했습니다. 자신이 지은 시편으로 노래할 온전한 자격이, 그에게 는 없었습니다.

35절에, 바울 사도는 시편 16편 10절 약속도 언급합니다. "주의 거 룩한 자로 썩음을 당하지 않게 하시리라." 이 역시 다윗의 노래인데 요. 그에게 성취되었습니까? 아니요, 다윗은 그를 향한 하나님의 뜻 을 다 완수한 후에 잠들었습니다. 죽었습니다. 조상들과 함께 묻혀서 그 몸이 썩음을 당했습니다. 이제 이스라엘 백성들은 어떻게 합니까? "하나님이 그분의 성실하심과 거룩하심으로 다윗에게 맹세하셨으니, 그 맹세는 결코 변하지 않을 거야."(시 89:35; 132:11) 하면서 하나님의 선 한 통치를 실현할 그 왕을 기다립니다. 새로운 왕이 임명될 때마다 희 망을 가지고 노래합니다. 그러나 그 약속은 다윗의 뒤를 이은 왕들에 게서 좀처럼 성취되지 않지요. 구약 역사가 끝날 때까지 천 년이 지나 도록 계속 되울릴 뿐입니다. 그렇습니다. 우리는 다윗과 그 후계자들 에 기대어서는 시편을 감사함으로 찬송할 수 없습니다. 하나님의 선 한 통치, 하나님의 선한 통치자에 대한 약속이 그들을 향한 것이 아니 었기 때문입니다. 죄인이 죄인을 붙들고 죄인 뒤에 숨어서 노래한다 면, 자신의 무겁고 커다란 죄 짐만 점점 더 깨달을 뿐이지요. 다윗도 감사함으로 시편을 찬송하기 위해서는 다른 한 왕을 의지해야만 했습 니다. 우리에게도 새로운 다윗, 참된 메시야, 참 하나님의 아들이 필 요합니다.

시편 찬송: 성취된 약속의 노래

본문 17절부터 보시면, 바울 사도는 설교의 전반부에 이스라엘의 역사를 간략하게 요약해서 전합니다. "하나님이 택하셨습니다, 하나님이 높이셨습니다, 하나님이 인도해 내셨습니다, 하나님이 참아 주셨습니다…." 하면서 하나님의 주권적인 섭리와 은혜를 강조하지요. 그런데 가장 눈여겨보아야 할 부분은 22절과 23절의 연결입니다. 바울은 족장, 모세, 사사, 왕정 시대를 쭉 말하다가 다윗에 이르자 갑자기 천 년이라는 긴 시간을 도약해 예수님을 이야기합니다. 우리가 시편을 감사함으로 찬송하기 위해서는 '다윗에서 예수님으로', 이 전환이 중요합니다. 23절을 함께 읽어볼까요? "하나님이 약속하신 대로 이 사람의 씨에서 이스라엘을 위하여 구주를 세우셨으니, 곧 예수라." 예, 하나님은 '약속'하신 대로 '다윗'의 후손 가운데서 '이스라엘'을 위한 '구주'를 세우셨습니다. 그분이 바로 예수님입니다.

　바울은 예수님이 고난당하시고 십자가에 달려 죽으심으로 구약에 그분을 가리켜 기록된 말씀이 다 이루어졌다고 전합니다. 그러고는 특별히 부활과 관련된 시편들을 언급하면서 하나님이 얼마나 언약에 신실하신 분이신지를 드러냅니다. "너는 내 아들이라. 오늘 너를 낳았다." 이 약속이 어떻게 성취되었습니까? 로마서 1장 3-4절입니다. "이 아들로 말하면 육신으로는 다윗의 혈통에서 나셨고 성결의 영으로는 죽은 자들 가운데서 부활하사 능력으로 하나님의 아들로 선포되셨으니, 곧 우리 주 예수 그리스도시니라." 예수님이 부활하시기 전까지는 하나님의 아들이라는 사실이 분명하게 나타나지 않았습니다. 제자들도 고백은 했지만, 그 의미를 정확히 알지 못했지요. 부활이야 말로 예수님이 다윗의 자손으로 오신 메시야요, 하나님의 아들이라는 사실을 확실히 입증한 사건입니다. "주의 거룩한 자로 썩음을 당하지 않게 하시리라." 예수님은 무덤에 묻히신 지 사흘 만에 부활하심으로 썩음을 당하지 않으셨습니다. 죽음을 이기시고 영원히 썩지 않을 몸으로, 영원한 생명으로 부활하셨습니다. 40년만 통치한 다윗과 달리, 예수 그리스도는 영원히 다스리십니다. 오직 자신의 세대만 섬겼던 다윗과 달리, 예수 그리스도는 모든 세대를 섬기시며 영원한 세대가 그분으로 말미암아 복을 받습니다(시 72:17). 영원한 나라와 영원한 왕위, 다윗에게 주신 확실한 은혜의 약속을 하나님이 신실하게 이루어 주셨습니다.

예수님은 시편으로 기도하시고 찬송하셨을 뿐 아니라 시편을 다 이루셨습니다. 예수님이 당하신 고난은 온 세상의 죄만큼 큽니다. 세상 죄를 지고 가셨으니까요. 그 고난의 크기를 감히 헤아릴 수 없지요. 시편의 모든 고난을 알고 노래할 수 있는 분은 예수님밖에 없습니다. 죽기까지 순종하신 예수님만이 자신의 무죄함을 주장하실 수 있습니다. 하나님 나라의 왕이신 예수님은, 하나님의 원수인 사탄과 그의 일꾼들, 마귀의 자식들의 패배와 죽음을 위해 얼마든지 노래하실 수 있습니다. 그렇습니다. 우리가 듣는 시편의 모든 목소리는 예수님의 음성입니다. 시편은 예수님의 노래입니다. 그런데 예수님은요, 이 노래를 자신을 위해서 부르지 않으셨습니다. 왕이신 예수님은 자기 백성을 위해서 노래하셨습니다. 자기 백성을 위해서 시편을 그대로 다 살아내시고, 죽으셨습니다. 부활하시고 승천하신 예수님은 이제 자기 백성의 입술을 통해 시편을 노래하십니다. 나와 함께 노래하자고 자기 백성을 초청하십니다. 그렇다면 이제 마지막으로 풀어야 할 문제가 남아 있지요. 누가 왕이신 예수님과 함께 노래할 수 있습니까? 그 찬란한 영광을 누리는 백성은 과연 누구입니까?

시편 찬송: 완성될 약속의 노래

바울은 하나님이 유대인의 조상들에게 주신 약속을 전하고 있습니다. 오늘 본문 33절은, 하나님이 예수를 일으키셔서 그들의 후손인 우리 유대인에게 그 약속을 이루어 주셨다고 말합니다. 그러면 유대인들이 그 백성일까요? 그렇다면 어떻게 비시디아 안디옥의 이방인들이 하나님의 말씀을 찬송할 수 있었습니까? 우리는 바울이 회당에서 설교한 이후에 일어난 일들에 주목해야 합니다. 42절부터 보시면, 바울과 그 일행이 복음을 전하고 회당에서 나올 때, 사람들은 다음에도 이런 말씀을 더 들려 달라고 간청합니다. 회중이 흩어진 뒤에도 많은 유대인과 유대교에 입교한 개종자들이 바울과 바나바를 따르죠. 다음 안식일에는 그 도시 사람들 대부분이 하나님의 말씀을 듣기 위해 모입니다. 그런데 이때 유대인들이 어떻게 합니까? 관심을 보이는 듯했던 그들이, 수많은 무리가 모인 것을 보고는 시기합니다. 복음을 거부하고 비방하지요.

바울과 바나바가 그들에게 담대하게 말합니다. 46절입니다. "하나님의 말씀을 마땅히 먼저 너희에게 전할 것이로되 너희가 버리고 영생 얻음에 합당치 않은 자로 자처하기로 우리가 이방인에게로 향하노라." 그렇습니다. 복음은 먼저 유대인에게 선포되어야 했습니다(롬 1:16). 그것이 하나님의 뜻이었습니다. 그들은 하나님의 약속을 받은 언약 백성이었기 때문입니다(롬 9:1-5; 10:1-3). 그러나 복음을 배척하는 유대인들로 인해서 사도들은 이방인에게 향합니다. 복음이 이방인에게 전해집니다. 여러분, 그런데 이렇게 된 것이 근원적으로 유대인들의 거부 때문입니까? 그들이 거부하지 않았다면 이방인에게 복음이 전해지지 않았을까요? 아니요, 그건 과정이고 수단일 뿐입니다. 복음이 이방인을 향하는 것은 처음부터 하나님의 뜻이고 계획이었습니다. 바울은 이사야서에 기록된 하나님의 약속을 말하지요. "내가 또 너로 이방의 빛을 삼아 나의 구원을 베풀어서 땅끝까지 이르게 하리라"(사 49:6). 예수님이 이방을 비추는 빛으로 오셨습니다(눅 2:32). 그리고 그 빛을 땅끝까지 전하는 임무를 사도들에게 위임하셨습니다(행 1:8). 사도들은 유대인이 거부해서가 아니라, 모든 족속에게 복음을 전하라는 소명과 사명에 따라 이방인에게 향한 것입니다(마 28:18). 하나님의 뜻을 이루기 위해 이방인에게 복음을 전한 것이죠.

하지만, 그렇다고 해서 비시디아 안디옥에 있는 모든 이방인이 믿은 것은 아니죠. 누구만 믿었습니까? 영생을 주시기로 작정 된 자들만 믿었습니다(48절). 그렇습니다. 왕이신 예수님과 함께 노래할 수 있는 백성은, 영생을 주시기로 작정 된 사람들입니다. 그들만 예수 그리스도의 백성이 되어 감사함으로 찬송할 수 있습니다. 비시디아 안디옥의 이방인들이 복음을 듣고 기뻐하여 하나님의 말씀을 찬송하자, 주의 말씀이 그 지방에 두루 퍼졌습니다. 그리고 유대인들의 반대와 핍박으로, 복음은 이고니온을 향해 나아갔지요. 이처럼 믿는 자들이 찬송함으로써, 하나님의 말씀은 땅끝까지, 모든 족속에게 두루 퍼질 것입니다. 거절과 반대와 핍박이 복음이 전파되는 것을 결코 막지 못할 것입니다. 그렇게, 예정된 자들이 다 복음을 듣고 믿으면, 그제야 끝이오고 하나님의 나라가 완성될 것입니다. 예, 시편 찬송은 하나님 나라 왕이신 예수님이 자기 백성들을 통해 완성하실 약속의 노래입니다.

적용 및 결론

사랑하는 성도 여러분, 우리는 오늘도 예수 그리스도를 힘입어 죄 사함과 의롭다 하심을 선언 받았습니다. 우리에게 예수 그리스도의 노래를 부를 자격이 있다고 선언되었습니다. '예수님과 함께 노래하기 위해서는 이것을 잘해야 해, 저것을 열심히 해야 해.' 아니요, 그런 것 전혀 없습니다. 그저 하나님의 기쁘신 뜻대로 선택된 것이 전부입니다. 우리의 신분, 직위, 가족 배경, 선행, 심지어 믿음까지도 선택의 원인이 아닙니다. 창세 전부터 우리를 향한 하나님의 너그러우신 은혜와 사랑이 전부입니다. 무엇을 위해서 우리를 선택하셨습니까? 왜 나 같은 죄인 때문에 예수님이 그 끔찍한 고통과 죽임을 당하셨습니까? "그의 영광을 찬송하게 하려 하심이라"(엡 1:14). 그리스도와 함께 노래하게 하시려고요. 찬송으로 하나님께 영광 돌리게 하시려고요.

　우리가 시편으로 찬송할 때, 우리는 예수님의 목소리를 듣습니다. 우리 때문에 고난당하신 그분의 탄식이 들립니다. 우리 죗값을 다 치르시고 우리의 무죄를 주장하시는 그분의 변호가 들립니다. 자신의 의를 우리에게 전가하시고 우리를 의인으로 여겨달라는 그분의 간청이 들립니다. 우리를 대적하는 하나님의 원수들을 멸해달라는 그분의 탄원이 들립니다. 우리를 위해 반드시 승리하고, 우리를 통해 땅끝까지 다스리겠다는 그분의 선언이 들립니다. 이 음성을 듣도록 작정 된 우리가, 어찌 그분의 노래에 감사함으로 동참하지 않을 수 있겠습니까? 이 확실한 은혜의 약속을 받은 우리가, 어찌 하나님을 드러내는 말씀으로 찬송하지 않을 수 있겠습니까!

　감사함으로 시편을 찬송합시다. 예수 그리스도와 함께 노래합시다. 예수님이 부르시고 이루신 가장 아름다운 노래를, 그분의 지휘에 맞춰 소리 높여 부릅시다. 우리는 여전히 부족하고 연약한 죄인이지만, 예수님이 누구보다 훌륭하게 불러 놓으셨기에, 곡의 처음부터 끝까지 완성해 놓으셨기에, 그분께 기대어 담대하게 부를 수 있습니다. 우리가 시편을 찬송할 때, 온전하신 그리스도께서 우리와 함께 노래하시며 우리의 마음을 조율해 주실 것입니다. 그리스도의 고난에 참예하는 것을 즐거워하게 하시고, 고난이 넘친 것 같이 위로도 부어 주실 것입니다. 서로 사랑하게 하시고, 의인의 길로 인도하실 것입니다. 복음을 두루 전하도록 격려하셔서 영생 주시기로 작정 된 자들을 다 찾으실 것입니다. 감사함으로 시편을 찬송하는 우리를 통하여 이 모든 약속을 완성하실 것입니다. 우리의 삶 전체가 예수 그리스도의 노래로 울려 퍼지기를 소망합니다. 삶의 노래로 하나님을 고스란히 드러내며 찬송하는 여러분 되시기를, 성부와 성자와 성령의 이름으로 축복합니다.

초청에서
강복 선언까지

/

8장 신앙고백

8장 신앙고백

성경대로 사흘 만에 다시 살아나사
(고전 15:1-11)

정중현 목사

형제들아 내가 너희에게 전한 복음을 너희로 알게 하노니 이는 너희가 받은 것이요 또 그 가운데 선 것이라 너희가 만일 나의 전한 그 말을 굳게 지키고 헛되이 믿지 아니하였으면 이로 말미암아 구원을 얻으리라 내가 받은 것을 먼저 너희에게 전하였노니 이는 성경대로 그리스도께서 우리 죄를 위하여 죽으시고 장사 지낸 바 되었다가 성경대로 사흘 만에 다시 살아나사 게바에게 보이시고 후에 열두 제자에게와 그 후에 오백여 형제에게 일시에 보이셨나니 그 중에 지금까지 태반이나 살아 있고 어떤 이는 잠들었으며 그 후에 야고보에게 보이셨으며 그 후에 모든 사도에게와 맨 나중에 만삭되지 못하여 난 자 같은 내게도 보이셨느니라 나는 사도 중에 지극히 작은 자라 내가 하나님의 교회를 핍박하였으므로 사도라 칭함을 받기에 감당치 못할 자로라 그러나 나의 나 된 것은 하나님의 은혜로 된 것이니 내게 주신 그의 은혜가 헛되지 아니하여 내가 모든 사도보다 더 많이 수고하였으나 내가 아니요 오직 나와 함께하신 하나님의 은혜로라 그러므로 내나 저희나 이같이 전파하매 너희도 이같이 믿었느니라 _ 고린도전서 15장 1-11절

서론: 신앙고백

오늘은 신앙고백에 대해서, 특별히 '부활 신앙을 고백하는 삶'에 대해서 설교하겠습니다. 우선, 신앙고백이 무엇입니까? 신앙고백이란 '믿음의 고백'이라는 뜻이죠. '사랑 고백'이 무엇이죠? 마음에만 있던 사랑을 밖으로 꺼내 보여 주는 게 사랑 고백입니다. 믿음의 고백도 마찬가집니다. 마음에 있는 믿음을 밖으로 꺼내 표현하는 것이죠. 교회로 모인 우리가 무엇을 믿는지 한목소리로 드러내는 것이 신앙고백입니다.

예배 중에 실제로 고백할 때는 기도가 아니기에 눈을 뜨고 고백하면 됩니다. 물론 잘 기억하기 위해서 눈을 감고 해도 되지만, 주위 사람의 목소리를 들으면서 눈앞에 보이는 교회와 함께 고백해도 좋겠습니다. 마음에 더 잘 새기기 위해 읽으면서 하셔도 됩니다.

신앙고백은 예배 순서의 방랑자입니다. 어디에도 들어갈 수 있습니다. 우리 교회처럼 설교 전에 신앙고백할 때는, 곧 듣게 될 설교를 삼위 하나님께서 주시는 말씀으로 받겠다는 의미도 담겨 있습니다. 기억하며 고백하시기 바랍니다.

예배 때는 이렇게 고백하면 되는데요, 문제는 삶입니다. 사랑하는 성도 여러분, 신앙고백은 교회 안에서 입술로만 하면 끝이 아닙니다. 삶도 고백적으로 살아야 합니다. 고백적으로 산다는 것은 마음으로 믿는 것을 일상에서 드러내는 것을 말합니다. 다른 사람들과 믿음을 나눌 방법을 찾는 것도 고백적인 삶인데, 그것이 전도겠죠. 그런데 여러분, 사실 우리 모두가 깨닫지 못한 채 항상 신앙을 고백하며 살아가고 있다는 걸 아십니까? 예를 들어, 누군가에게 노래나 드라마, 영화나 식당, 학원이나 활동, 여행, 직장, 삶의 방식에 대해 이것저것 추천하는 것, 다 고백적인 행동입니다. 이렇게 우리는 우리가 좋다고 믿는 것을 자연스럽게 고백합니다. '댓글' 달고요, '추천' 누르고요, '좋아요' 누르고, 그렇게 우리는 친구와 가족과 지인에게 우리가 좋다고 믿는 것을 공유하는 고백적인 삶을 삽니다. 마음으로 좋다고, 유익하다고 믿는 것을 우리는 매일 밖으로 고백하고 전도합니다. 그래서 내 신앙을 알려면 내 삶의 고백을 보면 됩니다. 여러분은 무엇을 고백하며 살고 계십니까? 내 삶의 고백이 알려 주는 내 마음의 신앙은 어떤 상태입니까?

반대로 생각하면, 눈에 보이는 삶의 고백은 신앙의 정체를 드러냅니다. 고린도교회의 성도들이 그랬습니다. 말로는 예수님의 부활을 믿는다고 하면서, 자신들의 부활은 믿지 않는 기이한 생활을 하고 있었습니다. 그래서 12절에서 바울은 "그리스도께서 죽은 자 가운데서 다시 살아나셨다 전파되었거늘, 너희 중에서 어떤 이들은 어찌하여 죽은 자 가운데서 부활이 없다 하느냐!"(고전 15:12) 하고 꾸짖습니다. 자신의 부활을 불신하는 사람은 예수님의 부활을 부인하는 자라며 호통하죠. 바울은 이들의 헛된 신앙을 바로잡기 위해 그가 처음에 전한 복음을 다시 선포하고 있습니다. 초대교회의 신앙고백, 바울이 처음 전한 그리스도의 부활의 복음을 다시 선포합니다. 오늘 이 복음을 살펴보는 가운데, 주께서 우리를 부활 신앙을 고백하는 삶으로 회복시켜 주시기를 간절히 바랍니다.

부활 신앙의 중요성

먼저 우리는 예수님의 부활이 얼마나 중요한 일인지 다시 생각해야 합니다. 성도 여러분, 예수님의 부활은 너무너무 중요합니다. 우리는 입술로 부활을 고백하고 있지만, 매주 너무 많이 고백하기 때문에 부활이 얼마나 중요한지 잊은 채로 메마른 고백을 하고 있지는 않습니까? 아마 고린도교회 성도들 역시 예수님의 부활이 얼마나 중요한지 잊었던 것 같습니다. 그 결과 자신들의 부활은 없다는 어처구니없는 생각에 빠져버린 것이 아닌가 합니다. 이에 대해 바울은 예수님의 부활의 증인들을 제시합니다. 게바와 열두 제자로부터 시작해서, 성경에서 나오지 않는 오백여 형제들도 언급하고요, 공생애 때는 예수님을 믿지 않았던 예수님의 동생 야고보와 교회를 핍박했던 바울 자신의 예까지 들어가면서 예수님의 부활이 정말 믿을 만하다는 것을 강조하고, 부활의 능력이 얼마나 강력한지에 대해 생각하게 만들고 있습니다.

부활에 대한 고백은 모든 신앙고백으로 가는 출발점이라서 정말 중요합니다. 예수님의 모든 가르침, 예수님에 대한 성경의 모든 예언이 다 맞다는 것을 부활 사건이 입증하기 때문입니다. 한번 보십시오.

부활은 예수님이 '하나님의 아들'이심을 입증했습니다. 예수님이 자신을 누구라고 가르치셨습니까? "하나님의 아들"이라고 가르치셨지요. 예수님께서 하나님의 아들이시라는 것은 '부활'로 입증되었습니다. 바울은 로마서에서 예수님이 "죽은 가운데서 부활하여 능력으로 하나님의 아들로 인정되셨"다고 기록합니다(롬 1:4). 하나님께서 부활을 통해 예수님이 하나님의 아들이라는 인정을 받게 하신 것입니다. 이 믿음이 삼위일체 하나님을 믿는 출발점입니다. 예수님이 하나님의 아들이시면, 하나님은 예수님의 아버지이십니다. 그리고 세례의 현장에서 아버지는 아들에게 '성령'을 내려주셔서, 사랑의 교제를 나누셨지요. 그 장면이 묘사하는 그대로, 하나님이 성부 성자 성령 삼위일체 하나님이시라는 것이 부활을 통해 입증됐습니다. 그래서 하나님의 아들 예수님의 부활을 고백하는 사람만이 삼위 하나님을 고백할 수 있습니다.

부활로 입증된 것이 또 있습니다. 하나님이 공의롭게 행하셨다는 사실입니다. 여러분, 하나님은 죄 없는 자의 죽는 것을 기뻐하지 않으십니다. 그런데 예수님은 죄인이었나요? 죄가 없는 분인데 죽으셨습니다. 그래서 예수님을 살리신 것입니다. 4절에 보시면, "사흘 만에 다시 살아나사"라고 기록되어 있는데, 원어로 보면, 누군가에 의해 '살림을 받으셨다'는 뜻입니다. 하나님께서 살리신 것이죠! 하나님은 의인의 죽음을 원하지 않으시기 때문에 예수님을 부활하게 하셔서 하나님의 공의를 나타내셨습니다.

동시에, 부활 때문에 입증된 것이 또 있습니다. 예수님은 죄가 없는데 사형을 당하고 죽으셨습니다. 왜 의인이 죽으셔야 했습니까? 3절에서 보듯이, "우리 죄를 위하여 죽으"신 겁니다. 그러니까 십자가에서 예수님이 죽으신 이유는 예수님의 죄 때문이 아니고 우리 죄를 지고 계셨기 때문입니다. 십자가에서는 예수님이 지신 죄 짐이 안 보였는데, 부활을 통해 우리 죄를 지고 계셨다는 것이 입증되는 겁니다. 그렇게 믿는 자의 죄가 용서받는다는 것이 부활로 입증됩니다.

하나만 더 해봅시다. 부활은 '죽음이 정복되었다는 것'도 입증합니다. 사실 죽었다가 다시 산 사람들은 예수님 외에도 있습니다. 나사로도 있고요. '달리다굼' 소리를 듣고 살아난 회당장의 딸도 있었습니다. 그러나 그 사람들은 결국 다시 죽었습니다. 땅에 묻혔고, 그들의 무덤이 있습니다. 그러나 예수님만 빈 무덤을 가지고 계십니다. 4절에 사흘 만에 다시 "살아나사" 했는데요, 죽음에서 살아난 일이 완료되었다는 뜻입니다. 그러니까 다시 죽지 않으셨고, 지금도 살아 계시고, 앞으로도 영원히 살아 계실 것이라는 뜻입니다. 이런 방식으로 부활하신 첫 번째 사람이 예수님이십니다. 그래서 우리는, "나는 부활이요 생명이니 나를 믿는 자는 죽어도 살겠고, 무릇 살아서 나를 믿는 자는 영원히 죽지 아니하리니." 이 말씀이 진리라고 믿을 수 있게 된 겁니다(요 11:25). 예수님을 믿는 자에게는 죽음이 더 이상 두렵지 않게 되었습니다.

또 봅시다. 초기의 신앙고백부터 부활이 성경대로 일어났다고 고백하고 있습니다. 3절부터 5절까지가 초대교회 신앙고백인데요, 읽어 보겠습니다. "내가 받은 것을 먼저 너희에게 전하였노니 이는 성경대로 그리스도께서 우리 죄를 위하여 죽으시고 장사 지낸 바 되었다가 성경대로 사흘 만에 다시 살아나사 게바에게 보이시고 후에 열두 제자에게 (보이셨다)"(고전 15:3 - 5). 성경대로 죄를 위하여 죽으시고, 성경대로 다시 살아나신 분이 그리스도십니다. 그러니까, 예수님의 부활을 고백하는 사람이 성경 전체가 진리라는 것을 고백할 수 있고요, 삼위 하나님께서 살아 계시다고 고백할 수 있습니다. 부활을 고백하는 자가 우리 죄가 씻음 받았다고 고백할 수 있고, "나는 죽음으로부터 자유하다."라고 고백하며, 죄와 사탄도 이길 수 있다고 고백할 수 있습니다. 이 모든 풍성한 신앙고백의 출발점이 어딘가요? 그리스도의 부활에 대한 믿음입니다.

한마디로 예수님의 부활은 우리가 믿는 모든 성경과 그리스도의 모든 가르침이 참되다는 것을 입증한 사건입니다. 부활이 이 모든 신앙고백의 출발 지점입니다. 우리의 신앙생활이 흔들리거나 약해지거나 힘을 잃어가는 이유를 찾을 때, 부활하신 그리스도에 대한 믿음을 점검하십시오. 고백한 대로 살아가지 못할 때, 진리라고 믿는데도 삶으로 고백하지 못할 때, 다른 무엇보다 부활하신 그리스도를 굳게 붙들어야 하겠습니다. 예수님이 부활하셨고 지금도 살아 계심을 믿고 굳게 붙드십시오. 모든 진리를 부활로 증거하신 그리스도를 붙드시기 바랍니다.

부활의 능력

그렇다면, 예수님을 굳게 붙들면 어떤 일이 일어납니까? 부활의 능력은 무엇입니까? 변화입니다. 예수님의 부활을 자신의 부활로 고백하는 인생으로 변화합니다. 바울은 부활하신 예수님을 만난 증인들의 목록을 제시하는데, 이들은 하나같이 부활하신 예수님으로 인하여 새롭게 변합니다. 예수님의 부활을 자신의 부활로 고백하는 자들로 변화합니다. '내가 죽어도 다시 산다는 것'을 믿고 살아가게 됩니다. 자기를 위하여 살지 않고, 하나님을 위하여 자신을 드리며 살게 됩니다. 예수님의 부활이 나의 부활이라고 믿기 때문에, 더 이상 죽음을 두려워하지 않고 살게 됩니다.

그렇게 변화된 사람이 바로 '게바'입니다. 게바는 베드로죠. 예수님이 고난당하실 때 세 번이나 예수님을 부인한 제자입니다. 그는 예수님의 빈 무덤을 확인하고도 감히 예수님 앞에 나설 수 없어서 갈릴리 어부의 삶으로 돌아간 사람입니다. 그러나 부활하신 예수님이 그를 찾아가서 만나주셨죠. 식사를 같이하시고, "네가 나를 사랑하느냐?" 물어보시면서 예수님을 세 번 부인한 베드로에게 세 번 다시 신앙을 고백할 기회를 주셨을 때, 베드로는 부활을 경험합니다. 그날 이후로 베드로는 죽음이 두려워서 예수님을 부인한 적이 없습니다. 전승에 따르면, 십자가에 거꾸로 달려 순교하기까지 그리스도를 위해 살아가지요.[9] 자기를 위해 살지 않고 죽음에 대한 두려움 없이 부활을 고백하며 하나님께 삶을 드립니다. 부활의 능력입니다.

열두 제자도 마찬가지죠. 이들은 예수님이 잡히시던 밤에 뿔뿔이 흩어져 숨어 있었습니다. 요한만이 마리아와 함께 십자가 곁을 지켰죠. 죽음이 두려웠을 겁니다. 예수님께서 부활하시고 그들 가운데 나

---

9 Carson, The Gospel according to John, 680. 권해생, 요한복음, ed 변종길, 대한예수교장로회 고신총회 설립 60주년 기념 성경주석 (서울: 대한예수교장로회 총회출판국, 2016), 562.에서 재인용.

타나실 때도, 제자들은 문을 잠그고 있었습니다. 예수님을 죽였던 종교 지도자들과 로마 군인들이 여전히 가짜 뉴스를 퍼뜨리며 부활 사건을 덮고 있었습니다. 제자들의 마음은 문을 걸어 잠그고 모일 정도로 두려움에 가득 차 있었습니다. 그런 사람들이었어요. 부활하셔서 그들 가운데 나타나 '샬롬'하신 예수님을 만나지 못했다면, 옆구리에 손을 넣어 만져 보라 하신 예수님을 만나지 못했다면, 엠마오 도상에서 가슴이 뜨거워지는 설교를 부활하신 주님께 듣지 못했다면, 이들이 어떻게 죽음의 위험을 무릅쓰고 순교하기까지 복음을 전하는 사람들이 될 수 있었겠습니까? 부활의 능력으로 변화했기에, 예수님의 부활을 자신의 부활로 믿었기에, 열두 제자는 하나님께 삶을 드린 것입니다.

가장 극적인 변화가 있었던 사람이 바울이죠. 바울은 예수님을 믿을 이유가 전혀 없는 사람입니다. 그는 가말리엘에게 율법을 배우던, 한마디로 서울대 법대에서 공부하던 사람입니다. 유대 사회에서 존경받았고 성공이 보장되어 있었죠. 무엇보다 9절에서 말하듯이, 그는 교회를 핍박하고 있었습니다. 예수님을 믿는 사람들을 잡아 죽이는 것이 '하나님의 일'이라고 생각하던, 자기 의에 사로잡혀 있던 사람입니다. 그런데 갑자기 변했죠. 자기가 이단이라고 치부하던 교회에 들어가서 그 교회를 세우기 위해 목숨을 바치는 사람이 됩니다. 부활하신 예수님을 만났기 때문입니다.

특별히 바울이 자신을 '만삭되지 못하여 난 자'라고 부르는 것에 주목하십시오(8절). 이 말은 출산해야 할 열 달을 다 채우지 못하고 나오는 사람을 뜻합니다. 예수님과 함께 삼 년을 꼬박 같이 지내면서 열 달 동안 태아가 자라듯이 준비된 사도들에 비해서, 바울은 어떤가요? 갑자기 다메섹 길 위에서 부활하신 예수님을 만나 변화됩니다. 공생애도 못 봤고, 십자가도 못 봤지만, 부활하신 예수님을 만난 그 한 번의 사건으로 그는 사도 중에 가장 작은 자로 태어났습니다. 이것 자체가 부활의 능력을 보여 줍니다. 그런데 동시에 '만삭되지 못한 자'는 고린도교회에서 바울을 욕하던 사람들이 쓰던 말이었습니다.[10] 바울은 자신에 대한 비속어를 복음 증거를 위해 흔쾌히 사용합니다. 이 또한 놀라운 부활의 능력이죠. 그리스도의 교회를 섬기기 위해 자신을 완전히 내려놓은 겁니다. 그는 다른 사도들보다 훨씬 더 수고했으면서도 이렇게 고백합니다. "나의 나 된 것은 나와 함께하시는 하나님의 은혜로 된 것이다." 사도로서의 삶이 고달프고 고생스럽거나, 욕을 들어가며 전도하는 일이 서글픈 게 아니라, 하나님의 은혜와 선물이라고 말합니다. 이 삶이, 이런 변화가 어떻게 가능합니까? 부활의 능력입니다! 죽음도, 로마 황제도, 아무도 바울을 진정으로 가둘 수 없었습니다. 그는 오직 하나님께 자신을 드리기를 기뻐하며 달려갈 길을 마칠 때까지 자유롭게 부활의 복음을 증거하며 살았습니다.

---

10 Mark Taylor, 1 Corinthians, ed E. Ray Clendenen, vol 28, The New American Commentary (Nashville, TN: B&H Publishing Group, 2014), 375 – 376.

적용

사랑하는 성도 여러분, 부활의 예수님을 만난 사람들은 놀라운 삶의 변화를 경험했습니다. 그런데 더 놀라운 것은, 다시 사셨고 지금도 살아 계시며 앞으로도 영원히 살아 계실 그리스도께서 우리와 함께하신다는 사실입니다. 바울과 함께하사 모든 것이 하나님의 은혜임을 알게 하신 그분이 부활의 능력으로 우리와 함께하신다는 사실입니다.

사랑하는 성도 여러분, 부활의 그리스도를 믿으시기 바랍니다. 변화를 소망합시다. 부활의 그리스도와 부활로 입증된 모든 말씀을 믿고 변화를 받으십시오. 그리스도의 부활을 나의 부활로 고백하는 자로 변화되시기 바랍니다. '죽어도 다시 살 것이라'는 믿음을 굳세게 붙드십시오. 여러분, 우리의 삶은 죽어도 괜찮은 삶이 되었습니다. 죽는 것도 유익한 삶이 되었습니다. 이것을 믿는 자는 자기 자신을 위해 살지 않을 수 있습니다. 자기 욕심의 감옥에서 해방됩니다. 하나님을 위해 삶을 드릴 수 있습니다. 내가 죽을까 걱정돼서 사랑할까 말까 머뭇거리지 않게 됩니다. 내가 죽을까 두려워서 주님을 부인할까 말까 고민하지 않게 됩니다. 용기 있게, 두려움 없이 주를 위해 삶을 드리며 살게 됩니다. 왜 그렇습니까? 부활의 주님께서 나를 위해 사셨고, 죽으셨고, 부활하셨음을 깨닫기 때문입니다. 나를 위한 모든 것은 예수님이 하십니다. 나의 죽음도, 나의 부활도 예수님께 맡기면 됩니다. 여기 게바부터 열두 제자와 야고보와 바울과 모든 증인이 다 그 믿음으로 살았습니다.

나보다 나를 더 사랑하시는 예수님께 우리 자신을 맡깁시다. 하나님께 우리 삶을 드립시다. 하나님을 사랑하며 삽시다. 하나님을 위해서 고생하고 고난받고 주님을 위해서 살아가는 삶 자체가 하나님의 선물이라고, 우리도 바울처럼 고백하기를 소원해 봅시다. 하나님께 드리는 순종 자체가 하나님께 받은 선물이라고, 감사하는 인생을 꿈꿔 봅시다. 부활의 능력을 믿음으로 구해봅시다. 세상은 이 부활의 능력을 꺼리고 이해 못하지만, 우리는 부활의 능력으로 주님 가라시면 가고 하라시면 하면서 부활의 증인으로 살아갑시다.

아이를 낳고 키우는 것, 힘듭니다. 나라가 포기하지 않았습니까? 가족을 위해 야근하며 사는 삶도 힘들죠. 그러나 그 자체가 하나님의 일입니다. 하나님께서는 자녀가 복 되다 하시는데요, 그러면 죽을 줄 알면서도 갔던 바울처럼 그 길을 한번 가 봐야 하지 않겠습니까? 그렇게 죽을힘을 다해 키워놓고, 힘을 다해 수고해 놓고, 나의 부모 됨은 오직 하나님의 은혜라고 고백하는 능력의 삶을 한번 살아봐야 하지 않겠습니까? 나 자신을 사랑하는 일은 예수님께 다 맡겨 놓을 수 있으니까, 나는 성경이 가르치는 대로 자녀를 사랑하고 배우자를 섬기는 삶을 살아봐야 하지 않겠습니까?

일과 삶의 밸런스가 중요하다고 하는데요, 부활의 사람들은 일과 삶을 분리하는 이 땅의 논리를 받아들이지 않을 자유가 있습니다. 하나님을 위한 일이니까 그 일도 내 삶입니다. 일터가 나를 힘들게 만들어도, 내가 그 일로 하나님을 섬기고 이웃을 사랑하는 일로 만들어 버릴 수 없을까요? 죄송합니다. 여러분이 일터에서 힘드신 것 압니다.

그러나! 힘드니까 그대로 살라 하는 건 부활의 복음과 어울리지 않아서 말씀드립니다. 하나님이 나를 거기 두셨으니까, 부활의 능력으로 함께한다고 하시니까, "눈가림만 하여 사람을 기쁘게 하는 자처럼 하지 말고," "단 마음으로 상전 섬기기를 주께 하듯" 일하는 삶을 기도해 봐야 하지 않겠습니까(엡 6:5-9)?

이 사회에는 용납이라는 게 없습니다. 용서를 빌지도 않고 용서하지도 않습니다. 왜 그렇습니까? 죽을까 봐 그래요. 내가 용서를 빌면 죽을까 봐, 내가 용서하면 죽을까 봐 그렇습니다. 왜 싸움이 끝나지 않습니까? 싸움을 끝내면 죽을까 봐 그러죠. 다 죽음의 지배를 받으며 싸웁니다. 누군가는 부활의 능력을 안고 들어가서 평화를 만드는 일을 해야 하지 않을까요? 사회적 갈등을 끝낼 수 있는 길을 내야 하지 않겠습니까? 우리 자녀들의 교회를 생각하면 뭔가 해야 하잖아요. 누가 이 싸움에서 화해자로 나서겠습니까? 부활을 믿는 교회 외에 누가 할까요? 싸움의 화해자로 나서는 과정에서 손해를 입고 욕을 당해도, '이 또한 하나님의 은혜로라.' 기도하며 그 일을 해 나갈 수 있는 화해자가 어디에 있습니까? 그렇게 하나님의 영광을 나타낼 수 있는 그 일을 할 사람들이 어디 있습니까? 부활의 능력이 있는 교회 말고 누가 그 일을 하겠습니까?

결론

사랑하는 성도 여러분, 또 무슨 일이 필요합니까? 또 무엇을 해야 할까요? 또 어디에 부활의 사람들이 필요합니까? 할 일이 많습니다. 하나님께서 이 땅에 부활의 사람들, 새 사람들을 세우셔서 하실 일들이 차고 넘칩니다. 그럼에도 제가 인간적으로는 드릴 수 없는 권면을 드렸습니다. 부활하신 주님이 함께하신다고 하시니까 드릴 수 있는 말씀이었습니다. 부활의 주님께서 여러분을 통해 일하시도록 자신을 하나님께 내어 드리는 여러분이 되시기를 바랍니다. 너무 겁먹지 마십시오. 분명히 주님께서 함께하실 겁니다. 너무 힘든데, 너무 기쁠 거예요. 교제와 위로가 있을 겁니다. 죽음도 막을 수 없는, 강력한 힘과 은혜를 경험하게 될 겁니다. 사랑하는 성도 여러분, 부활의 그리스도를 믿고, 모든 진리가 증거하는 능력 있는 삶을 살아가십시오. 우리 주님, 부활하셨습니다! 부활 신앙으로 살아가는 여러분 되시기를 성부와 성자와 성령의 이름으로 간절히 축원합니다.

초청에서
강복 선언까지

/

9장 신앙고백2

9장 신앙고백 2

고백적 삶: 하나님이 고백하신 사랑으로 살기
(요일 4:7-16)

정중현 목사

사랑하는 자들아 우리가 서로 사랑하자 사랑은 하나님께 속한 것이니 사랑하는 자마다 하나님께로 나서 하나님을 알고 사랑하지 아니하는 자는 하나님을 알지 못하나니 이는 하나님은 사랑이심이라 하나님의 사랑이 우리에게 이렇게 나타난 바 되었으니 하나님이 자기의 독생자를 세상에 보내심은 저로 말미암아 우리를 살리려 하심이니라 사랑은 여기 있으니 우리가 하나님을 사랑한 것이 아니요 오직 하나님이 우리를 사랑하사 우리 죄를 위하여 화목제로 그 아들을 보내셨음이니라 사랑하는 자들아 하나님이 이같이 우리를 사랑하셨은즉 우리도 서로 사랑하는 것이 마땅하도다 어느 때나 하나님을 본 사람이 없으되 만일 우리가 서로 사랑하면 하나님이 우리 안에 거하시고 그의 사랑이 우리 안에 온전히 이루느니라 그의 성령을 우리에게 주시므로 우리가 그 안에 거하고 그가 우리 안에 거하시는 줄을 아느니라 아버지가 아들을 세상의 구주로 보내신 것을 우리가 보았고 또 증거하노니 누구든지 예수를 하나님의 아들이라 시인하면 하나님이 저 안에 거하시고 저도 하나님 안에 거하느니라 하나님이 우리를 사랑하시는 사랑을 우리가 알고 믿었노니 하나님은 사랑이시라 사랑 안에 거하는 자는 하나님 안에 거하고 하나님도 그 안에 거하시느니라 _
요한일서 4장 7-16절

서론

'신앙고백'에 대한 두 번째 설교를 하겠습니다. 오늘은 우리가 늘 어려움을 느끼는 부분이죠. 고백한 대로 어떻게 살 수 있는지 요한일서를 통해 배우려 합니다. 고백적인 삶을 살자고 하면 참 어렵게 느껴집니다. 왜 그럴까요? 입으로 고백하는 신앙은 참 단순한데 우리 삶의 문제들은 너무나 복잡하고 신앙적으로 맞는 답을 찾아내기가 쉽지 않기 때문입니다. 답을 찾아내더라도 실행할 힘이 없을 때가 많습니다. 오늘 이 편지를 받은 교회가 그랬습니다. 서로 사랑하는 것이 신앙적인 답이라는 걸 알고 있었지만, 사랑하지 못하고 있었습니다. 요한 사도는 고백적인 삶이 하나님의 사랑에서 나온다는 사실을 가르쳐 줍니다. 오늘 이 주제로 말씀 나눌 때 여러분의 삶이 더욱 고백적인 삶으로 변화되기를 간절히 소망합니다.

배경

우선 자녀들을 위해서 오늘 본문에 대해 간략히 소개합니다. 오늘 말씀은 "사랑하는 자들아, 우리가 서로 사랑하자!" 하며 시작합니다. "사랑하자."라고 말한 사람은 누구일까요? 예수님의 열두 제자 중 한 사람인 요한이었습니다. 예수님을 따르던 젊은 제자 요한은 이제 나이가 들어 할아버지 장로님이 되었습니다(요이 1:1). 요한은 설교하는 장로로 여러 교회를 섬기고 있었습니다. 그러면 요한이 누구에게 "사랑하자."라고 했을까요? 요한이 섬기던 교회 성도들과 자녀들입니다. 당시에는 20~30명씩 집에서 모여 예배하고 교제하는 형태의 교회들이 지역마다 여러 개 있었습니다. 여러 지역 여러 집에 교회가 흩어져 있었던 거죠. 요한은 늙어서 이제 지역에 있는 교회들을 다 방문하기 어려웠습니다. 그래서 자기를 대신하는 사람에게 이런 설교문을 들려 보내서 읽고 가르치도록 했습니다. 그러면 왜 하필 "서로 사랑하자."고 썼을까요? 서로 사랑하기 어려운 문제가 있었기 때문입니다. 거짓 목사들이 "요한 장로가 보내서 왔습니다." 하면서 교회에 몰래 들어오기 시작한 겁니다. 그들이 거짓 복음을 전해서 속아 넘어가는 사람이 생겼고, 결국 몇몇 사람이 교회를 떠나게 됩니다(4:8, 20). 얼마 전까지 사랑하는 형제자매였는데, 거짓에 속아 미워하면서 교회를 떠난 겁니다. 교회에 남은 성도들은 큰 충격을 받았습니다. 상처가 컸겠죠. 이제 서로 의심 없이 사랑하기가 어렵게 되었습니다. 그래서 요한이 "사랑하는 자들아, 우리 서로 사랑하자." 하며 편지를 썼을 것입니다.

저는 이런 문제들을 살펴보면서 우리 교회를 생각하게 됩니다. 물론 우리 교회에 거짓 교사가 나타난 건 아닙니다. 다만 '서로 사랑하기 어렵다는 느낌'이 예전보다 커졌다는 점에서 비슷한 점이 있는 것 같습니다. 코로나를 지나면서 교회 규모가 커졌습니다. 감사한 일인데요, 그러나 서로를 알아가는 속도가 다양성이 늘어나는 속도를 따라가지 못하고 있는 것 같습니다. 서로 이해하려면 에너지를 많이 써야 하는 다양한 그룹들이 생겨났다는 말입니다. 일단, 현재 남녀 성비가 거의 1:1입니다. 남자와 여자만큼 서로 이해하기 어려운 그룹이 없는데, 반반입니다. 또 여기 계신 분들의 출신 지역이 얼마나 다양한지 모릅니다. 교회적 배경도 다 다릅니다. 아주 엄밀한 개혁교회 출신도 계시고요, 순복음교회 출신도 계시고, 이제 막 교회 생활을 시작하신 분도 계십니다. 세대는 어떻습니까? 한 살 아기부터 백발 어르신까지 모든 세대가 다 존재하는 참 복 받은 교회입니다. 그러나 서로 이해하는 측면에서는 어려움이 커졌다고 볼 수 있겠죠. 그러면서도 교회에서 숨을 곳이 없습니다. 모이면 다 눈에 들어오는 규모입니다. 그러니까, 한 주 내내 여러분의 삶의 현장에서 한 번도 못 만나보는 그룹의 사람들을, 주일에 교회에 와서 한꺼번에 다 만납니다. 우리 교회가 대형 교회는 아닌데, 한 사람이 교회 왔을 때 감당해야 할 다양성은 큰 교회입니다.

이렇게 다양성이 늘어나면 서로 이해하기 어려운 일들이 많아질수 있습니다. 나와 다른 사람이 많기 때문에 여기서는 사랑하기 힘들겠다고 생각하기도 쉽고, 이 교회에는 사랑이 없다는 느낌을 받기도 쉽죠. 왜냐하면 내가 속속들이 모르는 사람들이 많은 데에서 '두려움'이 있을 수 있기 때문입니다. 내 행동이 어떻게 보일지, 내 자녀가 어떻게 보일지, 성도님이 어떻게 반응할지 확실히 알 수 없어서 두렵고긴장이 되는 겁니다. 그러면 사랑하기 어렵다고 느껴지고, 상처받을가능성도 커지게 되겠지요.

교회가 서로 사랑하기 어려운 상황에서, 요한은 신앙적인 답을 찾아 실천할 수 있는 예를 보여 줍니다.

첫째, 오답을 제거합니다. 자기 부인입니다. 하나님이 아닌 나의 답을 거부하라는 겁니다.

둘째, 답을 찾습니다. 신앙고백입니다. 그리스도가 답이고 능력임을 고백하라는 겁니다.

셋째, 찾은 답을 실천합니다. 사랑 고백입니다. 성령님의 확신 가운데 답을 실행하라는 겁니다.

지금부터 하나하나 살펴보도록 하겠습니다.

교회가 삶의 모든 부분에서 신앙을 고백하는 첫걸음, 먼저, 자기 부인입니다. Not I, but Christ(갈 2:20). '내가 답이 아니라 하나님께서 답'이라고 고백하라는 거죠. 내 사랑이 답이 아니라 하나님의 사랑이 답이라고 고백해야 합니다. 오답을 제외하는 것, 이것이 고백적인 답을 찾아가는 첫걸음입니다(7-8절).

요한이 "사랑하는 자들아, 우리가 서로 사랑하자!"라고 권면한 후에 어떻게 합니까? 곧장, 서로 사랑하려면 "하나님께 속한 사랑"이 필요하다고 말합니다(7절). 이 말은, 우리 속에 있는 사랑으로는 안 된다는 말입니다. 서로 사랑할 수 있는 답은 하나님의 사랑에 달려 있고, 하나님을 아는 것에 달려 있다는 거죠(7-8절). "하나님은 사랑이심이라."(8절) 하는 말씀도 하나님이 답이시며 우리는 답이 아니라는 걸 강조합니다.

이처럼 우리도 삶의 여러 부분에서 신앙적인 답을 구할 때, 가장 먼저, 우리에게 답이 없으며 우리가 답이 아님을 고백해야 합니다. 우리가 답이 아니라는 것을 고백하는 가장 좋은 방법은 기도입니다. 사실 우리가 맞닥뜨리는 여러 문제 가운데는 이미 정답을 알고 있는 경우가 많죠. 사랑하라, 용서하라, 주라, 도우라. 이런 명령들이 적용되는 경우는 거의 그게 답입니다. 그런데 그 답을 실행할 마음과 힘이 없는 게 문제입니다. 이때 우리는, 기도로 이런 고백을 드릴 수 있습니다. "하나님, 사랑해야 할 문제가 생겼는데 저에게 사랑할 힘이 없습니다. 용서하라 하셨는데 용서할 길을 못 찾겠습니다. 희생해야 하는 거 아는데 너무 아파서 도무지 희생하지 못하겠습니다." 하나님은 이와 같이 자신을 부인하며 눈물로 호소하는 고백을 용납하십니다. 상한 심령의 기도를 들으십니다. 하나님은 우리가 괴로워 울부짖을 때 외면하지 않으시고 들으시는 하나님이십니다(시 22:24). 따라서 우리는 자신을 부인하면서 하나님께 기도로 도움을 구하며 문제의 실마리를 찾아가야 합니다.

이번에는 정답에 해당하는 '하나님은 사랑이시다.'라는 말씀에 주목해 봅시다. 이 말씀을 뒤집으면 우리가 빠지기 쉬운 오답이 됩니다. '하나님은 사랑이시다.'의 앞뒤를 뒤집으면, '사랑은 하나님이다.'가 됩니다. '하나님이 사랑'이라는 것과 '사랑이 하나님'이라는 것은 완전히 다릅니다. 이 땅의 많은 사람이 '사랑이 신이다.' 하며 삽니다. 사랑이 삶의 이유이고, 사랑이 우리가 섬기는 것이며, 사랑이 궁극적인 기준이 되는 것이죠.[11]

---

11 Marianne Meye Thompson, 1-3 John, The IVP New Testament Commentary Series (Downers Grove, IL: InterVarsity Press, 1992), 요일 4:13.

우리는 '사랑이 하나님'이라고 생각하면 안 됩니다. '사랑'이라는 이름으로 일어나는 죄들이 얼마나 많습니까? 대표적인 예가 유대인들입니다. 유대인들은 하나님을 사랑해서 예수님을 십자가에 못 박아 죽였습니다. 또 다른 예는 무엇이 있을까요? 우리는 자기 진영 정치인들을 사랑하면 할수록 다른 당의 정치인들을 얼마나 혐오하는지요. 아내를 너무 사랑해서 의심하는 남편도 있고, 자녀를 너무 사랑해서 자유시간을 전혀 주지 않는 부모도 있습니다. 모두가 자기 기준에 사랑이라고 생각하는 것을 최고의 판단기준으로 삼기 때문입니다. 내가 받고 싶은 사랑, 내가 믿는 사랑, 내 감정에 따라서 이리저리 바뀌는 사랑을 너무 쉽게 하나님의 자리에 올려놓아 버리는 것입니다. 특별히 이런 경향은 사랑이 거절당하거나 상처받을 때 더욱 두드러지게 나타납니다.

저의 예를 하나 들어 보겠습니다: 목사로 살아가다 보면, 상처받는 일들이 있습니다. 지금이야 상처를 상처로 보지 않으려고 하는데, 그럴 수 없을 때도 있었습니다. 일단 상처를 받으면, 나는 상처를 받았다고 생각하기 때문에 스스로를 피해자로 보게 됩니다. 그러면 내가 무슨 회개를 하거나 내 쪽에서 뭔가를 풀어나가야겠다는 생각이 잘 안 듭니다. 자기 들보를 보기가 너무 힘든 상태가 됩니다. 그러던 어느 날 하나님께서 상처 속에서 제 들보를 보여 주셨습니다. 그 상처받은 슬픈 마음속에 "어떻게 감히 나한테!" 하는 분노가 있었습니다. 그 분노가 상처를 더 깊게 만든다는 걸 알게 되었습니다. 또 "내가 이런 대접받을 사람이 아닌데! 왜 나를 이렇게 대하지?" 이런 분노들이 튀어

나오고 있었습니다. 이게 다 무엇입니까? 교만입니다. 내가 이런 대우받을 사람이 아닌데, 내가 높임을 받아야 하는데 그러지 못해서 분노했던 겁니다. 내 감정 상하게 한 사람은 완전 악하고, 나는 절대 선으로 보면서 분노했던 거죠. 그 일에서는 불신자처럼 행동하는 저를 보았습니다. 제가 상처받은 영역에는 하나님도 못 들어오게 하는, 그런 악한 들보가 제 눈에 있다는 걸 보게 하셨습니다.

사랑하는 여러분, 우리의 사랑은 신이 아닙니다. 하나님이 사랑이십니다. 하나님이 사랑의 답이고 기준이십니다. 삶의 모든 문제에서 내가 아니라 하나님이 답이라고 고백하고, 기도하는 가운데 하나님께만 답을 찾는 우리가 되기를 바랍니다.

삶의 모든 부분에서 고백적인 삶을 살기 위해 두 번째로, 교회는 신앙고백으로 하나님의 사랑과 연결되어야 합니다(9-11절). 신앙고백 가운데 하나님의 사랑이 있고, 거기 모든 문제의 답이 있기 때문입니다.

요한이 교회의 성도들을 답이 되시는 하나님과 무엇으로 연결합니까? 복음입니다. '예수 그리스도에 대한 신앙고백'으로 연결합니다. 9-10절이 믿음의 내용인데, 읽어 보시죠. "하나님의 사랑이 우리에게 이렇게 나타난 바 되었으니, 하나님이 자기의 독생자를 세상에 보내심은 저로 말미암아 우리를 살리려 하심이니라. 사랑은 여기 있으니, 우리가 하나님을 사랑한 것이 아니요, 오직 하나님이 우리를 사랑하사 우리 죄를 위하여 화목제로 그 아들을 보내셨음이니라"(요일 4:9-

10). 10절을 보면, "사랑이 여기에 있으니" 하면서 하나님이 보여 주신 사랑을 요약합니다. 무엇입니까? '우리가 하나님을 사랑하지 않았을 때, 그분이 우리 죄를 위한 속죄의 제물로 하나뿐인 아들을 보내주셨다.'는 내용입니다. '우리가 하나님을 미워할 때, 하나님의 원수로 행하던 우리를 살리시기 위해, 가장 사랑하는 아들을 내어 주셨다.' 이것이 바로 하나님의 사랑입니다. 이 복음이 상처받은 이 교회에 얼마나 큰 위로가 되었을까요? '상하고 채찍에 맞고 진짜 상처를 받으심으로 구원하셨다!' 이 복음이 상처 입은 이들의 마음을 얼마나 싸매주었겠습니까? '우리도 미움받고 상처를 입었지만, 상처를 또 받을지 모르지만, 다시 서로에게 담대하게 가장 소중한 것을 내어 주며 사랑하는 것이 마땅하다.' 하면서 힘을 얻었을 것입니다. 이처럼 복음을 고백함에 답이 있습니다.

특히 오늘 강조하고 싶은 내용은 우리의 신앙고백이 곧 하나님의 사랑 고백이라는 내용입니다. 하나님이 이처럼 우리를 사랑하셨다고 하나님의 사랑을 밝히고 있는 내용을 보면, 그것이 곧 예수 그리스도의 복음입니다. 그리스도에 대한 신앙고백의 요약입니다. 우리가 신앙으로 고백하는 내용이, 곧 하나님이 우리를 어떻게 사랑하셨는지를 말한다는 겁니다. 무슨 말입니까? 우리가 입으로 하나님이 누구신지 고백할 때, 귀로는 하나님의 사랑 고백을 듣게 된다는 말입니다. 우리를 향하신 하나님의 사랑 고백이, 우리가 하나님에 대해 신앙고백하는 내용입니다. 그래서 신앙고백을 더 풍성히 이해하고 고백할 때 하나님의 사랑을 더 풍성히 알고 교제할 수 있습니다. 신앙고백으로 삼위 하나님과 사귐을 가질 수 있습니다. 요한서신에 '거한다'는 표현이 많이 나오는데요, 계속 머물며 사귄다는 뜻입니다. 하나님은 교회가 세례 때 신앙을 고백하는 순간부터 매주 교회에서 우리가 신앙고백을 할 때마다, 하나님의 사랑 고백을 듣게 하셨습니다. 사랑의 사귐이 있게 하셨습니다. 신앙고백 가운데 하나님의 사랑이 있고, 거기서 모든 문제의 답을 얻게 하신 겁니다.

이미 베드로의 유명한 고백에서 예수님이 말씀하셨죠: "주는 그리스도시요 살아 계신 하나님의 아들이십니다."(마 16:16)라고 베드로가 고백했을 때, "예수께서 대답하여 가라사대 바요나 시몬아 네가 복이 있도다. 이를 네게 알게 한 이는 혈육이 아니요 하늘에 계신 내 아버지시니라."(마 16:17) 하셨습니다. 즉 베드로가 신앙고백하기 전에 하나님이 베드로에게 먼저 고백하셨다는 겁니다. 여기 계신 저와 여러분도 마찬가지입니다. 삼위 하나님을 믿으므로 세례에서 신앙을 고백했다면, 그 고백 전에 무엇이 있었다는 겁니까? 하나님의 사랑 고백이 먼저 있었다는 겁니다. "우리의 주된 목적이 하나님을 영화롭게 하고 그분을 영원히 즐거워하는 것이라고 고백하기 이전에, 하나님이 먼저 우리를 영화롭게 하고 영원히 즐거워하신다고 고백해 주셨다."는 말이죠. 지금 한별, 민준, 두 자녀가 공적 신앙고백을 준비합니다. 과정마다 발견하고 있는 게 무엇일까요? '내가 신앙고백을 할 수 있도록 하나님이 먼저 사랑해 주셨구나!' 이 깨달음을 매주 배우고 있습니다.

사랑하는 여러분, 우리가 매일 성경을 읽고, 사도신경을 중심으로 교리를 공부하고, 방대한 신앙고백서를 공부하기도 하는데요, 그 모든 내용이, '하나님이 이같이 우리를 사랑하셨은즉'(11절)으로 요약이 가능합니다. 창조의 교리에도, 타락의 교리에도, 그리스도의 낮아지심과 높아지심, 칭의와 양자와 성화의 교리에도 삼위 하나님의 사랑 고백이 가득 담겨 있습니다. 그런데 우리가 어떻게 사도신경을 입술로만 고백할 것이며, 교리 공부를 머리로만 하겠습니까? 그러니 이 모든 것을 삼위 하나님과 교제하고 사귀는 수단으로 삼으시기 바랍니다. 특히 문제를 만날 때, 그 문제 위에서 사귐의 시간을 가지십시오. 경제적 문제가 생겼습니까? 전능하신 하나님을 고백하시고, 그분이 우리를 사랑하신다는 음성을 들으십시오. 지체들 사이에 관계 문제가 생겼습니까? 하나님 아버지를 고백하시고, 하나님 아버지께서 나와 그 형제를 영원히 사랑하신다는 음성을 들으십시오. 어떤 문제든 그 문제와 관련된 신앙고백이 분명히 있습니다. 고백하면서, 동시에 하나님의 사랑을 듣는 그 대화를 계속 이어 나가시기 바랍니다. 하나님의 사랑에서 나오는 이 살아 있고 생명력 넘치는 사귐이 모든 삶에서 고백적으로 살아갈 길로 인도해 줄 것입니다.

교회가 모든 영역에서 신앙을 고백하기 위해 셋째로, 성령님의 확신 가운데 실행하십시오(12-16절).

요한은 지금까지 사랑의 문제에 대한 답을 제시해 왔습니다. '하나님이 사랑이시다. 하나님이 우리 안에 계시면, 사랑이 우리 안에 있다. 그러면 우리가 서로 사랑할 수 있다.'고 가르쳤습니다. 문제는, 우리 안에 하나님이 계신지, 우리 안에 사랑이 있는지 어떻게 알 수 있느냐는 겁니다. 우리 안에 하나님이 계신 줄 알아야 사랑할 용기를 낼 수 있겠죠? 그런데 보이지 않는 하나님이 우리 안에 계시다는 걸 어떻게 알 수 있을까요? 먼저, 13절에서 요한은 하나님이 성령을 우리에게 주셔서 알게 하셨다고 선포합니다. 또한 14절에서 "우리가 증거한 복음", 즉 요한과 같은 '사도들'이 직접 보고 증거했던 사도적 복음이 알게 한다고 말합니다. 성령님과 사도들의 이 증언으로 예수님을 하나님의 아들로 '고백'하는 자는, 하나님이 우리 안에 계심을 확신할 수 있습니다(15절). 그는 하나님이 부어 주신 사랑으로 사랑할 준비를 마치게 됩니다. 사랑을 실천하게 되는 겁니다.

성령님은 사도적 복음을 통해 특별히 예수님이 충분하시다는 확신을 주십니다. 여러분, 예수님은 모든 문제를 해결하시기에 충분하신 분입니다. 예수님은 하나님의 아들이셔서 우리의 구원과 하나님이 우리 안에 거하시는 일과 우리가 하나님의 사랑 안에 거하는 일을 중보하십니다. 그는 또한 구원자이셔서 우리의 죄를 제거하심으로 하나님과 깊은 사귐을 누리게 하십니다. 또한 예수님은 세상의 구주이셔서 그분이 답을 줄 수 없는 영역은 아무 곳도 없습니다. 하나님을 대적하는 사람조차도 예수님의 사역의 범위 안에 있습니다. 교회는 성령께서 주시는 확신 가운데 이 충분하신 예수 그리스도를 우리가 서 있는 모든 곳에서 답으로 제시하고 고백하는 사람들입니다. 세상 사람들이 자기가 믿는 '사랑'이 답이라고 말할 때, 교회는 '하나님이 사랑이시다!'라는 답을 그리스도를 통해 제시할 수 있습니다. 그리스도를 통해 나타난 하나님의 사랑 안에 우리의 각양각색의 문제에 대한 답이 있습니다. 우리는 문제를 만나면 자주 복음을 무시하는 경향이 있습니다. 그러나 복음 안에 살아 계신 그분은 광대하시고 능력이 많으시고 지혜가 무궁하십니다(시 147:5). 성경을 읽어 보십시오. 사도들은 교회에 일어나는 모든 문제의 답으로 그리스도의 죽음과 부활을 증거합니다. 이를 통해 나타난 하나님의 사랑을 증거합니다. 예수 그리스도가 문제를 풀기에 충분하시기 때문입니다.

씨름하시기 바랍니다. 여러분이 만난 문제가 무엇인가요? 그리스도께로 가져와서 씨름하십시오. 문제 앞에서 두려워하는 자기 영혼에게 믿음을 고백하십시오. 뭐 하나 제대로 하는 게 없어서 스스로 무가치한 것 같이 느껴지십니까? 하나님이 예수 그리스도를 주실 만큼 나를 중요하게 여기시고 사랑하셨음을 성경에서 확인하십시오. 실패할까 두려우십니까? 전능하사 천지를 만드신 그리스도의 아버지를 고백하십시오. 예수님은 죽음이라는 실패에서도 부활하셨다고 고백하십시오. 믿는 자에게 능치 못할 일이 없다는 말씀을 선언하시기 바랍니다. 세상에 나 혼자뿐이라는 생각에 사로잡히셨습니까? 그리스도를 고백하는 자에게 하나님이 거하신다는 오늘 말씀을 선포하시고, 성령을 보내어 우리 몸을 거처로 삼으셨다고 고백하시고, 내가 혼자일 수가 없는 존재가 되었음을 선언하시기 바랍니다. 또 무엇이 문제입니까? 계속 성경과 교리와 신앙고백을 통하여 그리스도 안에 반드시 답이 있고 그 답은 충분하다는 확신을 갖게 되시길 바랍니다.

사랑하는 성도 여러분, 저는 여러분이 이런저런 위대한 일들을 해내야 한다고 말하는 게 아닙니다. 그런 위대한 일들을 해낼 만큼 그리스도의 복음이 충분하다는 것을 믿으라고 말씀드리는 겁니다. 우리는 못 하는 사랑을, 우리가 고백하고 전하는 위대하신 예수님이 이루실 것을 믿으라는 말씀입니다. 우리 교회가 당면한 문제에서도 마찬가지입니다. 참 다양한 사람들이 모여 있고 다 공감하지 못합니다. 이해도 못 할 겁니다. 사랑하지 못하는 순간도 옵니다. 사람은 사람을 공감할 수 없습니다. 그러나 나를 깊이 아시는 예수님께서 형제의 마음도 깊이 아십니다. 완전히 우리를 체휼하여 아시는 예수님만 진정한 위로와 사랑을 모든 성도에게 전달하실 수 있습니다. 그러면 우리는 복음을 말함으로 교제해야겠지요. 그리스도를 서로에게 고백함으로써 서로를 크게 사랑할 수 있는 겁니다. 내가 믿는 사랑으로 사랑하려 하지 마시고, 세상에 유행하는 사랑으로도 사랑하려 하지 마시고, 그리스도께 나타난 하나님의 사랑으로 서로 사랑하는 교회 되기를 바랍니다.

결론

말씀을 맺습니다. 사랑하는 성도 여러분, 모든 문제를 만날 때마다 자기는 부인하고 그리스도께 대한 신앙을 고백하면서, 고백에 나타나는 하나님의 사랑으로 형제자매를, 이웃과 가족을 성령의 확신 가운데 사랑하는 여러분 되시기를 성부 성자 성령의 이름으로 간절히 축원합니다.

초청에서
강복 선언까지

/

10장 기도

10장 기도

죽어가던 영혼이 달릴 수 있도록
(시 119-25-32)

정중현 목사

내 영혼이 진토에 붙었사오니 주의 말씀대로 나를 소성케 하소서 내가 나의
행위를 고하매 주께서 내게 응답하셨으니 주의 율례를 내게 가르치소서 나로
주의 법도의 길을 깨닫게 하소서 그리하시면 내가 주의 기사를 묵상하리이다
나의 영혼이 눌림을 인하여 녹사오니 주의 말씀대로 나를 세우소서 거짓 행위
를 내게서 떠나게 하시고 주의 법을 내게 은혜로이 베푸소서 내가 성실한 길
을 택하고 주의 규례를 내 앞에 두었나이다 내가 주의 증거에 밀접하였사오니
여호와여 나로 수치를 당케 마소서 주께서 내 마음을 넓히시오면 내가 주의
계명의 길로 달려가리이다 _ 시편 119편 25-32절

서론: 공적 기도

올해 우리 교회는 공예배 순서에 대해 하나하나 주제 설교를 하고 있
습니다. 오늘은 '기도'에 대해 설교합니다. 우선 방금 지나간 '기도' 순
서를 생각해 봅시다. 그때 하는 기도는 평소에 우리가 하는 기도와 뭔
가 다르죠? 한 분이 나와서 기도하되, 여기 계신 모든 분이 그 기도를

들으면서 함께 기도합니다. 기도를 인도하시는 분도 여기 나와서 개인적으로 하고 싶은 대로 기도하지 않습니다. 일정한 내용이 정해져 있습니다. 한 사람의 간구가 아니라 교회 전체의 기도제목으로 기도합니다. 기도를 마칠 때 다 같이 "아멘!" 할 수 있는 내용으로 기도하고, 다 같이 아멘송을 부릅니다. 이런 기도를 '공적 기도'라고 하지요. 개인적인 기도가 아니라는 뜻입니다. 하나님의 부름을 받고 모인 교회로서 우리 모두 함께 기도하는 시간이 공적 기도 순서입니다.

아마 대부분의 성도님들은 함께 기도하는 데 어려움이 없으리라 생각합니다. 그러나 집중하기 어려운 분도 전혀 없진 않을 겁니다. 특히 우리 어린 자녀들은 내가 직접 기도하는 것도 아니고, 다른 어른이 하는 기도를 눈감고 들어야 하니까 힘들죠? 어려울 수 있습니다. 예상보다 기도가 길어질 때는 집중하기도 쉽지 않을 겁니다. 저도 어렸을 때 의문이 있었어요. '왜 설교 듣기 직전에 시험을 주실까? 왜 눈을 감고 졸리게 만들까?' 했던 적도 있습니다. 그런데 여러분, 제가 몰라서 그랬던 것이죠. 공적 기도가 얼마나 중요한지 알고 기도하면 졸 수 없으니까요.

공적 기도가 왜 중요할까요? 공적 기도가 '말씀 사역'을 위한 기도이기 때문입니다. 공적 기도 시간에 많은 것을 기도합니다. 모두 말씀 사역과 연결되어 있습니다. 선포될 말씀을 듣고 깨닫게 해달라고 기도하는 것? 말씀 사역을 위한 기도입니다. 말씀 사역자들인 심성현 목사님과 이성호 교수님을 위해 기도하면서 그 가정까지 평안하게 지켜달라고 기도하는데요, 왜 이런 기도를 합니까? 직분자의 가정이 평안해져서 교회에 말씀 사역이 잘 일어나도록 기도하는 겁니다. 또 어려움에 처한 성도를 위해서 기도하고, 고신 총회를 위해, 선교를 위해, 때로는 전쟁의 종식과 평화를 위해서도 기도하는데, 그 모든 기도의 핵심은 무엇일까요? 어려운 성도와 온 총회와 전 세계가 복음을 듣도록, 말씀 사역이 왕성하게 해달라고 기도하는 거예요. 이처럼 공적 기도의 핵심은 말씀 사역입니다.

그러면, 말씀 사역을 위해 온 교회가 공예배 시간에 함께 기도해야 하는 이유는 무엇입니까? 오늘 설교 제목이 그 이유를 보여 줍니다. 죽어가던 우리 영혼이 다시 살아서 달릴 수 있으려면, 하나님의 말씀을 듣는 것 외에 답이 없기 때문입니다. 그리스도의 복음을 들어야 영혼이 살기 때문입니다. 말씀을 듣지 않으면 영혼이 죽습니다. 그러니까 말씀을 들려 달라고 기도하는 겁니다. 그러니 어떻게 졸겠습니까? 말씀을 깨닫는 것에 우리의 죽고 사는 일이 달려 있는데, 어떻게 다른 생각을 하겠습니까? 한마디로, 공적 기도는 죽어가던 영혼이 살아서 다시 달릴 수 있도록, 교회에 말씀 주시기를 함께 간구하는 시간이므로 우리 모두에게 무척 중요합니다.

"죽어가던 영혼이 달릴 수 있도록"이라는 설교의 제목은 오늘 시편의 첫 구절과 마지막 구절에서 온 것입니다. 시편 119편은 하나님의 계시를 가까이하라는 가르침을 주는 지혜시입니다. 특히 오늘 본문은 죽어가는 영혼이 다시 달리기를 소망하며 기도하는 과정을 자세하게 보여 줍니다. 이 시편은 공적 기도의 핵심을 가르쳐 줄 뿐 아니라, 공적 기도에서 시작된 기도가 설교 후에, 또 일상까지 어떻게 이어져야 하는지도 가르쳐 줍니다. 지금부터 이 시편의 큰 흐름을 살펴본 후에, 이 시편에 담긴 기도에 대한 세 가지 교훈을 살펴보겠습니다. '첫째, 말씀을 깨닫기 위해 기도하라. 둘째, 깨달은 말씀으로 기도하라. 셋째, 말씀으로 살기 위해 기도하라.'입니다.

기도의 흐름: 죽음에서 생명으로

먼저 이 시편의 흐름을 살펴봅시다. 오늘 본문은 25절의 죽음에서 시작하여 32절의 생명력 넘치는 달리기로 마칩니다. 이 시편은 곧 기도이기 때문에 시편의 흐름이 곧 기도의 흐름이기도 합니다. 이를 통해 우리는 말씀과 기도 가운데 죽음에서 생명으로 옮겨간다는 큰 교훈을 받습니다.

시인은 먼저 죽어가는 영혼으로 기도를 시작합니다. 25절을 보십시오. "내 영혼이 진토에 붙었다." 여기서 '영혼'이라고 번역된 '네페쉬'라는 단어는 원래 '목숨, 호흡'을 뜻하는 말입니다. 진토는 사람이 죽으면 돌아가야 할 흙을 뜻합니다. 호흡이 흙먼지에 '들러붙었다'라고 하니 어떤 모습이 떠오릅니까? 마치 도살당할 양처럼 땅에 바짝 엎드려져 있는 상황이 그려지지 않습니까? 숨을 쉬면 목구멍으로 흙먼지가 들어오는 상황입니다. 무덤 속으로 빨려 들어가고 있어서 영혼에 흙이 들러붙어 하나가 되고 있는 모습을 상상해도 되겠습니다. 한마디로, 죽기 직전입니다. 28절은 이 상태에 대해 조금 더 알려 줍니다. "나의 영혼이 눌림을 인하여 녹사오니." '영혼의 눌림'은 근심과 괴로움, 슬픔에 짓눌려서 힘이 한 방울도 남김없이 다 빠져나간 상태를 말합니다.

이 시인은 왜 이렇게 죽을 것처럼 괴롭습니까? 바로, 그가 '언약 백성'이기 때문입니다. 이 사람은 "주의 말씀대로 소성케 하소서."라고 기도하는 말씀의 사람입니다. 즉 '언약의 말씀'을 믿는 사람이라서 그 말씀대로 살려달라고 간구하는 사람입니다. 그런데 언약 백성의 삶이 왜 힘듭니까? 아이러니하게도, 이 땅에서 말씀대로 살려고 하니 힘든 것입니다. 죄로 가득한 세상에서 주의 율례와 법도와 규례를 따라 살려고 하니 현실적인 괴로움도 많은 겁니다. 참고로, 119편에 나오는 말씀, 율법, 율례, 법도, 규례, 증거, 계명, 도, '길'과 같은 단어들은 모두 다 '하나님의 계시', 즉 '말씀'을 의미한다고 보면 이해하기가 쉽습니다. 특별히 오늘 시편에 '길'이라는 단어가 참 많이 나오는데요, 시인이 말씀의 길을 선택하고 걸어가니까 죽을 것처럼 힘이 드는 겁니다. 이 땅에 속한 죽음의 흙먼지, 즉 근심과 슬픔들이 영혼에 달라붙어서 말씀의 길로 걸어가는 언약 백성의 걸음을 무겁게 하지요. 영원하신 하나님을 섬기는 언약 백성이지만, 여전히 이 땅에 속한 길들에 유혹을 받고 마음이 흔들려서 괴로워합니다. 바로 그때, 기도를 시작하고 있습니다.

사랑하는 여러분, 이것은 우리의 이야기이기도 하지 않습니까? 사실 우리가 아무 일 없는 듯 앉아 있지만 여러 근심과 슬픔 속에 죽어가는 영혼으로 예배하러 오지 않나요? 우리도 한 주간 죽음의 흙먼지 가득한 이 땅에서 근심하고 슬퍼하다가, 영혼의 눌림을 가지고 여기 오지 않습니까? 말씀대로 사는 데 실패할 때, 그 실패가 이 땅의 기준에 불과한 줄 알면서도 우리 영혼이 얼마나 눌립니까? 순종하는 마음으로 아이를 낳았는데 나는 뒤처지는 것 같고, 자녀가 없는 내 친구들은 돈도 잘 벌고 여행도 가고 잘만 사는 겁니다. 그게 영원하지 않다는 것을 알지만 마음이 무거운 것도 사실입니다. 부지런히 일하고 긍휼을 베푸는데 자꾸 가난해지는 거예요. 하늘에 보화가 쌓이는 것을 알지만 청구서를 보면 괴로운 겁니다. 정직하게 시험공부 했더니 커닝하는 자들에게 계속 밀립니다. 얼마나 숨이 턱턱 막힙니까? 물론, 다 알죠. 성공과 실패라는 게 이 땅에 속한 기준이라는 것도 알고, 그런 성공과 실패가 영원하지 않을 것도 알지요. 그런데 여전히 이 땅의 기준 때문에 우리 인생을 비하하게 되고, 그 기준에 못 맞추면 마음이 힘들고 속상하지 않습니까?

그래서 시인은 무엇이라고 외칩니까? "주의 말씀대로 나를 소성하게 하소서!" 즉 "말씀대로 저를 살려주세요!"라고 외칩니다. 말씀대로 걸어도 살 수 있는 길을 보여 달라는 외침입니다. 그리고 이 기도의 결과는 무엇입니까? 32절 보세요. "주께서 내 마음을 넓히시오면 내가 주의 계명의 길로 달려가리이다!" 살았습니다! 겨우 숨만 붙어 있는 게 아니라, 흙먼지 다 털어내고 말씀의 길로 달려가려는 진정 살아 있는 성도가 보이지 않습니까? 이 땅에 속한 좁디좁은 기준으로 자기를 억누르지 않고, 주께서 넓혀주신 마음으로 자유롭게 말씀의 길로 달려가는 성도가 보입니다. 죽어가던 영혼이 살아난 겁니다. 죽음에서 생명력 넘치는 삶으로 회복되었습니다.

사랑하는 성도 여러분, 예배로 나아올 때 이런 소망을 품으시기 바랍니다. 기도를 시작할 때 이러한 소망을 품으십시오. 언약 백성이라 해도, 성도라고 해도, 이 땅에 속한 길에 마음을 빼앗겨서 죽을 것 같이 근심할 때가 있습니다. 그렇게 흙먼지를 씹으며 기도를 시작하겠지만, 기도의 끝에는 말씀의 길로 달려가게 될 것이라고 소망하면서 기도를 시작하십시오. 영혼의 눌림을 가지고 예배하러 나아왔지만, 예배의 끝에는 넓은 마음으로 자유롭게 달려가게 될 것을 소망하면서 예배하시기 바랍니다. 새 일을 행하실 하나님에 대한 소망으로 예배하러 오시고, 또 기도를 시작하는 여러분 되시기 바랍니다.

25절부터 32절 사이에 일어난 이 놀라운 변화의 과정에서 시인은 '기도'합니다. 어떻게 기도합니까?

첫째, 말씀을 깨닫게 해주시기를 기도합니다(26-27절). "주의 율례를 내게 가르치소서."라고 기도하고요(26절), "주의 법도의 길을 깨닫게 하소서!"라고 기도합니다(27절).

시인은 이 땅에 속한 길들에 시선이 사로잡혀서 영혼이 눌리고 죽을 지경입니다. 그래서 시인은 다시 하나님을 바라볼 수 있도록 율례의 말씀을 가르쳐 주시고, 법도의 길, 말씀의 길을 깨닫게 해달라고 하나님께 기도합니다. 빛을 비추셔서 자신이 어떤 선택 때문에 죽을 지경이 되었는지 깨닫게 해 달라고, 이제 어떤 길로 걸어야 하는지 가르쳐 달라고 간구합니다. 이때, 시인은 자기 행위를 주님께 아뢰고 응답받은 일을 기억합니다. 26절 "내가 나의 행위를 고하매 주께서 내게 응답하셨다." 하지요. 여기서 행위란 '길들'이라는 뜻입니다. 하나님께 "어떤 길로 갈까요?" 선택권을 드리며 기도했을 때, 말씀으로 참된 길을 가르쳐 주셨던 일을 기억합니다. 그때처럼, "다시 주의 말씀의 길을 가르쳐 주십시오." 하며 간구하고 있습니다. 여기서 시인은 "주님이 다시 주권을 가지시고, 나의 길을 주님이 선택해 주세요!"라는 기도를 드리게 됩니다.

저는 26-27절의 기도 속에 '공적 기도'의 핵심이 담겨 있다고 생각합니다. 두 가지인데요,

첫째로, 공적 기도 시간에 '내 길을 내가 선택하겠다.'는 태도를 버려야 한다는 겁니다. 우리는 설교를 듣기 전에 공적 기도를 드립니다. 그 시간에 우리는 입을 닫고 귀를 열어서 기도를 드립니다. 우리 소원에 대해 침묵하고 하나님의 뜻에 귀를 기울이며 기도합니다. 기도 인도자조차 자기 소원이 아닌 하나님의 말씀 사역을 구하며 기도합니다. 바로 그 태도가 하나님의 말씀을 듣기 전에 갖추어야 할 자세이지요. 하나님께서 말씀을 깨닫게 해주시면 내 길을 포기해서라도 달려가겠다는 자세입니다. 우리는 말씀 깨닫는 것을 그저 머리로 이해하는 것뿐이라고 생각하는 경향이 있는데, 그렇지 않습니다. 말씀의 길을 깨달으면 내 길을 포기하고서라도 말씀의 길을 가야 합니다. 말씀이 반드시 내가 원하는 변화만 가져올 것이라고 기대해서는 안 됩니다. 겟세마네 동산에서 예수님은 그분의 제자들이 어떤 태도로 기도해야 할지를 잘 보여 주셨습니다. 하나님의 원하심을 깨닫고 내 길을

포기할 수 있게 되는 것도 말씀이 일으키는 변화입니다. 성도 여러분, 말씀 듣기에 앞서 공적 기도를 하는 가운데, 자기 선택권을 내려놓으시기 바랍니다.

둘째로, 공적 기도 시간에 계시를 이해하는 일에서 성령님을 온전히 의지하는 태도를 취해야 합니다. 하나님의 계시의 말씀을 이해하는 것, 우리 머리로 하는 것 아닙니다. 성경을 마음으로 깨닫는 일은 전적으로 성경의 저자이신 성령님께 달려 있습니다. 그래서 설교 듣기 전에, 말씀 읽기 전에, 시인처럼 깨닫게 해달라는 기도가 반드시 필요한 겁니다. 계시의 주인이신 하나님께 계시의 의미를 깨닫게 해달라고 아뢰는 것, 이것이 공적 기도의 핵심입니다. 때로 설교가 어렵거나 말씀이 잘 안 들리는 때가 있는데요, 우선은 설교자가 잘 들리도록 준비하는 것이 중요하겠죠. 그러나 설교를 '내가 듣고자 하면 들을 수 있는 강의'라고 생각한다면 그때도 설교는 잘 안 들립니다. 즉 성령님의 도움을 구하지 않고 들을 때, 설교는 잘 안 들립니다. 공적 기도 시간에 깨닫게 하시는 성령님의 도움을 구하며 의지하시기 바랍니다.

계속해서 시인은 어떻게 기도합니까? 둘째, 깨달은 말씀으로 기도합니다(27-28절).

시인은 27절에서 주의 말씀을 깨닫게 해주시면 내가 주의 기사를 묵상하겠다고 고백합니다. '주의 기사'란 율법책에 기록된 가장 놀라운 기적, '출애굽'을 말합니다. 시인은 주님이 말씀을 깨닫게 해주시면, 출애굽의 구원역사를 묵상하며 기도하는 가운데 길을 찾을 것이라고 확신합니다. 28절에서는 그 말씀에 따라서, 모든 힘이 녹아내린 자신을 일으켜 세워달라고 기도합니다. 비록 자신의 힘은 모두 소진 되었지만 깨닫게 하신 말씀을 묵상하면서 힘을 얻으리라 확신하지요. 깨닫게 하시어 다시 묵상하게 하신 구원의 역사에서 새 힘을 얻고, 그 말씀대로 세워지게 해달라고 기도하고 있습니다.

여러분, 이와 같은 일이 예배 중에 우리에게도 일어납니다. 깨닫게 해달라고 간구하자마자 우리는 무엇을 듣습니까? 설교를 듣게 됩니 다. 주님의 놀라운 기사, 즉 복음을 듣게 됩니다. 궁극의 출애굽을 이 루신 예수 그리스도의 구원을 다시 묵상하게 됩니다. 우리는 매주 다 른 것이 아닌 복음을 듣습니다. 복음을 듣고 성육신하신 그리스도의 신비, 속죄의 신비, 삼위 하나님의 신비를 깨닫습니다. 유대인과 이방 인이 하나가 되는 교회의 신비에 대하여, 영원한 나라의 신비에 대하 여, 신자의 부활에 대한 신비에 대하여 듣습니다. 주님의 만찬을 통해 그리스도와 교회의 신비로운 연합을 경험하기도 하죠. 말씀을 깨닫게 해달라고 기도한 결과로, 하나님께서는 그리스도를 통해 이루신 하나 님의 기사를 들려주십니다. 죽음의 흙먼지에 둘러싸인 영혼들이 설교 를 듣고 마음으로 묵상하며 기도하게 하십니다.

그러면 어떤 일이 일어납니까? '주의 말씀대로 일으켜 세워지겠 다.', '다시 새 힘으로 채워지겠다.' 확신하게 됩니다. 변화가 시작되 는 겁니다. 이 땅에 사로잡혔던 눈이 놀라운 구원을 베푸신 하늘 아버 지의 영광을 보게 됩니다. 이 땅의 일용할 양식에 사로잡혔던 눈이 참 된 양식과 음료가 되신 그리스도를 보게 됩니다. 이 땅에 속한 길들이 다시 보잘것없이 작아 보이기 시작하고, 이 땅의 평가들을 가소롭게 여길 힘이 샘솟는 것입니다. '깨달은 말씀으로 기도하는 중에' 이런 일이 일어납니다. 따라서 우리는 설교를 듣자마자 기도해야 합니다. 듣고 깨달은 말씀을 계속 암송하고 기억하며 기도하는 일이 중요합니다. 이미 받은 복음 안에 길이 있고 힘이 있습니다. 설교 중에 다시 복음을 묵상하며, 설교 후에 깨닫게 하신 말씀으로 계속 기도하시기 바랍니다.

시인은 계속해서 어떻게 기도합니까? 셋째, 말씀대로 살아가기를 기도합니다(29-32절).

시인은 29절에서 거짓 행위를, 즉 거짓의 길들을 제거해 달라고 구하기 시작합니다. 이미 변화가 시작되었다는 것이 보입니까? 이제 거짓된 길로 갈까 말까 고민하지 않습니다. 없애버려야 할 길임을 분명히 알고 제거해 달라고 구하고 있습니다. 그 대신 30절에서 "성실한 길", 진실의 길을 택합니다. 규례의 말씀을 "내 앞에 두고" 살아갑니다. 역동적으로 말씀에 반응합니다. 악의 길을 버리고 의의 길을 구하며 기도하고 있습니다. 성화를 구하고 있습니다. 성화를 위하여 "주의 법을 은혜로이 내려 달라고" 간구하고 있습니다(29절). 여러분은 말씀대로 살아가기를 얼마나 구하고 있습니까? 즉 성화의 은혜를 얼마나 구하고 있습니까? 거짓의 길을 제거하고 주님의 길을 선택할 수 있도록 은혜의 말씀을 공급해 달라고 기도하고 있습니까? 말씀을 깨닫는 데도 은혜가 필요하지만, 말씀으로 살아가는 데도 은혜가 필요합니다. 그래서 기도가 계속되어야 합니다. 성화도 하나님의 일입니다. 진실의 길을 선택하고 주님의 말씀을 내 앞에 두면서도 우리는 그 일이 성령님의 은혜로운 선물임을 기억하며 기도해야 합니다.

31절은 시인이 이 기도 가운데 어떻게 변화했는지, 기도의 결과를 보여 줍니다. 그는 이제 주님의 증거에 딱 달라붙어 있습니다. '밀접하였다'가 25절의 '(진토에) 붙었다'와 같은 단어입니다. 기도를 시작할 때는 영혼이 죽음의 흙먼지에 들러붙어 있었는데, 이제는 주의 증거, 생명의 말씀에 들러붙어 있습니다. 말씀대로 살아가기를 소원하게 된 것입니다. 그러나 흙먼지 날리는 상황은 여전합니다. 말씀을 깨닫고, 힘을 얻었고, 거짓을 버리고 진리를 선택했다고 사람들이 손뼉 치지는 않을 겁니다. 오히려 공격할 겁니다. 그래서 시인은 하나님께 도움을 구합니다. "여호와여, 나로 수치를 당케 마소서!" 하나님께 보호를 요청하는 기도이며, 대적을 하나님의 심판에 맡기는 기도입니다. 그제야 시인은 달려갈 수 있게 됩니다. 이 땅에 속한 기준 때문에 마음을 짓누르던 근심이나 걱정으로부터 자유합니다. 기도에 응답하신 하나님이 말씀 사역으로 마음을 넓히시면, 죽어가던 영혼이 달려가는 이 일이 우리에게도 일어나는 것입니다.

결론

사랑하는 성도 여러분, 결론적으로, 이 땅의 유한한 기준에 죽기 직전까지 가버린, 아무 힘도 남아 있지 않던 영혼이 다시 말씀의 길로 달려가기 위하여 해야 할 일은 무엇입니까? 기도밖에 없습니다. 말씀을 가르치고 깨닫게 하실 분은 하나님이십니다. 어떤 길로 가야 할지 응답하실 분도 하나님이시고요. 기이한 구원의 역사를 이루실 분도, 말씀으로 힘주셔서 일으켜 세우실 분도 하나님이십니다. 은혜로이 말씀을 베푸셔서 거짓 행위를 제거하고, 진실의 길을 택하게 하실 분도 하나님이십니다. 하나님의 증거에 우리를 연합시키실 분도, 수치로부터 보호하시고 대적을 심판하실 분도, 우리 마음을 넓히실 분도 하나님이십니다. 우리에게는 기도하고, 기도하고, 기도하는 일이 주어졌습니다. 그런데 그 기도조차, 하나님의 은혜의 보좌 앞에 담대히 나아갈 수 있도록 그리스도께서 길을 여셨고 지금도 중보하고 계시죠. 또한 성령님께서 탄식하며 우리를 기도로 부르고 계십니다.

그러니 사랑하는 성도 여러분, 기도해야 하지 않겠습니까? 기도하지 않는 어리석은 삶을 돌이켜야 하지 않겠습니까? 말씀을 듣고, 듣고, 또 듣기 위해 기도합시다. 말씀 사역이 왕성하게 일어나도록 기도합시다. 설교를 듣기 전 공적 기도의 시간부터, 말씀을 깨닫게 해달라고 기도하고, 설교 후에 깨달은 말씀으로 기도하며, 한 주간 말씀으로 살아가게 해주시기를 매일 기도합시다. 그리하여 죽어가던 영혼이 회복되고, 주께서 넓혀주신 마음으로 함께 말씀의 길로 달려가는 저와 여러분이 되기를, 성부와 성자와 성령의 이름으로 간절히 축원합니다.

초청에서
강복 선언까지

/

11장 성경봉독

11장 성경 봉독

하늘이 땅보다 높음 같이,
하늘에서 내려서 땅을 적심 같이
(사 55:6-13)

신상훈 목사

너희는 여호와를 만날 만한 때에 찾으라 가까이 계실 때에 그를 부르라 악인
은 그 길을, 불의한 자는 그 생각을 버리고 여호와께로 돌아오라 그리하면 그
가 긍휼히 여기시리라 우리 하나님께로 나아오라 그가 널리 용서하시리라 여
호와의 말씀에 내 생각은 너희 생각과 다르며 내 길은 너희 길과 달라서 하늘
이 땅보다 높음 같이 내 길은 너희 길보다 높으며 내 생각은 너희 생각보다 높
으니라 비와 눈이 하늘에서 내려서는 다시 그리로 가지 않고 토지를 적시어서
싹이 나게 하며 열매가 맺게 하여 파종하는 자에게 종자를 주며 먹는 자에게
양식을 줌과 같이 내 입에서 나가는 말도 헛되이 내게로 돌아오지 아니하고
나의 뜻을 이루며 나의 명하여 보낸 일에 형통하리라 너희는 기쁨으로 나아가
며 평안히 인도함을 받을 것이요 산들과 작은 산들이 너희 앞에서 노래를 발
하고 들의 모든 나무가 손바닥을 칠 것이며 잣나무는 가시나무를 대신하여 나
며 화석류는 질려를 대신하여 날 것이라 이것이 여호와의 명예가 되며 영영한
표징이 되어 끊어지지 아니하리라 하시니라 _ 이사야 55장 6-13절

서론

우리는 오늘도 말씀 사역을 위한 공적 기도를 함께 드렸습니다. 말씀을 깨닫게 해주시기를 간구했습니다. 그리고 이어서 무엇을 했습니까? 제가 "이것은 살아 계신 하나님의 말씀입니다."라고 말한 후 성경을 읽었고 여러분은 들었지요. 이 순서를 우리는 성경 '봉독'이라고 칭합니다. 경건한 두려움으로 받들어 읽는다는 뜻이죠. 소리 내서 읽는다는 의미에서 성경 '낭독'이라고 부르기도 합니다. 제가 성경을 소리 내어 읽을 때 여러분도 경건한 두려움으로 들으셨습니까? 혹 오늘 설교를 위한 본문이니까 별생각 없이, 특별한 마음 없이 듣지는 않으셨나요? 성경 봉독 시간보다 지금 이 설교 시간에 훨씬 더 몰두하고 있지는 않습니까? 성경과 설교는 둘 다 하나님의 말씀입니다. 그런데 성경은 그 자체로 정확무오한 하나님의 말씀이라면, 설교는 조건적으로 하나님의 말씀이지요. 성경에 기록된 하나님의 말씀이 순수하고 완전하게, 바르고 신실하게 선포될 때 설교는 하나님의 말씀이 됩니다. 그러니 성경 봉독은 설교를 위한 보조적이고 부차적인 순서가 아니지요. 그 자체로 살아 계신 하나님의 살아 있는 말씀을 듣는 매우 중요한 예배 요소입니다.

초대교회부터 공예배 시간에 설교 본문 외에도 구약과 신약을 각각 낭독하는 전통이 있었습니다. 성경은 귀해서 개인적으로 가지고 있는 사람이 많지 않았습니다. 글을 못 읽는 사람들도 많았지요. 그래서 공예배 중의 성경 봉독은 평소에 성경을 읽고 들을 기회가 없는 사람들이 성경 전체를 들을 수 있는 귀한 시간이었습니다. 지금도 여전히 그 전통을 고수하는 교파들이 있지만, 이제 대부분의 개신교회에서는 찾아보기 힘든 모습이 되었습니다. 지금은 누구나 성경을 쉽게 손에 넣고 읽을 수 있다는 긍정적인 측면과, 예배 시간이 길어지는 것을 싫어하는 부정적인 측면이 함께 작용한 것 같습니다.

여러분, 성경 다 가지고 계시지요? 아주 어린 자녀들을 제외하고는 글도 다 읽을 줄 아시지요? 그러면 이 공예배 시간 외에 성경을 얼마나 읽으십니까? 혹 일주일 동안 성경으로 설교 본문을 읽고 듣는 것이 다가 아닙니까? 그렇다면 왜 우리는 성경을 읽지 않을까요? 각자나름의 이유가 있겠지요. 바쁘고 지치고 피곤해서겠지요. 그러나 여러분, 하나님의 말씀이 그 무엇보다 의지할 만하다고 믿는다면, 우리 삶에 놀라운 효력을 가져오는 것을 경험한다면, 우리가 아무리 바쁘고 힘들어도 성경을 읽지 않겠습니까? 사실 우리가 하나님 말씀을 온전히 믿지 못하는 겁니다. 깊이 누리지 못하는 겁니다. 이런 우리를 하나님께서는 불쌍하고 가엾게 여겨 주시고, 오늘도 한결같이 성경에 기록된 하나님의 말씀을 들려 주십니다. 우리가 그 말씀을 믿고 경험하도록 힘써 일하십니다.

본문은 이스라엘의 남은 자들을 향한 회개로의 부르심과 용서, 그리고 회복에 초점을 두고 있습니다. 이 모든 것을 하나님의 말씀이 행하고 이룬다는 것이 본문의 핵심입니다. 하나님의 말씀은 절대적으로 믿을 만하며 확실한 효력을 발휘한다는 강력한 선포입니다. 하나님은 우리가 쉽게 이해하도록 자연에서 가져온 세 가지 예시를 사용하십니다. 순서대로 살펴보면서 하나님의 말씀을 들을 때, 그 말씀을 믿고 경험하며 누리는 성경의 사람들이 다 되시기를 소망합니다.

하늘이 땅보다 높음 같이

먼저 8절을 보겠습니다. "여호와의 말씀에 내 생각은 너희 생각과 다르며 내 길은 너희 길과 달라서." 지난 주일에 우리는 '길'이 무엇을 의미하는지 들었지요. "내가 나의 행위를 고하매"(시 119:26) 할 때 '행위'가 문자 그대로 읽으면 '길들'이었습니다. 성경에서 '길'은 대부분 행위, 처신, 행동 방식을 가리킵니다. 그렇다면 여기 생각하고 행동하는 두 존재가 있습니다. 누구입니까? '나'와 '너희', 하나님과 인간입니다. 그런데 하나님은 내 생각은 너희 생각과 다르며 내 길은 너희 길과 다르다고 말씀하십니다. 단순히 서로 차이가 있다는 말이 아닙니다. 하나님은 단호하게 "내 생각은 너희 생각이 아니며, 너희의 길은 나의 길이 아니라"고 부정하고 계십니다. 정반대라는 겁니다. 그렇다면 둘 중 하나는 틀렸습니다. 잘못된 생각과 행동들로 관계를 어그러트리고 있습니다. 누구일까요?

9절에 곧바로 답이 제시됩니다. 자연에서 가져온 첫 번째 예시인데요. "하늘이 땅보다 높음 같이 내 길은 너희 길보다 높으며 내 생각은 너희 생각보다 높으니라." 여러분의 눈에 보이는 하늘과 땅의 거리는 얼마나 됩니까? 저 끝없이 솟아 있는 하늘은 이 땅보다 도대체 얼마나 높습니까? 측량할 수 없지요. 하늘에 계신 하나님의 생각과 길은 땅 위에 사는 우리의 것과는 비교할 수 없을 정도로 지극히 높습니다. 하나님은 영원 전부터 스스로 계신 분입니다. 우리 인간뿐 아니라 만물을 창조하신 분입니다. 그분의 세계는 거짓이 전혀 없는 참의 세계입니다. 하나님의 생각과 행동은 전적으로 선하고 옳으며 완벽합니다. 그분의 생각은 평안이요, 장래에 소망을 주는 생각입니다(렘 29:11). 그분의 길은 즐거운 길입니다(잠 3:17). 돋는 햇살 같아서 점점 밝아져 대낮처럼 환히 빛나는 길입니다(잠 4:18). 반면에 우리의 생각과 행동은 원죄로 인해 비뚤어졌습니다. 우리는 태어날 때부터 하나님께 이르지 못하는 단절된 길 위에 서 있습니다. 그 길은 어둡고 캄캄해서 우리가 걸려 넘어져도 무엇에 걸렸는지 알지 못합니다(잠 4:19). 우리 눈에는 바른길처럼 보이지만, 끝내 죽음의 길이고 망하는 길입니다(시 1:6; 잠 14:12). 우리의 생각과 행동은 온통 땅의 것에 사로잡혀 있습니다. 우리 영혼은 진토에 엉겨 붙어 있습니다. 자, 누가 틀렸습니까? 누구의 잘못입니까? 당연히 우리이지요.

하나님이 맞고 우리가 틀렸으니, 하나님과 함께하기 위해서는 우리의 생각과 길을 버려야 합니다. 하나님께 돌아가야 합니다. 하나님의 생각과 길을 받아들여야 합니다. 그래서 이사야 선지자는 외칩니다. "악인은 그 길을, 불의한 자는 그 생각을 버리고 여호와께로 돌아오라." 그런데 땅에 속해 있는 유한한 우리는 하늘보다 더 높고 무한하신 하나님의 생각과 길을 도무지 알 수 없습니다. 어떻게 죄를 버리고 죄로부터 돌아설 수 있는지, 어떻게 악한 행동뿐 아니라 악한 생각까지 끊어낼 수 있는지, 어떻게 자기를 부인하고 하나님께 돌아갈 수 있는지 전혀 모릅니다. 아니, 심지어 우리가 얼마나 비참한 상태에 놓여 있는지조차 알지 못합니다. 하나님이 먼저 알려 주시기 전까지는 말이죠. 그런데 하나님이 알려 주셨습니다. 우리의 죄에 대해서, 우리의 상상을 초월하는 하나님의 은혜에 대해서, 하늘보다 높은 당신의 생각과 길을 땅과 같이 낮은 우리에게 보여 주셨습니다. 기록된 하나님의 말씀, 성경을 통해서요.

하늘에서 내려서 땅을 적심 같이

그러나 안타깝게도 우리는 이 땅 위의 가치관, 문화, 지식, 전문가들의 조언, 내 경험에 깊이 젖어 있습니다. 그래서 정말로 하나님의 말씀이 다 맞는지, 진정 그대로 이루어지는 것인지 의심합니다. 성경에 기록된 말씀이 고단한 내 삶에, 어둡고 악한 이 땅 위에 별로 효력을 발휘하지 못하는 것 같아서 갸우뚱합니다. 하나님은 그런 우리에게 또 다른 자연의 예를 들어 말씀하십니다. "비와 눈이 하늘에서 내려서는 다시 그리로 가지 않고 토지를 적시어서 싹이 나게 하며 열매가 맺게 하여 파종하는 자에게 종자를 주며 먹는 자에게 양식을 줌과 같이 내 입에서 나가는 말도 헛되이 내게로 돌아오지 아니하고 나의 뜻을 이루며 나의 명하여 보낸 일에 형통하리라."

  하늘에서 내리는 비는 우리에게 굉장히 친숙하지요. 그런데 익숙하다고 해서 당연하거나 중요하지 않은 것이 결코 아닙니다. 비는 아무 때나 우리가 원한다고 내리지 않습니다. 값을 내고 살 수 있는 것도 아닙니다. 하늘로부터 일방적으로 주어지는 선물입니다. 비는 생명과 사망을 초래합니다. 삶과 죽음을 결정합니다. 땅과 초목뿐 아니라, 곡식에 의존하는 우리 인간에게도 그러합니다. 적절한 때에 넉넉히 내리는 비는 땅을 적셔 싹이 나게 하고 열매를 맺게 하지요. 농부에게 씨앗을 주고, 모든 사람에게 필요한 양식을 줍니다. 비는 일단 내리기만 하면, 반드시 목적을 성취합니다. 효과적으로 능력을 발휘합니다. 땅과 거기 사는 우리의 필요를 채워주지 않고 하늘로 되돌아가는 법이 없습니다. 비가 내려서 온 땅 위에 작용하는 과정은 우리 눈에 잘 보이지도 않고 그 결과도 매우 더디게 나타나지만, 그럼에도 비는 목적을 정확히 수행합니다.

하나님의 말씀은 비와 같습니다. 하늘로부터 무조건적으로 주어진 선물입니다. 비가 우리에게 먹을거리를 제공하듯이, 하나님의 말씀은 우리를 먹이고 살리는 생명의 양식입니다. 사람은 떡으로만 사는 것이 아니라 하나님의 말씀으로 삽니다(신 8:3; 마 4:4). 하나님의 말씀에 우리의 생사가 달려 있습니다. 그렇습니다. 생명의 원천은 비가 아니라 하나님의 말씀입니다. 하나님이 말씀을 땅에 보내시면, 그 말씀은 속히 달려 순식간에 퍼져 나갑니다(시 147:15). 반드시 하나님이 기뻐하시는 뜻을 이룹니다. 하나님이 보내신 목적을 성취하지 않은 채로 되돌아가는 법이 없습니다. 비가 땅에 자양분을 주지 않을 리 없는 것처럼, 하나님의 말씀이 그분의 백성을 부요하고 충만하게 하는 데 실패할 리가 없습니다. 하나님은 공허한 말씀을 하지 않으십니다. "너희는 들으라!", "내게 듣고 들을지어다!" 강조하시는 이유는, 하나님의 말씀이 정확히 그대로 이루어질 것이기 때문입니다. 하나님의 말씀이 미치는 효력은 사실 비와 견줄 수 없지요. 훨씬 더 큽니다. 비는 내리지 않을 때가 많습니다. 내린다 해도 일시적입니다. 그러나 하나님의 말씀은 영원히 굳게 서 있습니다(시 119:89; 사 40:8).

하나님은 땅 위에 사는 우리에게 하늘의 생각과 길을 드러내시기 위해 말씀하셨습니다. 그분의 말씀은 가장 합당한 때에 가장 선한 방식으로 이루어져 왔습니다. 말씀이신 그리스도께서 육신이 되어 우리 가운데 거하시고 행하신 일들은, 하나님의 선한 생각과 길에 대한 최고의 계시요 증거입니다. 이 땅과 우리 자신을 조금만 더 영적인 눈으로 바라보면, 우리는 하나님의 말씀이 능력을 발휘하여 하나님의 선하신 뜻을 이루고 있음을 발견할 수 있습니다. 비록 시간이 오래 걸릴지라도 말입니다. 앞으로도 하나님의 말씀은 하나도 빠짐없이 모두 온전히 이루어질 것입니다. 일점일획도 실패하지 않을 것입니다. "만군의 여호와께서 맹세하여 가라사대 나의 생각한 것이 반드시 되며 나의 경영한 것이 반드시 이루리라"(사 14:24). "그는 그 언약 곧 천대에 명하신 말씀을 영원히 기억하셨으니"(시 105:8). "너희는 그 언약 곧 천대에 명하신 말씀을 영원히 기억할찌어다"(대상 16:15). 하나님이 영원히 기억하고 이루겠다고 맹세하신 말씀을 우리도 영원히 기억해야 합니다. 그러기 위해서는 성경을 들어야 합니다. 성경을 알아야 합니다. 성경을 믿어야 합니다. 신뢰할 수 없는 우리의 생각과 길이 아니라, 절대적으로 유효하며 믿을 수 있는 하나님의 말씀을 들읍시다. 세상의 말이 아니라 하나님의 말씀에 흠뻑 젖어서, 그분의 생각과 길을 따르는 우리가 되기를 소망합니다.

잣나무는 가시나무를 대신하여 나며 화석류는 질려를 대신하여 날 것이라

계속해서 하나님은 약속의 말씀을 주십니다. "너희는 기쁨으로 나아가며 평안히 인도함을 받을 것이요." 여기 '나아간다(야짜)'라는 말은 당시 이스라엘 백성들에게 출애굽을 떠오르게 했을 것입니다(출 12:41-42 등). 조상들이 애굽에서 나온 것처럼 우리도 바벨론에서 반드시 나올 것이라는 소망과 확신을 갖도록 말이죠. 그러나 이것은 문자적인 포로 귀환에 한정되지 않습니다. 그 이상을 의미합니다. 바벨론 포로 귀환은 출애굽과 마찬가지로 하나님이 어떻게 자기 백성을 그들의 죄에서 구원하시고 회복시키시는지를 보여 주기 때문입니다. 예루살렘으로의 귀환 그 자체가 하나님과의 관계를 보장하지는 않습니다. 거룩하신 하나님과 함께 살려면 그분의 백성도 거룩해야 합니다. 그런데 하나님은 죄의 종노릇 하던 자신의 모든 백성이 죄에서 풀려날 뿐만 아니라, 거룩하게 변화될 것이라고 선언하십니다. 땅 위에 임하신 말씀, 예수 그리스도의 사역의 목적이자 결과이지요.

하나님은 자연으로부터 가져온 마지막 예시를 사용하십니다. "산들과 작은 산들이 너희 앞에서 노래를 발하고 들의 모든 나무가 손뼉을 칠 것이며 잣나무는 가시나무를 대신하여 나며 화석류는 찔레를 대신하여 날 것이라." 모두 하나님의 말씀이 일으키는 커다란 변화들입니다. 가시나무와 찔레는 죄로 말미암은 저주와 심판을 상징합니다(창 3:18; 사 7:23). 잣나무와 화석류는 집과 성전의 재료로, 은혜와 영광을 상징하지요(왕상 9:11; 사 60:13). 우리를 식물에 비유한다면, 가시나무와 찔레 같이 상처 주고 해만 끼쳤던 무익한 존재들이 잣나무와 화석류 같이 아름답고 유익한 자들로 변화된다는 뜻이 됩니다. 한편 우리를 땅에 비유할 수도 있습니다. 그렇다면 메마르고 부패해서 그저 죽음과 저주가 자라던 우리 마음 밭이 근본적으로 달라져서 생명과 복을 열매 맺는다는 의미입니다. 무엇이 되었든, 죄인들이 죄에서 해방되어 자유를 누리고 거룩해지는 것입니다. 이것은 산들과 나무들, 온 창조 세계가 손뼉 치며 노래하는 이유가 되지요. 우리 때문에 함께 탄식하고 고통당하던 피조물들이 썩어짐의 종노릇 한 데서 해방되어 자유에 이르는 것을 고대할 수 있기 때문입니다(사 35:1-2; 44:23; 49:13; 시 96:11-13; 롬 8장).

이 모든 일들을 하나님의 말씀이 행합니다. 하나님의 살아 있는 말씀이 황무지와 같은 우리 마음의 생각과 뜻을 감찰합니다(히 4:12). 부패하고 비참한 우리의 상태를 꿰뚫어 판단하고 폭로합니다. 그러고는 열심히 갈아엎어 좋은 땅으로 일군 다음, 씨를 뿌리고 싹을 틔워 마침내 자라서 열매 맺게 합니다. 오래 걸리죠. 하루하루 눈에 띄는 변화를 기대하긴 어렵습니다. 그래서 우리는 말씀을 좀처럼 신뢰하지 못합니다. 꾹 참고 견디며 기다리지 못합니다. 그러나 여러분, 더딜지라도 하나님의 말씀은 유효합니다. 살아서 역사합니다. 어떻게 확신할 수 있나요? "이것이 여호와의 명예가 되며 영영한 표징이 되어 끊어지지 아니하리라." 구원받고 변화된 사람들이 하나님의 이름을 세상에 널리 알리고 드높이는 표징이라고 하나님께서 직접 말씀하셨습니다. 우리의 거룩한 변화는 하나님이 어떤 분이신지를 보여 주는 증거로서 영원히 사라지지 않는다고 하십니다. 하나님 자신의 명예가 걸려 있는데, 약속하신 대로 행하시지 않겠습니까? 우리를 구원하시고 거룩하게 만드시려고 자신의 아들을 내어 주시지 않았습니까? 말씀의 열매가 우리 하나님의 가장 자랑스럽고 영광스러운 이름이며 기념입니다. 그러니 말씀의 능력을 믿으십시오. 성경이 진리이며 정답임을 믿으시고, 끊임없이 읽고 듣고 묵상하며 변화되시기 바랍니다.

만날 만한 때에 찾으라 가까이 계실 때에 부르라

본문은 우리에게 소망과 경고를 동시에 주고 있습니다. "너희는 여호와를 만날 만한 때에 찾으라, 가까이 계실 때에 그를 부르라." 하나님이 우리 가까이 와 계십니다. 우리 곁에서 말씀으로 자신을 보여 주고 계십니다. 말씀 안에서 자신을 나타내고 계십니다. 가까이 계시니 얼마든지 만날 수 있습니다. 하나님을 찾고 부르는 것이 결코 헛되지 않습니다. 하나님은 언제라도 우리에게 발견되고 응답하실 준비가 되어 있으십니다. 소망이 있지요. 그러나 그것이 항상 가능한 것은 아닙니다. 이 땅 위에서 하나님을 만날 만한 때, 하나님이 가까이 계실 때는 정해져 있습니다. 영원하지 않습니다. 하나님이 멀리 계셔서 더 이상 찾고 부르지 못하는 때가 다가오고 있습니다. 경고이지요. 여러분, 말씀이 우리 귓가에 울려 퍼지는 지금, 지금이 하나님께 가까이 나아가야 할 때입니다. 하나님의 말씀을 들으십시오. 성경을 가까이하시기 바랍니다. 그렇지 않으면, 우리 스스로 하나님의 때를 거부하고 기회를 걷어차는 것과 다름없습니다. 말씀에 귀를 기울이고 회개하여 하나님께 돌아가면, 하나님이 언제든지 너그럽게 맞아주실 것입니다.

적용 및 결론

사랑하는 언약의 자녀 여러분, 여러분을 구원하고 거룩하게 변화시키는 것이 우리 하나님의 자랑이요, 영광입니다. 그렇기 때문에 하나님이 그 일을 반드시 행하실 것입니다. 하나님은 하늘과 땅의 무한한 간격을 뛰어넘어 여러분을 회개로 부르고 계십니다. 말씀을 통해서요. 성경을 열심히 읽고 들으세요. '나의 모든 생각과 행동이 참 악하고 잘못되었구나, 내 영혼과 육체가 전적으로 더럽구나, 하나님과 정반대이구나, 하나님과 나는 끊어져 있구나.' 이렇게 인정하고 한없는 슬픔이 찾아올 때까지 성경의 거침없는 폭로를 들어야 합니다. 그리고 예수 그리스도께 피하세요. 그분이 하나님께 향하는 유일한 길, 생명의 길, 영원한 길입니다. 여러분이 죄를 크게 느끼면 느낄수록, 여러분을 향한 하나님의 은혜를 풍성히 누릴 겁니다. 하나님이 여러분을 불쌍히 여기시고 너그럽게 용서해 주실 것이기 때문입니다. 그러니 만날 만한 때에, 가까이 계실 때에 죄 있는 모습 그대로 예수 그리스도께 가시기를 간곡히 부탁합니다.

사랑하는 성도 여러분, 만날 만한 때에 찾으라, 가까이 계실 때에 부르라는 말씀은 비단 우리 자녀들이나 불신자들만을 향한 말씀이 아닙니다. 구원받은 우리가 성경을 읽고 듣지 않는다는 것은, 나는 죄인이 아니라고 우기는 것과 마찬가지입니다. 나는 선하고 의로운 선택만 할 수 있다고 자만하는 겁니다. 하나님의 말씀은 능력이 없다고, 내 삶에 아무런 영향을 미치지 못한다고 무시하는 겁니다. 그렇게 생각하지 않으시지요? 그렇다면 성경을 읽으십시오. 여러분에게 글을 읽을 수 있는 능력을 주신 하나님의 의도를 잊지 마시기 바랍니다. 공예배에서 충분히 할애하지 못하는 성경 봉독 시간을 각자의 자리에서 채워 나가십시오. 혼자 하는 것이 아닙니다. 함께 읽고 있습니다. 소리 내서 하나님의 말씀을 크게 읽고 들으십시오. 무엇을 생각하고 무엇을 행해야 할지 들려주실 것입니다. 여러분의 영혼을 먹이시고 살리실 것입니다. 나와 우리 교회 전체를 변화시키는 말씀의 능력과 효력을 반드시 경험할 것입니다. 이 자리에 있는 우리 모두가 하나님의 말씀을 듣고, 또 듣고, 거룩하게 변화되어서 온 세상에 하나님의 이름을 드러내는 영원한 표징이 되기를 성부와 성자와 성령의 이름으로 축복합니다.

초청에서
강복 선언까지

/

12장 설교

12장 설교

설교의 중심
(행 2:14-24)

정중현 목사

베드로가 열한 사도와 같이 서서 소리를 높여 가로되 유대인들과 예루살렘에 사는 모든 사람들아 이 일을 너희로 알게 할 것이니 내 말에 귀를 기울이라 때가 제 삼시니 너희 생각과 같이 이 사람들이 취한 것이 아니라 이는 곧 선지자 요엘로 말씀하신 것이니 일렀으되 하나님이 가라사대 말세에 내가 내 영으로 모든 육체에게 부어 주리니 너희의 자녀들은 예언할 것이요 너희의 젊은이들은 환상을 보고 너희의 늙은이들은 꿈을 꾸리라 그때에 내가 내 영으로 내 남종과 여종들에게 부어주리니 저희가 예언할 것이요 또 내가 위로 하늘에서는 기사와 아래로 땅에서는 징조를 베풀리니 곧 피와 불과 연기로다 주의 크고 영화로운 날이 이르기 전에 해가 변하여 어두워지고 달이 변하여 피가 되리라 누구든지 주의 이름을 부르는 자는 구원을 얻으리라 하였느니라 이스라엘 사람들아 이 말을 들으라 너희도 아는 바에 하나님께서 나사렛 예수로 큰 권능과 기사와 표적을 너희 가운데서 베푸사 너희 앞에서 그를 증거하셨느니라 그가 하나님의 정하신 뜻과 미리 아신 대로 내어 준 바 되었거늘 너희가 법 없는 자들의 손을 빌어 못 박아 죽였으나 하나님께서 사망의 고통을 풀어 살리셨으니 이는 그가 사망에게 매여 있을 수 없었음이라 _ 사도행전 2장 14-24절

서론

우리 교회는 설교가 예배의 전부는 아니지만, 가장 중요한 순서라고 고백합니다(교회 예배지침). 그래서도 여러분에게 설교의 중요성에 대해 설명할 필요는 없을 것입니다. 그런데 '설교가 무엇입니까?'라고 물으면 여러분은 무엇이라고 답하시겠습니까? 조금 당황스러우시죠? 아마 우리의 답이 다 똑같지는 않을 겁니다. 그러나 적어도 '설교의 중심에 무엇이 있어야 하는가? 즉 1시간 설교를 하든, 10분 설교를 하든, 1분 설교를 하든, 무엇이 담겨 있으면 설교인가?' 이 질문에 대해서는 우리의 답이 다 똑같아야 합니다. 특히 설교자와 청중의 답이 같아야 합니다. 만일 이 답이 다르면 그건 비극입니다. 왜인가요? 전하는 바와 기대하는 바가 다르기 때문입니다. 설교자는 열심히 전달하는데 듣는 회중은 영양실조에 걸릴 겁니다. 저와 여러분이 적어도 설교의 중심에 무엇이 있어야 하는가에 대한 생각은 같아야 합니다. 오늘, 설교의 중심에 무엇이 있어야 하는지, 중심이 바로 잡힌 설교는 어떤 힘이 있는지 함께 살펴보려 합니다.

본문: 성령강림 후 사도의 첫 설교

오늘 읽은 본문은 '설교의 중심'을 가장 잘 확인할 수 있는 말씀 가운데 하나입니다. 우선 이 본문 자체가 설교문입니다. 설교자는, 베드로입니다. 즉 오늘 본문은 사도의 설교문입니다. 언제 했던 설교인가요? 오늘이 성령강림절인데, 첫 번째 성령강림절에 선포된 설교입니다. 즉 오순절에 성령님이 오시고, 처음으로 선포된 사도의 설교라 의미가 큽니다.

성령님이 오시자마자 하신 일이 무엇일까요? 첫째, 베드로라는 설교자를 세우시고, 둘째, 설교를 들을 수천 명의 청중을 모으시고, 셋째, 여러 외국어로 설교를 선포하게 하셨다. 이렇게 정리할 수 있습니다. 즉 사도행전 2장은 설교와 관련하여 매우 중요한 장이라 할 수 있습니다.

사도들은 성령님이 말씀하게 하시는 대로 외국어로 말하기 시작했습니다. 이것을 '방언 기도'라고 오해하는 분들이 많은데요, 설교였습니다. 거기 열다섯 개 지역에서 온 유대교 신자들에게 복음을 설교한 것입니다. 9절부터 보면 이 사람들이 어디서 왔는지가 나오는데요, 지금 우리가 알고 있는 나라 이름으로 하자면, 이란, 이라크, 요르단, 사우디아라비아에 해당하는 지역과 튀르키예, 유럽의 로마와 그리스, 아프리카의 리비아와 알제리, 모로코 지역에서 온 사람들이었죠. 이들이 같은 말을 사용했을 리 없겠죠? 아마도 열두 사도가 열두 개의 언어로 복음을 전하지 않았을까 생각합니다. 정말 놀라운 광경이죠! 성령님은 교회의 반석인 베드로와 사도들의 입술을 통해, 온 세계로 전파될 설교의 기초석을 놓으셨습니다. 교회가 선포할 설교의 '중심'에 무엇이 있어야 하는지를, 첫 성령강림절 사도의 설교를 통해 알려주고 계십니다.

설교의 중심, 그리스도

그러면 베드로가 선포한 설교의 중심에는 무엇이 있습니까? 네, 그리스도가 있습니다. 설교의 중심에는 그리스도가 있어야 합니다. 성령님께서는 '성경에서 그리스도의 죽음과 부활을 선포하는 것이 설교'라는 것을 보여 주고 있습니다.

과연 그러한지 베드로의 설교를 봅시다. 그의 설교는 사실 아주 간단한 구조로 되어 있습니다. 구약 성경을 읽고 그리스도를 설교하고, 구약 성경을 읽고 그리스도를 설교합니다.

베드로는 요엘서를 인용해서 예수님의 죽음을 설교합니다. 베드로는 너희가 보고 있는 이 놀라운 일을 요엘 선지자가 이미 예언했다면서 요엘서 2장을 인용하죠. 요엘은 20절에 나오는 "주의 크고 영화로운 날", 줄여서 '주의 날'이라 하는 이 마지막 심판의 날을 선포한 선지자입니다. 요엘은 '주의 날'에 '모든 육체에 성령이 부어지는 일'이 있을 것이라 예언했습니다. 베드로는 그 일이 지금 일어나고 있다고 설명하고 있습니다.

그런데 베드로는 이 말씀에서 주의 날 직전에 심판이 있을 것이라는 내용에 주목합니다. 20절을 보면, 주님의 크고 영화로운 날 직전에 무슨 일이 있다고 합니까? "해가 어두워지고 달이 피가 되는 일"이 먼저 일어난다고 합니다. 여러분, 성령님이 오시기 전에 이런 심판이 있었나요? 오순절 이전에 해가 어두워지고 피가 흐른 적이 있습니까? 네, 예수님이 십자가에서 피 흘려 숨을 거두셨을 때 해가 빛을 잃었지요. 베드로는 주의 날 직전에 있을 심판을 '예수님이 못 박혀 죽으신 일'과 연결합니다. 그러니까 요약하면 다음과 같습니다. '첫째, 오순절에 일어난 놀라운 일은 요엘이 주의 날에 일어난다고 예언했던 일이다. 둘째, 그런데 이 놀라운 일 직전에 심판이 있을 거라고 했다. 셋째, 그 심판을 받으신 분이 바로 너희가 십자가에 못 박은 예수님이시다.' 이렇게 베드로는 요엘서로 그리스도의 죽음을 설교합니다.

이후 내용도 마찬가지입니다. 베드로는 시편에서 예수님의 부활을 설교하지요. 25절부터 시편 16편을 인용합니다. 베드로가 전한 설교는 다음과 같습니다. '첫째, 하나님이 다윗의 입술을 통해 주의 거룩한 자를 썩지 않게 하겠다고 말씀하셨다. 둘째, 다윗은 죽었고, 그 육체는 썩었다. 셋째, 그러면 하나님이 썩지 않게 하신 거룩한 분이 누구냐? 바로 부활하신 예수 그리스도시다.' 그래서 31절을 보시면, 다윗이 미리 본 것이 바로 '예수 그리스도의 부활'이었다고 결론짓습니다. 베드로는 이렇게 시편에서 그리스도의 부활을 설교합니다. 이어서 110편을 인용하는데 마찬가지입니다.

한마디로, 베드로는 '구약 성경으로 예수님의 죽음과 부활을 설교'합니다. 지금 우리는 예수님도 알고 구약 성경도 알고 하니까 이게 당연하게 느껴집니다. 그러나 베드로가 이렇게 설교하기 전까지, 요엘서와 시편에 기록된 이 말씀들이 예수님의 죽음과 부활에 대한 말씀이라는 것을 누가 알았겠습니까? 우리는 이 놀라운 설교를 가능하게 하시려고 성령님이 오셨음을 봅니다. 성경으로, 그리스도가 중심에 있는 설교를 가능하게 하시려고 성령님이 오셨다는 사실을 발견하게 되지요.

　베드로만 이런 설교를 했을까요? 아닙니다. 바울이 전한 설교의 중심에도 그리스도가 있습니다. 베드로와 바울뿐입니까? 신약 성경에는 '설교하다'에 해당하는 여러 동사가 있는데요, '가르치다, 증거하다, 선포하다, 전하다'와 같은 단어들입니다. 그 단어들의 '목적어'를 조사해 보면 신약 성경을 기록한 사도들이 도대체 '무엇을' 설교했는지 드러나는데, 매우 놀랍습니다.

　사도들이 무엇을 설교했습니까? "예수"(행 8:35), "주 예수"(행 11:20), "그리스도"(빌 1:15, 18), "예수는 그리스도"(행 5:42; 18:5; 17:3; 18:28), "예수에 관한 것"(행 18:25; 28:31), "예수의 일"(행 28:23), "예수 그리스도의 증거"(계 1:2), "하나님의 아들 예수 그리스도"(고후 1:19), "그 아들"(갈 1:16), "예수가 하나님의 아들이심"(행 9:20), "하나님의 나라"(행 20:25; 28:23, 31), "복음"(행 8:25, 35, 40; 14:7, 15, 21; 롬 1:15; 고전 9:14, 16, 18; 갈 1:8), "그리스도의 복음"(롬 15:19), "화평의 복음"(행 10:36), "하나님의 은혜의 복음"(행 20:24), "복음과 예수 그리스도"(롬 16:25), "십자가에 못 박히신 그리스도"(고전 1:23), "하나님이 그리스도를 다시 살리셨음"(고전 15:15), "주 예수의 부활"(행 1:22; 4:33), "예수를 들어 죽은 자 가운데서 부활하는 도"(행 4:2), "우리 주 예수 그리스도께 대한 믿음"(행 20:21), "예수를 믿는 자가 다 죄 사함 받는다는 것"(행 10:43), "죄 사함"(행 13:38), "은혜의 말씀"(행 14:3), "측량할 수 없는 그리스도의 풍성"(엡 3:8), "영원한 생명"(요일 1:2)! 이처럼 사도들은 그리스도를 설교했습니다.

성령님이 영감하셔서 성경으로 기록되게 하신 사도들의 설교의 중심에 이처럼 '그리스도'가 있습니다. 이런 설교를 다른 목적을 가진 설교와 구별하기 위해서 '그리스도 중심적 설교'라고 부르기도 합니다. 그리스도 중심적 설교란, 신구약 성경을 통해서 예수 그리스도를 드러내고, 그 그리스도로 말미암는 하나님의 구원을 선포하는 설교를 말합니다.

그러면 신약의 사도들이 '그리스도 중심적인 설교법'을 만들어 낸 것일까요? 아닙니다. 예수님이 이렇게 설교하셨기 때문에 사도들도 이렇게 설교한 것입니다. 부활하신 예수님께서 엠마오로 가던 두 제자를 만나셨을 때 무엇을 말씀하셨습니까? "이에 모세와 및 모든 선지자의 글로 시작하여 모든 성경에 쓴바 자기에 관한 것을 자세히 설명하"셨습니다(눅 24:27). 이후에 열한 제자에게도 "내가 너희와 함께 있을 때에 너희에게 말한바 곧 모세의 율법과 선지자의 글과 시편에 나를 가리켜 기록된 모든 것이 이루어져야 하리라 한 말이 이것이라." 하시며 설교하셨습니다(눅 24:44). 이 모세와 선지자와 시편이 무엇입니까? 유대인이 사용하던 구약 성경입니다. 예수님은 구약 성경에 기록된 "모든 것"이 "나를 가리켜 기록된 것"이라 하셨습니다. 사도들은 주님께서 가르쳐 주신 대로, 구약 성경으로 그리스도를 설교한 것입니다.

그러니까 성도 여러분, 제가 뭐라고, 다른 특별한 설교를 하겠습니까? 여러분 중에는 '아니, 목사님은 왜 설교에서 그리스도를 드러내려고 저렇게 애를 쓸까?' 궁금하셨던 분도 있을 것 같습니다. 제가 모든 성경에서 그리스도를 설교하려고 하는 것은 이것이 너무나 분명한 성경의 가르침이기 때문입니다. 예수님의 말씀에 따르면, 그리스도를 설교해야 모든 성경을 제대로 설교할 수 있습니다. 그리스도를 설교해야 모든 교리를 설교할 수 있고, 그리스도를 설교해야 삼위일체 하나님을 설교할 수 있습니다. 따라서 성도 여러분, 우리 교회 설교자들에게 신구약 성경을 통해 그리스도의 복음을 설교하는 이것 외에는 다른 설교를 기대하지 마십시오. 저를 비롯한 우리 교회 목사님들과 교수님까지, 이 점에서 같은 설교를 하고 있다는 공통의 인식과 확신이 있습니다. 여러분은 한 사람, 한 사람 설교 스타일이 다르다고 느끼실 수 있지만, 저희 안에서는 다 똑같은 설교라고 보고 있습니다. 중심이 같기 때문입니다. 그래서 코로나 시절, 여러 예배 장소에서 예배할 때 아무 거리낌 없이 여러 목사가 한 사람의 설교를 대독하여 설교할 수 있었던 것입니다.

우리 교회 모든 설교는 크게 이런 방향을 가지고 있음을 기억하십시오. '보십시오, 여러분! 이 말씀도 예수님을 증거합니다. 그리고 이 말씀이 증거하는 예수님이 우리를 죄에서 구원하십니다! 그리스도를 보십시오! 그를 통해 드러나는 삼위 하나님의 영광을 보십시오! 그리스도와 그의 아버지와 그의 성령께서 충분히 구원하실 수 있음을 믿고 살아갑시다!' 이것이 큰 틀에서 모든 설교의 흐름이라는 걸 기억하신다면 설교가 한결 쉽게 들릴 것입니다.

그리스도 중심적 설교의 능력

그렇다면, 성경으로 그리스도를 설교할 때 성령님은 어떤 일을 하실까요? 성령님께서는 흑암에 있는 우리에게 빛을 비추십니다. 성경이 선포하는 그리스도를 통해 세계와 하나님과 나에 대해 눈을 뜨게 만드십니다. 그리고 주의 이름을 부르도록 인도하십니다. 오직 주님께 구원의 소망을 두게 하시지요. 이에 대해 오늘 본문을 통해 살펴봅시다.

그리스도를 설교함으로 성령님은 무슨 일을 하십니까?

첫째, 그리스도 안에서 '세계'를 제대로 볼 수 있게 빛을 비추어 주십니다.

당시 유대인들은 구약 성경을 통해 이런 세계관을 가지고 있었습니다. '말세에 하나님의 심판이 있고, 그날 세상은 끝난다!' 이것이 성경의 '주의 날'에 대한 합리적 해석이었습니다. 그러나 성령님이 베드로에게 새롭게 깨닫게 하신 것이 무엇입니까? "해가 변하여 어두워지고, 달이 변하여 피가 되는" 말세의 심판을, 예수님이 받으셨다는 것입니다. 예수님이 물과 "피"를 다 쏟으시고 숨을 거두실 때 낮 열두 시부터 세 시까지 "해가 빛을 잃고 온 땅에 어둠이" 임했습니다(눅 23:44). 마지막 날 죄인이 받아야 할 심판이 예수님께 임한 겁니다. 그렇게 예수님은 '심판받고, 끝'일 줄 알았던 유대인의 '말세'를 적어도 2천 년 넘게 확장하셨습니다. '주의 날'이 하루면 끝날 줄 알았는데 초림과 재림으로 말세를 확장하셔서, 교회가 예루살렘과 유대와 사마리아와 땅끝 모든 사람에게 복음을 선포할 수 있는 시대를 열어버리신 것입니다. 베드로가 전한 그리스도 중심의 설교 한 편으로 유대인의 세계관이 완전히 뒤집어진 것입니다. 이처럼 성령님은 설교를 통해 사람들이 그리스도 안에서 이 세계를 제대로 분별하게 하시고 그들을 구원의 세계로 인도하십니다.

둘째, 그리스도 안에서 '참되신 하나님의 영광'을 보도록 빛을 비추어 주십니다.

베드로가 "주의 이름을 부르는 자는 구원을 얻으리라!" 하며 선포했을 때 유대인은 이 '주의 이름'을 무엇으로 생각했을까요? 아마도 '여호와'라고 생각하고 있었을 겁니다. 그런데 베드로는 이 설교를 통해 무엇을 말합니까? 36절을 읽어봅시다. "그런즉 이스라엘 온 집이 정녕 알찌니 너희가 십자가에 못 박은 이 예수를 하나님이 주와 그리스도가 되게 하셨느니라." '하나님께서 예수님이 주와 그리스도라는 사실을 증거하셨다'는 뜻입니다. 베드로는 '구원을 위해 불러야 할 주의 이름은 바로 부활하신 예수 그리스도시다. 그분은 하나님의 아들 하나님이시며, 지금 일어나는 이 모든 일이 예수님이 보내신 성령님의 일이다!'라고 선포한 겁니다. 이처럼 성령님은 그리스도를 설교함으로 유일하고 참되신 성부 성자 성령 삼위 하나님의 영광으로 우리를 인도하십니다.

셋째, 그리스도 안에서 '우리의 진실'을 보도록, '우리의 죄와 비참함'을 보도록 빛을 비추어 주십니다.

베드로가 "너희가 십자가에 예수를 못 박았다!"라고 선포하자, 청중에게서 희한한 일이 벌어집니다. 37절에, "저희가 이 말을 듣고 마음이 찔려"서 무엇이라고 말하나요? "형제들아, 우리가 어찌할꼬?" 합니다. '우리가 예수님을 십자가에 못 박았다!'고 인정하면서 자기 죄를 슬퍼하고 회개한 것입니다. 하지만 여러분, 생각해 보십시오. 이들이 예수님을 못 박았습니까? 물론 이들 중에는 유월절에 예루살렘에 왔다가 "예수를 십자가에 못 박아라!" 했던 사람들도 있었을 겁니다. 그러나 그들은 군중이었습니다. 십자가 사건의 주동자들은 장로들, 대제사장과 서기관들(눅 22:66), 즉 종교 지도자들이었습니다. "너희가 예수를 못 박았다!"라고 베드로가 선포할 때, '무슨 말이야? 난 아니야!' 할 수도 있는 자들이었습니다. 그러나 성령님은 그들 중 3천 명이 그리스도 안에서 자신의 진실을 보게 하셨습니다. 자신의 죄와 비참을 깨닫게 하신 것입니다. 그러자 그들은 '내가 예수님을 십자가에 못 박았다. 그리스도께 내린 죽음의 심판이 사실 내 죄 때문이다.'라고 인정하게 됩니다. 아담의 죄를 자기의 죄로 받아들인 것입니다. 성령님께서는 그리스도 중심적 설교를 통해 유대인들이 주의 이름을 부르며, 죄 사함과 회개와 믿음과 세례의 자리로 나아오도록 인도하셨습니다.

넷째, 결론적으로, 그리스도 중심적인 설교를 통해 성령님은 주의 이름을 부르게 하십니다. 내가 이 세계를 판단하지 않고, 그리스도를 불러서 그분 안에서 세계를 분별하게 하십니다. 내가 하나님을 규정하지 않고, 그리스도를 불러서 그분 안에서 하나님의 영광을 보게 하십니다. 내가 나를 주장하지 않고, 그리스도를 불러서 그분 안에서 내 진실을 보게 하시는 겁니다. '지금 나의 구원을 위해 무엇을 해야 하는가? 설교 가운데 선포된 그리스도의 이름을 불러야겠구나!' 하고 깨닫게 하시는 겁니다. 그리스도를 믿고 의지하며, 회개하고 순종하게 하시는 것이죠. 이는 성령님이 깨닫게 하시는 일입니다. 성령이 아니고서는, 그 누구도 예수님을 주라 부를 수 없기 때문입니다(고전 12:3). 성령님은 우리가 예수님을 주로 고백할 수 있도록 강림하셨습니다. 성령님은 우리가 주의 이름을 불러서 구원에 이르게 하십니다. 이것이 그리스도를 설교하게 하심으로 성령님께서 행하시는 일입니다.

적용 및 결론

사랑하는 성도 여러분, 이 성령님의 일하심이 오늘날에도 계속됩니다. 베드로가 성경으로 그리스도를 선포할 때 성령님께서는 유대인들을 변화시키셨습니다. 마찬가지로, 목사가 성경으로 그리스도를 선포할 때 성령님께서는 우리를 변화시키십니다. 진리의 빛을 비추셔서 예수를 주라 부르며 구원의 길을 걷도록 인도하시는 겁니다. 그 열매가 오늘 앞에 앉아 있는 두 자녀 아닙니까? 오늘 두 자녀가 예수님을 자신들의 주님으로 고백할 텐데, 그 고백이 어디에서 온 것입니까? 하늘 아버지로부터, 그리스도를 전하는 설교를 통해, 성령님이 이 자녀들의 입에 두신 고백이 아닙니까? 놀라운 기적입니다! 오순절에 사도들이 방언을 하고, 바람 소리가 들리고, 불의 혀가 나타난 것은 작은 기적입니다. 정말 놀라운 기적은 유대인들이 예수를 주라 고백하게 된 것이었습니다! 마찬가지로, 오늘 이 두 자녀의 고백이 놀라운 기적입니다! 우리를 이 놀라운 기적의 증인이 되게 하신 것에 감사한 마음이 큽니다.

성도 여러분, 성령님께서 설교를 통해 이 놀라운 변화를 일으키신다는 것을 믿는다면, 오늘 말씀이 명하는 대로 설교를 들을 때마다 주의 이름을 부르십시오. '선포하신 은혜를 주옵소서! 말씀하신 대로 거룩하고 새롭게 하옵소서!' 설교를 들을 때마다 이렇게 간구하는 여러분이 되시길 바랍니다. 우리는 '믿음 생활을 시작'할 때, 주의 이름을 열심히 불러야 한다고 생각할지 모릅니다. 물론 맞지요. 죽음을 앞두고 '삶을 마감'할 때도, 주의 이름을 간절히 불러야 한다고 생각할 것 같습니다. 그것도 맞습니다. '그러나 바로 오늘', 오늘이 주의 이름을 가장 간절히 불러야 할 때입니다. 오늘 받는 은혜가 없으면 장사라도 넘어집니다. 아무리 교회를 오래 다니고, 아무리 지식이 많고, 아무리 뜨거운 체험을 했더라도, 목사라도 아무 소용 없습니다. 오늘 받는 은혜가 없다면 쓰러지게 되어 있습니다.

성령님이 설교를 통해 비추시는 그리스도를 따르지 않으면 무엇을 따르게 될까요? 자기 빛, 자기 지식을 따를 겁니다. 합리성을 따르는 거죠. 유대인들에게 요엘서가 없었습니까? 시편이 없었나요? 그들이 구약 성경을 몰랐습니까? 다 있었죠. 다 안다고 생각했죠. 합리적인 종말론과 세계관과 율법 체계를 구축하고 있었습니다. 그런데 그런 그들이 하나님의 독생자를 십자가에 못 박아 죽였습니다! 우리라고 다를까요? 은혜 의지하지 않으면, 자기 지식을 따르면, 우리도 그렇게 됩니다. 아무리 베드로라도 성령님의 은혜 없이는 아무 설교도 못 했을 겁니다.

말씀에 대해 죽었고, 종교적 의무와 자기 지식을 섬기던 유대인이 성령님의 도우심으로 설교의 중심에 계신 그리스도를 만났을 때, 비로소 새로운 피조물이 되었습니다!

따라서 성도 여러분, 설교를 들을 때마다 세계와 하나님과 우리 자신을 그리스도 안에서 참되게 바라보게 해주시기를 그리스도의 이름을 부르며 구하십시오. 성령님이 도우실 겁니다. 혹 하나님의 말씀을 죽은 말씀으로 대하고 있다면, 회개하고 주의 이름을 부르십시오. 말씀과 기도 가운데 하나님 앞에 가슴 치며 회개했던 때가 언제이며, 받은 은혜에 감사해서 삼위 하나님을 찬양했던 때가 언제입니까? 말씀에 드러난 삼위 하나님의 사랑에 감격하여 다시 이웃을 사랑하기로 결심하고 기도했던 때가 언제입니까? 이러한 말씀과 기도의 예배가 삶에서 사라졌다면, 회개하고 주의 이름을 부르십시오. 성경을 이해하고자 하는 욕망만 있고 성경의 다스림을 받지 않고 있다면, 회개하고 주의 이름을 부르십시오. 내가 아는 것을 하나님이 알려 주시는 것보다 더 신뢰하고 있다면, 회개하고 주의 이름을 부르십시오. 주의 이름을 부릅시다. 주께서 건져 주실 것입니다.

설교자는 그리스도를 설교하고, 온 교회는 그리스도를 기대하며,

함께 그리스도의 이름을 부르게 하시기를, 그래서 우리 모두가 늘 구원의 은혜 가운데 살아가게 해주시기를 성부와 성자와 성령의 이름으로 간절히 축원합니다.

초청에서
강복 선언까지

/

13장 설교2

마음에 심긴 도, 자유하게 하는 온전한 율법
(약 1:18-25)

신상훈 목사

그가 그 조물 중에 우리로 한 첫 열매가 되게 하시려고 자기의 뜻을 좇아 진리의 말씀으로 우리를 낳으셨느니라 내 사랑하는 형제들아 너희가 알거니와 사람마다 듣기는 속히 하고 말하기는 더디 하며 성내기도 더디 하라 사람의 성내는 것이 하나님의 의를 이루지 못함이니라 그러므로 모든 더러운 것과 넘치는 악을 내어 버리고 능히 너희 영혼을 구원할 바 마음에 심긴 도를 온유함으로 받으라 너희는 도를 행하는 자가 되고 듣기만 하여 자신을 속이는 자가 되지 말라 누구든지 도를 듣고 행하지 아니하면 그는 거울로 자기의 생긴 얼굴을 보는 사람과 같으니 제 자신을 보고 가서 그 모양이 어떠한 것을 곧 잊어버리거니와 자유하게 하는 온전한 율법을 들여다보고 있는 자는 듣고 잊어버리는 자가 아니요 실행하는 자니 이 사람이 그 행하는 일에 복을 받으리라 _ 야고보서 1장 18-25절

서론

야고보서의 수신자들이 처한 상황을 두 단어로 요약할 수 있습니다. '세상' 그리고 '시험'입니다(약 1:2, 12-14; 4:4). 예수님을 믿었음에도 아

직 세상 속에 남아 있어야 하는 교회, 교회 안으로 점점 들어오는 세상, 여러 시험 가운데 놓인 성도들. 뭔가 낯설지 않지요. 오늘날의 교회도 여전히 똑같은 상황에 처해 있기 때문입니다. 우리가 야고보서에 귀를 기울여야 하는 이유입니다. 교회의 문제를 진단한 야고보는 그 근본적인 원인을 한 헬라어 단어로 정리합니다. '두 마음(딮쉬코스)'입니다(약 1:8). 하나님과 세상 사이에서 나뉜 마음입니다. 세속화와 성화로 갈라진 마음입니다. 그리고 야고보는 치료를 위한 해법도 한 단어로 제시합니다. '말씀'입니다. 오늘 본문에 따르면 진리의 말씀, 마음에 심긴 도, 자유하게 하는 온전한 율법입니다.

본문은 우리가 왜 죽을 때까지 설교를 통해 하나님의 말씀을 들어야만 하는 존재인지 잘 드러냅니다. 그리고 우리가 설교에서 그리스도의 복음과 그리스도의 율법을 모두 들어야 함을 강조합니다. 또한 말씀을 대하는 우리의 태도와 반응이 어떠해야 하는지도 구체적으로 가르치고 있습니다. 오늘 말씀을 통해 설교를 사랑하는 우리 교회가 설교를 살아내는 교회 되기를 소망합니다.

진리의 말씀으로 우리를 낳으셨느니라

우리는 누구입니까? 어떤 말로 우리를 표현할 수 있습니까? 그리스도인, 신자, 성도, 교회, 다 맞는 말입니다. 그런데 야고보에게 묻는다면 아마도 '말씀으로 태어난 사람들'이라고 대답할 것 같습니다. 야고보는 하나님이 말씀으로 천지 만물을 창조하신 것처럼, 진리의 말씀 곧 복음(고후 6:7; 엡 1:13; 골 1:5; 딤후 2:15)으로 우리를 낳으셨다는 사실을 강조합니다. 우리는 복음으로 태어난 사람들입니다. 이전과는 전혀 다른 사람으로, 마치 아예 다시 만든 사람처럼 새롭게 태어났습니다. 바울 사도는 고린도교회 성도들에게 "그리스도 예수 안에서 내가 복음으로써 너희를 낳았"다고 말합니다(고전 4:15). 하나님은 말씀 사역자들을 사용하셔서 복음을 통해 자기 백성을 거듭나게 하십니다. 하나님의 선하신 뜻에 따라 말이죠.

그렇다면 하나님이 진리의 말씀으로 우리를 낳으신 목적이 무엇입니까? 우리로 피조물 가운데 첫 열매가 되게 하시기 위함입니다. '첫 열매'는 하나님께 드리기 위해 구별한 첫 수확물, 정결한 농작물입니다(출 23:19). 하나님의 특별한 소유입니다. 사도 요한은 계시록에서 하나님의 백성들을 '하나님과 어린 양에게 바쳐진 첫 열매'라고 표현합니다(계 14:4). 그러면서 그들을 '순결한 자', '어린 양이 어디로 인도하든지 따라가는 자'라고 소개합니다. 하나님은 우리로 첫 열매 되게 하시려고, 하나님 앞에서 거룩하고 흠이 없게 하시려고, 예수 그리스도를 믿고 그분을 따르게 하시려고 진리의 말씀으로 우리를 낳으셨습니다.

인생은 태어나는 것이 전부가 아니지요. 물론 태어나야 삶을 영위할 수 있으니 태어나는 것이 가장 중요하다고 볼 수도 있습니다. 그러나 한편으로는 태어나는 것은 시작에 불과합니다. 태어난 사람이 그 생명을 얼마만큼 누리고 어떻게 살아가는지가 중요합니다. 우리의 거듭남도 똑같습니다. 영적으로 다시 태어나는 것은 순간적인 일로 끝나는 것이 아닙니다. 그제야 시작입니다. 하나님의 자녀로 다시 태어났으니, 하나님의 자녀로 사는 것이 중요합니다. 하나님은 우리를 말씀으로 낳으실 뿐만 아니라 말씀으로 살아가게 하십니다. 우리의 탄생의 신비만 말씀에 있는 것이 아니라, 삶의 신비, 아니 생존의 신비도 말씀에 있습니다. 그렇기 때문에 말씀에 대한 우리의 태도와 반응은 매우 중요합니다.

듣기는 속히 하고 말하기는 더디 하며 성내기도 더디 하라

야고보는 말합니다. "사랑하는 형제자매 여러분, 여러분은 이것을 알아야 합니다. 누구든지 듣기는 속히 하고 말하기는 더디 하며 성내기도 더디 하십시오." 단지 삶을 위한 좋은 충고를 하는 걸까요? 다른 사람들의 말을 잘 듣고 신중히 말하고 화내지 말라고 하는 걸까요? 물론 그것도 틀린 말은 아니지요. 그러나 야고보는 이어서 진리의 말씀에 대해 이야기하고 있습니다. "듣기는 속히 하라." 하나님의 말씀을 듣는 일에 지체하지 말라는 겁니다. 우리의 삶을 위한 믿음이 들음에서 나기 때문이지요(롬 10:17). "말하기는 더디 하라." 잠잠히, 순복하는 마음으로 말씀을 들으라는 겁니다. 솔로몬도 전도서에서 이와 동일한 충고를 합니다. "너는 하나님 앞에서 함부로 입을 열지 말며 급한 마음으로 말을 내지 말라. 하나님은 하늘에 계시고 너는 땅에 있음이니라. 그런즉 마땅히 말을 적게 할 것이라"(전 5:2). "성내기도 더디 하라." 하나님의 말씀은 때로 우리의 마음을 괴롭게 하고 우리의 은밀한 죄를 드러냅니다. 소금처럼 상처를 쓰리고 아리게 하지요. 그럼에도 우리가 하나님의 말씀 앞에 성내지 말아야 하는 이유는 말씀이 소금처럼 우리의 부패를 막아주기 때문입니다. 말씀이 소금처럼 우리의 참맛을 이끌어 내기 때문입니다.

말씀에 대한 태만과 성급함, 그리고 분노는 하나님이 우리 안에서 시작하신 일을 이어 가시고 마무리 지으시는 것을 크게 방해하는 요소들입니다. 하나님이 우리에게 요구하시는 의로움, 우리의 삶을 통해 행하시는 하나님의 의를 이루지 못하게 합니다. 말씀의 역사를 가로막습니다.

말씀에 대한 우리의 잘못된 태도와 반응은 무엇에서 비롯될까요? 우리가 하나님의 의를 이루지 못하는 직접적이고 근본적인 이유가 무엇일까요? 우리 안에 더러움과 악이 넘치기 때문입니다. 온갖 종류의 죄와 악으로 가득 차고 들끓는 심령에서는 하나님의 의가 이루어질 수 없지요. 그런 마음은 뿌려진 말씀의 씨를 공중의 새들이 먹어 버리는 길가와도 같습니다. 바위처럼 말씀이 뿌리내리지 못합니다. 가시떨기처럼 싹이 자라지 못합니다.

그래서 야고보는 모든 더러운 것과 넘치는 악을 내어 버리라고 당부합니다. 내어 버리라는 말은 옷을 벗듯이 벗어버리라는 의미입니다. 복음으로 다시 태어난 자들에게 죄악이라는 그 남루하고 초라한 옷은 어울리지 않으니 벗어서 멀리 던져버리라는 말입니다. 예수 그리스도라는 아름답고 영광스러운 새 옷이 이미 주어졌는데(롬 13:14; 갈 3:27), 왜 자꾸 더럽고 추한 옷을 걸치려 하느냐는 것입니다.

마음에 심긴 도를 온유함으로 받으라

그러면서 아주 중요한 권면을 하는데요. 야고보서가 선포하는 구원론의 핵심이라고 해도 과언이 아닙니다. "능히 너희 영혼을 구원할 바마음에 심긴 도를 온유함으로 받으라." 우리는 진리의 말씀으로 거듭났을 뿐 아니라, 마음에 그 말씀이 심겨 있는 자들입니다. 하나님은 예레미야 선지자를 통해 새 언약에 대해 말씀하셨습니다. "내가 나의 법을 그들의 속에 두며 그 마음에 기록하여 나는 그들의 하나님이 되고 그들은 내 백성이 될 것이라"(렘 31:33). 말씀은 우리가 처음 이 땅에 태어날 때부터 우리 안에 심겨 있지 않습니다. 본래 우리의 마음은 딱딱하게 굳어서 하나님의 말씀을 받아들일 수 없었습니다. 우리에게는 말씀에 순종할 능력이 없었습니다. 하지만, 성령님이 우리 안에 오셔서 새 마음, 부드러운 마음을 주시고, 말씀을 우리 마음에 심어 주셨습니다(겔 36:26). 말씀을 우리와 영원히 분리될 수 없는 한 부분으로 만드셨습니다. 구원받은 성도들의 중요한 특징 중 하나가 바로 그 심령에 하나님의 말씀이 심겨 있다는 것입니다.

우리 안에 심긴 복음은 구원을 주시는 하나님의 능력입니다(롬 1:16). 그런데 야고보는 이미 구원받은 신자들에게 말하면서, '능히 너희 영혼을 구원할 수 있는 말씀'이라고 표현합니다. 구원을 신자 입장에서 미래의 일로 묘사하고 있지요. 여기서 우리는 다시 태어나는 것, 곧 '중생'이 구원의 전부가 아니라는 사실을 분명히 알 수 있습니다. 구원은 우리의 과거에 시작되어 현재에도 이루어지고 있으며 미래에 완성되는 일입니다. 또 한 가지 무엇을 알 수 있습니까? 우리 마음에 심긴 그 말씀은, 거듭날 때만이 아니라 그 이후에도 우리의 구원을 이루어 가는 수단임을 알 수 있지요. 하나님은 우리 구원의 시작부터 완성까지 말씀으로 일하십니다.

하나님의 말씀이 우리 마음에 심겼다는 것이, 우리가 자동으로 말씀을 다 알고 행하게 되었음을 의미하지는 않습니다. 이제야 비로소 말씀을 믿고 순종할 수 있게 되었다는 의미입니다. 그래서 야고보는 우리 마음에 심긴 하나님의 말씀을 받으라고 합니다. 받는다는 것은 꽉 쥐고, 굳게 매달리고, 꼬옥 끌어안는 것을 뜻합니다. 심겨 있는 말씀이 온전히 나의 것이 되도록, 마치 땅이 씨앗을 품어 그 씨앗이 뿌리를 뻗고 싹을 틔우고 열매를 맺게 하듯 말씀을 끌어안으라는 겁니다. 말씀이 우리 삶의 모든 영역에 영향을 미치도록 계속 믿고 계속 행하라는 명령입니다. 온유함으로 말이죠. 예수님도 말씀을 씨앗에 비유하시며 이렇게 선포하셨습니다. "좋은 땅에 뿌리웠다는 것은 착하고 좋은 마음으로 말씀을 듣고 '받아' '굳게 붙들어'(지키어) '결실하는' 자니라"(막 4:20; 눅 8:15). 우리는 심긴 말씀을 온유함으로 받아야 합니다. 굳게 믿고 붙들어야 합니다. 말씀대로 행하여 열매 맺어야 합니다. 그것이 우리의 구원을 완성하시는 하나님의 방법입니다. 하나님의 일하심에는 우리의 행함이 포함되어 있습니다. 그분의 은혜에 우리의 순종이 다 들어있습니다.

말씀을 듣기만 하여 자신을 속이는 사람

야고보는 말씀을 행하는 자가 되고 듣기만 하여 자신을 속이는 자가 되지 말라고 호소합니다. 말씀을 행하는 것에 큰 관심을 두고 있지요. 그렇다고 해서 말씀을 듣는 것이 불필요하다거나 덜 중요하다고 여기는 것은 아닙니다. 누구든지 말씀 듣기를 속히 하라고 명하지 않았습니까? 말씀을 듣는 것 자체가 아니라 듣기만 하는 것을 경고하고 있지요. 말씀을 듣기만 하는 사람은 자신을 속이는 사람입니다. 그저 듣기만 했으면서 자기가 정말 그렇게 된 것처럼 착각하기 쉽습니다. 단순히 들은 것만으로도 자신은 매우 좋은 상태에 있는 것처럼, 말씀의 유익을 이미 다 얻은 것처럼 생각할 수 있습니다. 나는 말씀을 잘 들었으니 하나님과 동행하고 있다고 오해하기 마련입니다. 구원에서도 얼마든지 자신을 속일 수 있는 게 우리 인간입니다.

말씀을 듣는 것은 밭을 갈고 씨를 뿌리고 물을 주는 것과 같습니다. 말씀을 행하는 것은 열매를 수확하는 것과 같지요. 씨를 뿌리지 않고는 열매를 얻을 수 없습니다. 씨 뿌리는 것, 당연히 중요합니다. 그런데 농부가 왜 열심히 밭을 갈고 씨를 뿌리고 물을 줍니까? 열매를 얻기 위해서죠. 농사의 모든 과정은 결국 수확을 목표로 합니다. 하나님이 왜 열심히 우리에게 말씀을 들려주십니까? 목사들이 왜 부지런히 말씀을 준비해서 여러분에게 설교합니까? 그저 들려주기 위함인가요? 아니요, 듣고 믿어서 행하는 것을 기대합니다. 말씀으로 살고 말씀대로 사는 것을 소망하면서 설교합니다.

말씀을 듣고도 행하지 않는 사람은 거울로 자기 얼굴을 보기만 하는 사람입니다. 보고 가서 그 모습이 어떠했는지를 즉시 잊어버리는 사람입니다. 거울은 우리에게 있는 티와 더러움을 보여 줍니다. 그것들을 바로잡고 씻어내게 해줍니다. 하나님의 말씀을 듣는 것은 거울을 보는 것과 같습니다. 하나님의 말씀은 우리의 모습을 있는 그대로 비추어 줍니다. 거울은 단지 우리의 겉모습만을 보여 주지만, 말씀은 우리 내면의 상태와 영적인 모습까지 보여 줍니다. 말씀에 우리 자신을 비추어 보면 더럽고 추한 내 모습이 적나라하게 드러납니다. 그런데 거기서 끝나면 의미가 없습니다. 비참한 내 모습을 발견했다면, 나에게 묻어 있는 더러운 죄악을 벗어 던져야 합니다. 말씀이 제시하는 길을 향해서, 어린 양이 인도하는 길로 걸어가야 합니다. 거울로 우리 얼굴에 묻어 있는 검은 때를 분명하게 보았음에도 그대로 둔다면 거울을 보는 것이 무슨 의미가 있습니까? 말씀을 듣기만 하고 그 말씀대로 행하지 않는다면 말씀을 듣는 것이 무슨 의미가 있을까요? 귀 기울여 듣는 것은 정말 중요하지만, 그것만으로는 부족합니다. 행함을 갈망해야 합니다. 행하기 위해 몸부림쳐야 합니다.

자유하게 하는 온전한 율법을 들여다보고 머무는 사람

야고보는 말씀(로고스)이라는 단어를 계속 사용하다가 갑자기 율법(노모스)이라는 단어로 전환합니다. 하나님께서 자기 백성들에게 요구하시는 바를 강조하기 위해서이죠. 말씀의 실천적인 성격을 강조하는 겁니다. 그런데 흐름을 보면 복음과 율법을 밀접하게 연결할 뿐 아니라 거의 동일시하고 있습니다. 어떻게 그럴 수 있습니까? 이 율법은 옛 언약 시대의 율법이 아니기 때문입니다. 새 언약 속에서 예수 그리스도로 말미암아 그 목적과 내용이 모두 성취된 율법(마 5:17)을 가리킵니다. 하나님 나라의 왕으로 오신 예수 그리스도께서 새로운 백성들에게 새롭게 선포하신 율법입니다(마 5:18-48). 왕이신 예수님이 직접 모범을 보여 주시면서 제시하신 최고의 법입니다(약 2:8). 그 법은 온전합니다. 온전하신 그리스도의 인격을 통해 제시되었기 때문이죠. 온전하신 성령님에 의해 우리 안에서 역사하기 때문입니다. 우리를 하나님의 사람으로 온전하게 만들어 주기 때문입니다(딤후 3:16). 옛 언약 안에 있는 율법은 우리를 속박했습니다. 왜냐하면 그 법은 우리에게 이렇게 말하기 때문입니다. "이것을 행하라, 그리하면 살리라." 그러나 새 언약의 법은 우리에게 전혀 다르게 말합니다. "너희는 살았으니, 이것을 행하라." 순서가 정반대이지요. 그리스도의 법(고전 9:21; 갈 6:2)은 구원받기 위해서 행해야 하는 법이 아니라, 이미 구원받은 백성들에게 주신 법입니다.[12] 생명을 주는 성령의 법입니다(롬 8:2). 이 법은 우

---

12 이는 신약의 성도들이 예수 그리스도를 믿음으로 구원을 받은 것과 달리 구약의 성도들은 율법을 지켜서 구원을 받았다는 의미가 아닙니다. 모든 인간은 타락하여 완전한 순종을 드릴 능력을 전적으로 잃었습니다. 따라서 율법이나 행위 언약으로는 회복되지 못합니다. 하지만 그렇다고 해서 아담과 그의 모든 후손이 행위 언약에서 자유로워진 것은 아닙니다. 죄로 손상시킨 하나님의 공의를 무한한 심판으로 만족시켜야 하며, 완전한 순종을 드려야 하는 의무를 여전히 지고 있습니다. 하나님은 모든 인간을 행위 언약에 따라 사망에 이르게 하실 수 있었지만, 은혜 언약을 기꺼이 세우셨습니다. 예수 그리스도는 은혜 언약에서 택자들의 보증인이 되어 택자들을 행위 언약에서 건지시기 위해 행위 언약에 들어가셨습니다. 보증인이 대신 빚을 갚듯이 택자들 대신 행위 언약의 요구를 다 이루셨습니다. 온전한 순종과 죽으심으로 행위 언약

리를 자유하게 합니다. 이 법이 멍에는 쉽고 짐은 가벼운 분에게서 왔기 때문입니다(마 11:30). 완벽한 법이 존재한다면, 자유를 누리는 가장 좋은 방법은 그 법 안에서 사는 것입니다. 달리 말하면, 주님이 주신 새 계명을 지켜 행하기 이전까지 우리는 참된 자유를 결코 누릴 수 없습니다.

그러므로 우리는 자유하게 하는 온전한 율법을 들여다보아야 합니다. 들여다본다는 것은 무언가를 자세히 살펴보기 위해서 머리를 숙이고 허리를 굽히는 것을 의미합니다. 겸손히 보는 것이죠. 여기에 번역이 미흡한 부분이 있는데요. '들여다보고 있는'에서 '있는'은 '계속 머무는' 것을 의미합니다. 우리는 말씀을 대충 들어서는 안 됩니다. 겸손함으로 집중하고 주의해서 들어야 합니다. 그리고 듣는 것으로 멈추어서도 안 됩니다. 들은 말씀 앞에 오랫동안 머물러 있어야 합니다. 자유하게 하는 온전한 율법을 겸손히 들여다보고 거기에 머물면, 불완전한 우리가 아니라 온전하신 그리스도를 보게 됩니다. 그리스도께서 그 법을 다 지켜 행하셨기 때문입니다. 하나님의 법에 완벽히 순종하신 하나님의 온전한 형상을 볼 수 있습니다. 그분을 닮고 싶어지며 그분이 어디로 인도하든지 따라가고 싶어집니다. 듣고 잊어버리는 것

으로서의 율법 아래 속박된 자들을 속량하셨습니다. 그러므로 은혜 언약은 더 이상 인간에게 언약의 복을 받기 위해 행위를 요구하지 않고 그리스도에 대한 믿음을 요구합니다. 구약의 성도들도 동일하게 은혜 언약 안에서, 모형과 규례를 통해 약속된 메시야를 믿으므로 완전한 사죄와 영생을 받았습니다. 십계명으로 요약되는 하나님의 율법은, 하나님이 주셨으므로 신적 본성과 권위가 있으며 영원합니다. 은혜 언약 아래 있는 우리에게는, 이제 예수 그리스도 안에서 성취되고 새롭게 선포된 '그리스도의 율법'이 삶의 기준으로 적용됩니다. 법이 요구하고 명령하는 내용은 같지만, 목적이 행위 언약으로서의 율법과 전혀 다릅니다. 그리스도 안에서 은혜로 살았기 때문에 순종하는 겁니다. 우리를 향한 하나님의 사랑을 온전히 느끼며 그분과 더욱 깊이 교제하기 위함입니다.

이 아니라 들은 대로 행하게 되지요.

　말씀을 듣고 행하는 사람들은 그 행하는 일에 복을 받게 됩니다. 우리의 행위로 인해 복을 받는다는 말이 아닙니다. 우리는 예수님의 행위 때문에 복을 받는 사람들입니다. 우리의 행함은 복을 받는 원인이 아니라 복을 받는 수단입니다. 복을 받는 범위입니다. 우리는 행함을 통해 복을 받습니다. 행하는 일 안에서 복을 받습니다. 바꾸어 말하면, 행함을 벗어나서는 복을 누릴 수 없습니다. 무슨 복입니까? 그리스도를 닮는 복입니다. 그래서 하나님 아버지를 더욱 충만히 누리는 복입니다. "나는 너의 지극히 큰 상급이니라"(창 15:1). 우리에게 하나님 자신보다 더 큰 복이 있습니까? 우리를 향한 하나님의 사랑과 우리가 느끼는 하나님의 사랑은 다릅니다. 우리를 향한 하나님의 사랑은 영원하며 동일합니다. 변하지 않습니다. 그러나 우리가 느끼는 하나님의 사랑은 우리가 그분의 말씀에 얼마나 순종하느냐에 따라 달라집니다. 우리 예수님도 말씀하셨습니다. "하나님의 말씀을 듣고 지키는 자가 복이 있느니라"(눅 11:28).

적용 및 결론

사랑하는 자녀 여러분, 아직 믿음이 없는 방문자 여러분, 하나님은 여러분을 진리의 말씀으로 거듭나게 하십니다. 복음으로 여러분을 새롭게 창조하시고 영원한 생명을 주십니다. 그러니 여러분이 힘써야 할 게 무엇입니까? 귀 기울여 복음을 주의 깊게 듣는 것입니다. 듣고 또 듣는 겁니다. 성령님이 여러분의 마음을 만져 주셔서 부드럽게 하시기를 기대합니다. 여러분을 능히 구원할 수 있는 하나님의 말씀을 여러분 각 사람의 마음에 심어 주시기를 소망합니다.

성도 여러분, 이 세상에 살아가면서 우리는 거대한 세속의 홍수와 풀무불 같은 시험을 쉴 새 없이 만납니다. 하나님과 세상 사이에서 나뉜 두 마음을 끊임없이 교정해야 합니다. 그러나 두려워할 필요는 없습니다. 우리의 심령은 하나님의 말씀으로 이미 거듭났기 때문입니다. 우리의 마음 깊숙이 하나님의 말씀이 심겨 있기 때문입니다. 하나님의 말씀이 우리 마음 가장 밑바닥을 붙들고 있습니다. 우리는 말씀을 뿌리째 뽑아버리고 새까맣게 잊어버릴 수 있는 그런 사람들이 아닙니다.

흔들릴 수 있습니다. 세속에 젖을 수 있습니다. 시험에 데어 상처 입을 수 있습니다. 그것을 이기고 견디고 헤쳐 나가라고 우리 안에 말씀을 심어 주신 것 아닙니까? 하나님의 말씀을 선포하는 일을 게을리하지 않겠습니다. 밭 갈고 씨 뿌리고 물 주는 일을 주님 명하신 대로 바르고 신실하게 하기 위해 애쓰겠습니다. 말씀 듣기를 지체하지 마시기 바랍니다. 우리를 낳은 말씀을, 우리 안에 심겨 있는 말씀을, 때마다 공급되는 말씀을 온유하고 겸손하게 끌어안으시기 바랍니다. 말씀 가운데 잠잠히 머무시기를 바랍니다. 말씀의 거울에 비친 모든 죄악을 벗어버리기 위해 몸부림치시고, 말씀에서 발견한 예수 그리스도 닮기를 갈망하십시오. 말씀이 이끄는 대로 순복하며 어린 양이 가신 길을 따라가십시오. 그리스도의 완벽한 법 안에서 그 법을 지켜 행하며 참 자유를 누리시고 하나님의 의를 이루시기 바랍니다. 그 길의 끝에서 우리는, 온전한 사람이 되어 그리스도의 충만함에 다다라서 그분과 함께 서 있는 우리 자신을 보게 될 것입니다. 이 자리에 있는 우리 모두가, 하나님의 사랑은 물론이고 하나님 그분 자신을 고스란히 다 받아 누리는 자들로 영원히 함께 살게 되기를 성부와 성자와 성령의 이름으로 축복합니다.

초청에서
강복 선언까지
/
14장 설교3

14장 설교 3

구주의 증거: 눈에 빛, 마음에 불
(눅 24:13-35)

정중현 목사

그날에 저희 중 둘이 예루살렘에서 이십 오리 되는 엠마오라 하는 촌으로 가면서 이 모든 된 일을 서로 이야기하더라 저희가 서로 이야기하며 문의할 때에 예수께서 가까이 이르러 저희와 동행하시나 저희의 눈이 가리워져서 그인 줄 알아보지 못하거늘 예수께서 이르시되 너희가 길 가면서 서로 주고받고 하는 이야기가 무엇이냐 하시니 두 사람이 슬픈 빛을 띠고 머물러 서더라 그 한 사람인 글로바라 하는 자가 대답하여 가로되 당신이 예루살렘에 우거하면서 근일 거기서 된 일을 홀로 알지 못하느뇨 가라사대 무슨 일이뇨 가로되 나사렛 예수의 일이니 그는 하나님과 모든 백성 앞에서 말과 일에 능하신 선지자여늘 우리 대제사장들과 관원들이 사형 판결에 넘겨주어 십자가에 못 박았느니라 우리는 이 사람이 이스라엘을 구속할 자라고 바랐노라 이뿐 아니라 이 일이 된 지가 사흘째요 또한 우리 중에 어떤 여자들이 우리로 놀라게 하였으니 이는 저희가 새벽에 무덤에 갔다가 그의 시체는 보지 못하고 와서 그가 살으셨다 하는 천사들의 나타남을 보았다 함이라 또 우리와 함께한 자 중에 두어 사람이 무덤에 가 과연 여자들의 말한 바와 같음을 보았으나 예수는 보지 못하였느니라 하거늘 가라사대 미련하고 선지자들의 말한 모든 것을 마음에 더디 믿는 자들이여 그리스도가 이런 고난을 받고 자기의 영광에 들어가야 할 것이 아니냐 하시고 이에 모세와 및 모든 선지자의 글로 시작하여 모든 성경에 쓴바 자기에 관한 것을 자세히 설명하시니라 저희의 가는 촌에 가까이 가매 예수는 더 가려 하는 것같이 하시니 저희가 강권하여 가로되 우리와 함께 유하사이다 때가 저물어 가고 날이 이미 기울었나이다 하니 이에 저희와 함께

유하러 들어 가시니라 저희와 함께 음식 잡수실 때에 떡을 가지사 축사하시고 떼어 저희에게 주시매 저희 눈이 밝아져 그인 줄 알아보더니 예수는 저희에게 보이지 아니하시는지라 저희가 서로 말하되 길에서 우리에게 말씀하시고 우리에게 성경을 풀어 주실 때에 우리 속에서 마음이 뜨겁지 아니하더냐 하고 곧 그 시로 일어나 예루살렘에 돌아가 보니 열한 사도와 및 그와 함께한 자들이 모여 있어 말하기를 주께서 과연 살아나시고 시몬에게 나타나셨다 하는지라 두 사람도 길에서 된 일과 예수께서 떡을 떼심으로 자기들에게 알려지신 것을 말하더라 _ 누가복음 24장 13-35절

서론

오늘은 6월의 마지막 주일입니다. 2023년의 딱 반을 넘어서는 지점입니다. '새 일을 행하시는 하나님을 보라.'라는 표어를 가지고 공예배 순서 강해 설교를 한 지도 반년이 되었는데요, '새 일'이 무엇인지 다시 정리해 볼 필요가 있는 것 같습니다. '새 일'은 일차적으로 예수님께서 이루신 구원을 말합니다. 또한 구원받은 자가 하나님의 형상을 회복하며 일어나는 모든 일이 '새 일'이지요. 하나님의 창조 목적대로 하나님을 예배하게 되는 것이 새 일입니다. 하나님을 사랑함으로 하나님을 예배하는 것, 이웃을 사랑함으로 하나님을 예배하는 것이 새 일이죠. 주일 공예배에서 삼위 하나님을 예배한 자의 정체성으로 한 주간 모든 삶의 현장에서 이웃을 사랑하며 하나님을 예배하는 것이 하나님께서 행하시는 '새 일'입니다. 이것을 기억하며 본문을 살펴보겠습니다. 본문은 설교를 통해 눈에 빛을, 마음에 불을 주심으로 새 일을 행하시는 그리스도를 보여 줍니다.

본문: 믿음이 없어 빛과 불을 잃은 제자들

본문을 살펴봅시다. 13절의 '그날'은 예수님이 십자가에 못 박히신 지 3일째 되는 날이었습니다. 즉 예수님이 부활하신 날이었죠. 새벽에 여인들이 가서 빈 무덤을 확인했고, 부활의 소식을 전하는 천사들도 만났습니다. 그러나 사도들은 여인들이 전해준 말을 '헛된 소리'라고 생각했습니다. 베드로와 요한이 곧장 달려가 빈 무덤을 확인했습니다. 그러나 빈 무덤과 세마포를 보고도 그저 '이상하게' 여기며 집으로 돌아갔습니다. 예수님이 부활했다는 사실을 믿지 못했던 거죠. 지금도 많은 사람이 부활을 믿기 어려워합니다. 사도들에게도 부활은 믿기 힘든 일이었습니다.

여기서 오늘의 주인공이 등장합니다. 사도들 중에 '두 사람'이 등장하죠. 누가복음에는 열두 사도 외에 예수님을 따랐던 사람들도 함께 사도라고 부릅니다(24:9-10; 10:1 참조). 두 사람은 열한 사도에 속하지 않은 예수님의 제자였습니다(24:33). 이 두 사람이 예수님이 부활하신 그날에 '엠마오'라는 마을로 가고 있었습니다. 엠마오는 예루살렘에서 9-12km 떨어져 있던 마을입니다. 33절에, 이들이 엠마오에 머무를 곳이 있었던 걸 보면 엠마오는 두 사람의 고향이었던 것 같아요. 그중 한 사람의 이름은 '글로바'였습니다.

두 제자는 왜 고향으로 가고 있었을까요? 예루살렘을 왜 떠나고 있었을까요? 믿음이 없어서 빛과 불을 잃어버렸기 때문이었습니다. 이게 무슨 말일까요? 하나씩 알아보겠습니다.

먼저 이들은 빛을 잃어버렸습니다. 즉 마음의 눈이 어두워졌죠. 두 사람은 엠마오로 가는 길에서 예수님의 십자가 사건과 죽으심, 그리고 아침에 일어났던 이 모든 일에 대해 서로 이야기하고 있었습니다. 그 이야기는 '말다툼'으로까지 번지게 되었습니다(15절, '문의'). 예수님의 죽음에 대해 생각이 달라서, 혹은 오늘 새벽에 일어난 소동에 대해 서로 생각이 달라서 말싸움을 하고 있었을 것입니다. 그때, 부활하신 예수님이 두 사람에게 가까이 다가와 같이 걷기 시작하셨어요. 두 사람이 이야기하고 있는 바로 '그분'이 곁에 오신 겁니다. 그런데 놀라운 일이 벌어지죠. 두 제자는 예수님을 전혀 알아보지 못합니다.

대화가 진행되는 것을 보면 '이렇게 못 알아보다니 좀 너무하다.' 싶은 생각이 듭니다. 예수님이 "너희가 가면서 서로 주고받고 하는 이야기가 무엇이냐?" 질문하시자, 두 사람은 슬픈 얼굴로 멈춰 섰습니다. 글로바는 "당신은 최근에 여기서 일어난 일을 모르는 유일한 사람일 겁니다!" 하면서 이 일을 모르는 것에 답답해하며 호통을 칩니다. 사실 너무 재미있는 장면이죠? 십자가에 달리셨던 예수님께 "어떻게 십자가 사건을 모를 수 있습니까?"라고 물어봤으니 말입니다. 여기서도 분명히 드러나는 것은, 두 사람은 예수님이 예수님인지 전혀 모르고 있다는 겁니다. 게다가 글로바는 예수님께, 예수님을 "나사렛 예수"라고 소개합니다. 글로바의 생각에 이 말을 듣고 있는 이 사람은 '예수님에 대해 처음 듣는 사람'이기 때문에 '나사렛 출신인 예수라는 사람'이라고 친절히 설명했던 겁니다. 이쯤 되면, 아마 글로바는 예수님을 이방인으로 생각했을 수도 있을 것 같습니다.

여러분, 두 사람은 제자였는데 어떻게 이 정도로 예수님을 몰라봤을까요? 오늘 성경은 그들의 눈이 누군가에 의해 가려졌다고 기록합니다. 누가 가리셨을까요? 네, 예수님이 가리셨다는 표현입니다. 눈을 가리셨다는 말은 그들이 예수님을 예수님인지 깨닫지 못하게 하셨다는 뜻이죠. 그런데 그 말은 제자들이 예수님을 믿지 않았다는 의미이기도 합니다. 그들은 "삼일 만에 살아나리라"(눅 18:33) 하신 예수님의 말씀을 믿지 않았고, 여인들과 천사들과 수많은 부활의 증거들도 믿지 않았기 때문에 예수님이 눈앞에 있어도 볼 수 없었던 겁니다. 믿음이 없으면 예수님이 곁에 계셔도 알아보지 못합니다. 말씀의 빛을 잃었기 때문에, 즉 믿음으로 말씀을 붙들지 않기 때문에 눈이 어두워져서 예수님을 볼 수 없었던 것입니다. 스승을 알아보지 못하는 제자는 제자가 아니겠지요? 이들이 예수님을 알아보지 못하는 모습은 이들이 제자로서의 정체성을 잃었음을 보여 주고 있습니다. 그래서 주님의 부활에 대한 기대를 접고 집으로 돌아가고 있는 것입니다.

그런데요, 이런 일이 저와 여러분에게도 일어나곤 합니다. 우리도 예수님을 안 지 적어도 3년은 다 넘었을 거예요. 그렇죠? 10년, 20년도 있을 것이고, 40년, 50년이 되어가는 분들도 계십니다. 그런데, 예수님을 알긴 아는데, 곁에 계신 예수님을 알아보지 못하는 일들이 얼마나 많습니까? 예수님이 곁에 오셔서 가까이 함께하고 계심에도 못 알아보는 일이 얼마나 흔한지요. 내가 겪는 고난 속에, 내가 만난 아픔 속에, 내가 만난 슬픔 속에 예수님이 함께하고 계시다는 것을 전혀 깨닫지를 못하는 거죠. 왜 이런 일이 일어납니까? 말씀을 잊으면, 말씀을 믿지 않으면 빛을 잃고 눈이 어두워지는 겁니다. 그러면 늘 함께 하시는 예수님을 바라보지 못하게 되고요, 정체성을 잃어버리죠. 그리스도인답게 선택하지 못하고, 그리스도인답게 살지 못하는 겁니다.

이들은 이렇게 빛을 잃어버렸을 뿐 아니라 마음의 불도 잃어버렸습니다. 마음이 뜨거움을 잃고 차가워졌어요. 마음이 차가워졌다는 말은 곧 제자로서의 삶의 소망을 잃었다는 뜻입니다.

"도대체 무슨 일이 일어난 것인가?" 예수님의 물음에 대한 글로바의 답을 보면 글로바를 비롯하여 제자들이 예수님을 어떻게 믿고 있었는지 알 수 있습니다. 19절을 보면, 글로바는 예수님이 '하나님과 모든 백성 앞에서 말과 일에 능하신 선지자'라고 답합니다. 물론 예수님이 능력의 선지자이긴 하십니다. 그러나 예수님에 대해 뭔가 부족한 설명이지 않나요? 예수님은 누구십니까? 주는 그리스도시요, 살아 계신 하나님의 아들이지 않습니까? 글로바가 이 고백을 잊었는지, 아니면 더 이상 하나님의 아들이라고는 믿지 않게 된 건지, 그는 예수님을 단지 능력의 선지자라고 설명하는 데 그치고 맙니다.

이어서 글로바는 대제사장들과 유대 지도자들은 그를 넘겨주어 십자가에 못 박았지만, '우리' 제자들은 달랐다고 말해요. 21절을 보면, "우리는 이 사람이 이스라엘을 구속할 자라고 바랐다."라고 고백하죠. 그런데 사실 이 고백도 부족한 고백입니다. "바랐다"고 해요. "소망했다"고 합니다. 그러나 믿지는 않았어요. 주님을 이스라엘의 구속자가 되실 것이라 소망했지만, 주님이 이스라엘의 구속자라고 믿지는 않았던 것입니다. 믿음이 없는 소망이었습니다. 그러니까 소망에 힘이 없는 겁니다. '간절히 바라지만, 아니면 말고'가 되는 겁니다. 눈 앞에 펼쳐진 상황으로 인해 금방 절망하고 마는 것입니다.

그러니까 절망의 말을 내뱉습니다. 21절에 "이 일이 된 지가 사흘째요." 합니다. 3일쯤 되었으면 이제 끝이라는 겁니다. 이쯤에서 손절하고 포기해야 현명하다는 말을 하고 있습니다. 왜 포기하고, 왜 절망합니까? 22절 이후로 보면, 이들은 '부활의 증거'를 보면서 '절망'합니다. 이것이 놀랍습니다. 여인들이 새벽에 무덤에 갔다가 시체를 보지 못한 것, 부활의 증거죠? 그분이 살아나셨다고 전한 천사들을 본 것, 부활의 증거입니다. 제자들 중에 두 사람이 가서 정말 여인들의 말이 사실이었음을 확인한 것, 이게 다 부활의 증거가 아닙니까? 그런데 부활의 증거들을 본 이들의 결론이 무엇입니까? 24절에, "예수는 보지 못하였느니라.", 즉 '예수는 없더라. 부활도 없더라.' 이게 두 사람과 제자들의 결론이었던 겁니다. 부활의 수많은 증거를 보고도 절망하는 쪽으로 해석하고 맙니다. 믿지 않는 완고한 우리 마음이 소망의 증거들을 가지고 절망으로 만들어 버리는 겁니다.

그러니 엠마오로 돌아갈 수밖에 없죠. 딱딱하고 차가운 얼음 같은 마음으로, 사도의 사명을 포기하고 예루살렘을 떠나고 있었던 겁니다. 예수님이 3일 만에 다시 살아나리라 하셨으면 3일이 다 지나갈 때까지는 기다려 볼 수 있는 거 아닙니까? 그런데 포기해요. "내가 살아난 후에 너희보다 먼저 갈릴리로 가리라." 말씀하셨는데(마 26:32), 갈릴리에서 하루만 더 기다려 봐도 되지 않을까요? 그런데 포기해요. 조금도 더 기다릴 수 없을 정도로 소망이 사라진 겁니다. 마음에 불을 잃었어요.

그런데 여러분, 우리도 이런 모습일 때가 얼마나 많은지요. 예수님에 대한, 삼위 하나님에 대한 우리의 신앙고백이 늘 부족하지 않습니까? 그런데 더 알아가려고 하지 않아요. 바로 잡으려고 하지 않죠. 예수님이 누군지 기억하려고 하지 않아요. 믿음의 내용이 부족합니다. 그 상태에서 소망만 큽니다. 예수님이 우리를 구해주실 것이라고, 이 일도 해결해 주실 거라고 소망하지만, 예수님이 어떤 구원자이신지, 어떤 구원을 베푸시는지에 대해서는 관심이 없죠. 그냥 어쨌든 이 고난과 어려움으로부터 건져내고 구해주시기를 소망하는 겁니다. 고난 속에 함께하시고, 우리를 예수님의 형상으로 빚어가시며, 구원으로 인도하고 계시는 예수님은 못 보고, 그저 구해주시기를, 그저 끝내주시기만을 구할 때가 얼마나 많습니까? 예수님을 구세주로 믿는 것과 예수님이 구세주가 되어주시기를 바라는 것 사이에는 큰 차이가 있습니다. 상황이 좋을 때는 뜨거웠다가 상황이 나빠지면 식어버리고, 좋은 일이 많을 때는 소망했다가 나쁜 일이 많을 때는 절망하는 신앙생활이 반복되는 이유는 무엇입니까? 마음을 지켜줄 말씀이 없고, 믿음이 없기 때문입니다.

예수님은 이러한 두 사람을 만나시며 열한 사도들의 믿음과 사명을 회복해 주실 것을 예고하십니다. 그런데 베드로도 예수님의 보냄

받은 '사도'로 살기를 포기했어요. 많은 제자도 사도로 살기를 포기했고요. 엠마오로 가던 두 제자도 포기했어요. 이 어두워진 눈과 이 차가워진 마음을 어떻게 새롭게 할 수 있을까요?

눈에 빛, 마음의 불: 구주의 증거

그리스도는 믿음 없는 우리의 어둡고 차가운 마음에 어떻게 새 일을 행하십니까? 바로 성경으로 그리스도를 설교하심으로 우리 눈에는 빛을, 우리 마음에는 불을 주셔서 모든 것을 새롭게 하십니다. 사랑하는 성도 여러분, 오늘 본문은 이 두 사람의 마음이 뜨거워지고 이들의 눈이 밝아진 것은 오로지 예수님의 주권적인 은혜라고 말하고 있습니다. 30절을 보십시오. "떡을 가지고 축사하시고 떼어 주실 때에, 그들이 눈이 밝아져서 그인 줄을 알아보았다." '눈이 누군가에 의해 밝아졌다'는 것은 무슨 뜻일까요? '예수님이 그들의 눈을 밝히셨다'는 의미입니다. 또한 32절에 두 사람이 무엇이라고 말합니까? "길에서 우리에게 말씀하시고 우리에게 성경을 풀어 주실 때에 우리 속에서 마음이 뜨겁지 아니하더냐!" 하지요. 여기 '마음이 뜨겁지 아니하더냐'라는 표현은 원어 그대로 읽으면 '마음이 불타오르지 아니하더냐'입니다. 불이 임한 것이죠. 성령의 임재를 나타내고 있습니다. 주님의 주권적인 은혜로 빛과 불이 임했던 겁니다.

그 결과 어떤 일이 일어났습니까? 그들이 예수님을 알아본 순간 예수님이 갑자기 사라지십니다. 보이던 예수님이 보이지 않게 되지요.

그런데 놀랍게도, 두 사람은 마치 예수님이 함께하시는 것처럼 행동하기 시작합니다. 주님의 제자들다운 행동을 하기 시작합니다. "곧 그시로"(33절) 일어나서 10여 킬로미터나 떨어진 예루살렘으로 돌아가, 열한 제자들에게 부활의 주님을 만난 것에 대해서 '증거'한 겁니다. 이게 원래 사도가 해야 할 일이죠. 예수님이 사라졌으나, 도리어 예수님과 동행하기 시작한 겁니다. 눈이 밝아져서 정체성을 회복한 것입니다. 가슴에 불이 붙은 '사도'로 다시 사는 새 일이 일어나고 있습니다.

이 놀라운 변화와 주권적인 은혜는 바로 '예수님의 설교'를 통해 예수님을 '만난' 자들에게 일어납니다. 사랑하는 성도 여러분, 예수님은 마법을 부려서 이들을 변화시키지 않았습니다. 여인들의 증거도 소용없었고요, 다른 사도의 확인도 소용없었습니다. 천사들의 말을 전해 들었음에도 믿음이 생기지 않았고요, 심지어 부활하신 주님을 보고 걸었는데도! 믿음은 생기지 않았습니다. 이들의 완고한 마음을 녹여서 불타오르게 한 것은 '설교'였습니다. 27절 말씀처럼, 예수님은 모세와 선지자와 모든 성경에 쓴바 자기에 관한 것을 자세히 설교하셨습니다. 그렇게 그리스도가 고난을 받고 영광에 들어가야 하는 것이 모든 성경의 증거라는 것을 직접 확인한 바로 그때, 그들의 마음이 뜨거워진 것입니다. 성경 말씀을 설교하실 때, 그리스도를 들을 때, 믿음이 일어난 것입니다.

예수님이 구약 성경을 통해 예수님에 대해 설명하신 내용이 어디에 담기게 되었을까요? 네, 사도들에 의하여 신약에 담기게 되었습니다. 그렇다면, 오늘날 신구약 성경을 통해 그리스도 예수를 증거하는 설교를 들을 때 우리는 무엇을 듣게 됩니까? 구주의 증거를 듣게 되는 겁니다. 그리스도가 중심에 계신 설교를 들을 때 예수님이 우리에게 하시는 말씀을 듣게 되고, 예수님과 교제하게 됩니다. 오늘 두 제자에게 오셔서 함께 걸으시고, 질문하시고, 꾸짖으시고, 떡을 떼어 주신 예수님이, 지금도 우리에게 오셔서 함께 걷고, 질문하시며, 꾸짖고, 떡을 떼어 주십니다. 설교는 이 모든 일을 행하시는 예수님을 깨닫게 합니다. 동행하시는 그분을 바라보게 만들며, 그리스도로 말미암아 뜨거워지게 만들죠. 설교를 통해 예수님을 만난다는 것은 이런 뜻입니다. 설교를 통해 우리 눈이 밝아져서, 죽으시고 부활하사 우리를 구속하신 영광의 주님을 믿게 됩니다. 설교를 통해 우리 마음에 불이 붙어서, 뜨거운 마음으로 하늘 보좌에 앉으신 그리스도를 강력하게 추구하며 살게 됩니다. "우리에게 말씀하시고 우리에게 성경을 풀어 주실 때에 우리 속에서 마음이 불붙지 아니하더냐!" 이 감격은 오늘날 우리에게서도 나타나야 합니다.

적용

사랑하는 성도 여러분, 오늘날에는 예수님이 직접 설교하시지는 않습니다. 이제는 교회에 말씀의 사역자를 세우셔서 예수님에 대해 증거하는 모든 성경을 주해하고 설교함으로 그리스도를 선포하게 하십니다. 그리스도가 중심에 계신 설교를 통해 구주께서 우리를 만나주십니다. 우리 눈을 뜨게 하시고, 우리의 마음이 불붙게 하십니다.

오늘 본문에서 예수님은 사도였던 두 사람의 정체성과 사명을 어떻게 회복시키셨습니까? 예수님이 '사도'로서 사도를 찾아가시고, '사도'가 해야 할 복음을 사도에게 전파하심으로 회복시키셨습니다. 우리가 설교를 통해 꼭 예수님을 만나 교제해야 하는 이유가 바로 여기에 있습니다. 예수님은 설교 가운데 우리가 잃어버린 정체성으로 우리를 만나주시며, 우리가 잃어버린 사명을 우리에게 맛보게 하심으로 새 일을 행하시기 때문입니다.

이게 무슨 말인가요? 예를 들어, 우리가 그리스도인 남편으로 정체성을 잃어버릴 때 예수님은 어떻게 하십니까? 설교를 통해 찾아오셔서 우리 남편들의 '남편'이 되어주십니다. 즉 우리가 신부로서 남편이신 그리스도의 사랑을 경험하도록 하십니다. 완전한 남편의 사랑을 경험하며 감격하게 하시고 감사하게 하셔서, 주님께 받은 남편의 사랑을 이제 내 아내에게 주고 싶게 만드십니다. 그리스도인 남편으로 살아갈 수 있는 빛과 불을 주시는 것이죠. 그리스도인 아내로서의 정체성은 어떻게 회복하십니까? 예수님은 하나님의 뜻에 죽기까지 순복하심으로 우리의 구원을 이루셨지요. 그리스도의 순복의 열매가 무엇입니까? 교회의 순복이요, 아내의 순복인 것입니다. 그리스도인 아내들은 남편이 순복할 만해서 순복하지 않습니다. 그리스도의 순복하심으로 받은 구원에 감사하기 때문에 남편에게 순복하는 것입니다. 이처럼 설교를 통해 예수님은 예수님을 만난 남편과 아내에게 빛과 불을 주시는 겁니다.

여기 K장남 K장녀들 많지요? 저도 장남인데, 모든 장남 장녀는 어

떻게 동생을 사랑해야 할지를 누구에게 배워야겠습니까? 네, 우리의
장형이신 그리스도를 설교를 통해 만나야 합니다. 설교에서 그분이
우리를 동생 삼아 주신 것과, 우리에게 얼마나 큰 사랑을 주셨는지 들
어야 합니다. 장남 장녀 노릇을 하기 전에, 예수님의 동생으로 장형의
사랑을 맛보아야 합니다. 그래야 참되게 동생들을 사랑하는 장남 장
녀가 될 수 있겠지요.

그리스도인 부모들은 어떠해야겠습니까? 설교를 통해 그리스도
안에서 가장 소중한 것을 내어 주시는 아버지의 자녀가 되어야 합니
다. 그 선하신 아버지의 사랑을 풍성히 맛보아 알아야 하는 것입니다.

우리 자녀 여러분, 그리스도인다운 멋진 친구가 되려면 어떻게 해
야 할까요? 가장 좋은 친구이신 그리스도의 사랑을 설교를 통해 맛보
아야 합니다.

몸이 약한 분은 설교를 통해 연약한 그리스도를 만나야 합니다. 그
분의 연약함이 십자가에서 그를 죽을 수 있게 했지만, 하나님은 그 연
약해지신 아들의 죽음을 통하여 사탄을 죽이시고, 죽었던 우리를 살
리는 강력한 일을 행하셨던 것 아닙니까? 그리스도의 연약함의 강함
을 설교를 통해 맛보아야 연약한 중에 위로를 얻을 것입니다.

원수처럼 미워하는 사람이 있습니까? 우리가 하나님의 원수임에
도 그리스도 안에서 얼마나 말도 안 되는 사랑을 받았는지 맛보아야
합니다. 용서는 사람이 할 수 있는 일이 아닙니다. 오직 그리스도의
보혈로 하나님의 원수 된 내가 사랑받는 자녀가 되었다는 증거를 그리
스도께 받아야 용서가 일어날 수 있습니다.

결론

한마디로, 설교를 통해 그리스도를 만나지 않으면 우리는 그리스도인으로 사는 것이 불가능합니다. 그리스도와 만나지 않고서는 결코 새 일은 일어나지 않습니다. 그래서 우리 주님은 주일마다 구주의 증거가 선포되게 하셨습니다. 주님이 누구인지에 대해서 눈 감아 버리고, 뜨거운 마음으로 살아가지 못하는 우리에게 매주 설교를 베푸시고, 매주 빛과 불을 허락하시는 구주를 찬송합시다. 성경을 설교하는 예배 시간마다, 우리에 대한 사랑을 맛보아 알게 하시는 구주의 은혜를 찬송합시다.

지난 당회 기도회에서, 수많은 기도제목 앞에서, 성도님들의 부르짖음이 귓전에 들리는 것 같아 얼마나 마음이 무거웠는지 모릅니다. 그 고통과 그 슬픔과 그 근심과 괴로움 속에, 이미 가까이 와서 동행하고 계시다고 오늘 설교를 통해 말씀하시는 그리스도를 바라봅시다. 그분의 동행하심이 기도하는 모든 마음에 위로로 임하기를 간절히 바랍니다. 남은 한 해도, 그리스도를 설교하는 예배를 통해 믿음으로 새 일을 행하시는 그리스도를 바라보며 함께 동행하는 여러분 되시기를, 성부와 성자와 성령의 이름으로 간절히 축원합니다.

초청에서
강복 선언까지

/

15장 찬송

15장 찬송

찬송하라! 그리스도의 말씀이 풍성하도록
(골 3:16-17)

정중현 목사

> 그리스도의 말씀이 너희 속에 풍성히 거하여 모든 지혜로 피차 가르치며 권면
> 하고 시와 찬미와 신령한 노래를 부르며 마음에 감사함으로 하나님을 찬양하
> 고 또 무엇을 하든지 말에나 일에나 다 주 예수의 이름으로 하고 그를 힘입어
> 하나님 아버지께 감사하라 _ 골로새서 3장 16-17절

서론

오늘은 '찬송'과 관련하여 하나님의 말씀을 선포하겠습니다. 사실 '송
영'에 대해 설교했고, '시편 찬송'에 대해서도 설교를 했죠. 그런데 '찬
송'에 대한 설교를 또 해야 할까요? 그렇게 찬송이 중요할까요? 중요
합니다. 생각해 보십시오. 벌써 세 번째 찬송인데 두 곡이 더 있습니
다. 공예배에서 가장 많은 순서가 찬송 순서입니다. 총 다섯 번의 찬
송을 부르는데, 무려 예배 순서의 25%를 차지합니다. 아멘 찬송과 기

도 및 성찬 시간에 듣는 찬송까지 총 열한 곡입니다. 이 자체가 예배에서 찬송이 얼마나 중요한지 말해 줍니다.

찬송은 단순한 노래가 아닙니다. 찬송은 하나님을 높이는 모든 일을 말합니다. 하나님은 자기 백성의 존재 목적이 "나의 찬송을 부르는 것"이라고 말씀하십니다(사 43:21). 우리 교회가 하나님을 찬송하지 않는다? 교회 아닙니다. 우리 예배에 찬송이 없다? 예배 아닙니다. 찬송은 기독교 예배의 성격을 가장 잘 드러냅니다. 찬송은 설교와 더불어 예배의 중심축이라 할 수 있습니다.

골로새교회는 설교와 찬송, 모든 것이 흔들리고 있었던 것으로 보입니다. 이방 종교와 유대 사상이 혼합된 가르침이 교회를 어지럽히고 있었습니다(2:4, 8, 18, 20-22). 특히 성도들 중 일부는 사도들이 전한 설교 외에 다른 신비로운 방법으로 하나님께 접근하려 했던 것 같습니다(Dick Lucas). 금식 등으로 자기 몸을 괴롭게 해서 환상을 보려고 하거나 천사가 하나님께로 접근하는 모습을 보려고 했습니다(Deniss Johnson). 현실에 있는 사도나 목사의 설교보다는 초현실적인 '경험'을 의지했던 것이죠. 신비와 경험을 강조한 이들의 가르침과 그 가르침에 곡조를 붙인 노래들도 인간적인 교리로 오염되었을 것입니다. 이에 바울은 골로새교회 성도들에게 그리스도의 탁월함을 증거하면서 골로새서를 써내려 갑니다. '그리스도가 모든 것보다 먼저 계셨다(1:17), 그리스도가 교회의 머리이시다(1:18), 만물의 으뜸이시다(1:18).'라고 선포하면서 그리스도의 복음이 지닌 풍성함이 다른 어떤 것보다 풍성하다고 증거합니다. 오늘 본문을 보십시오. "그리스도의 말씀이 너희 속에 풍성하게 거하게 하라."고 명령하지요. 그리스도의 말씀만으로 충분하다는 의미입니다. 초월적인 경험보다 우리가 전한 그리스도의 말씀을 믿고, 거짓 교리의 노래가 아닌 시와 찬미와 신령한 노래로 감사 찬양하며 하나님을 예배하라 합니다.

사랑하는 성도 여러분, 이 가르침이 오늘날에도 참 필요합니다. 최근 찬양팀들이 점점 초월적인 경험, 명상적인 노래를 추구하는 모습을 봅니다. 조명을 어둡게 하고 각 사람을 웅장한 소리로 감쌉니다. 오롯이 자신과 하나님만 있는 것처럼 느끼게 만들죠. 그러고는 다양한 상상을 하게 만드는 가사와 멜로디로 노래합니다. 그렇게 몰입하여 초월적인 경험을 통해 그리스도 없이, 말씀도 없이, 직접 하나님과 만날 수 있는 것처럼 영상들이 올라옵니다. 많은 청년이 그런 집회에 참석하면서 신앙생활을 하고 있습니다. 이런 예배, 이런 찬양도 괜찮습니까? 취향이라고 존중해야 할까요? 아닌가요? 아니라면, 왜 아닙니까? 우리 교회와 같이 전자 악기 하나 없는 교회의 찬송은 어떻습니까? 찬양에 뒤처진 교회인가요? 잘하고 있습니까? 어떤 점을 잘하고 있습니까?

사랑하는 성도 여러분, 답을 가지고 있어야 합니다. 판단할 수 있어야 합니다. 우리가 부르고 있는 찬송의 가치를 알아야 합니다. 우리가 왜 시편과 선별된 찬송가로 예배하는지, 현란한 악기 없이 예배하는지 알아야 합니다. 왜 찬양팀과 성가대가 없이 밝은 조명 아래서 찬송하는지 알아야 하죠. 자부심을 느끼기 위해서가 아닙니다. 분별할 수 있어야 합니다. 그래야 예배의 축이 흔들리지 않기 때문입니다. 오늘 함께 말씀에서 답을 찾아보겠습니다. 우리가 예배 가운데 무슨 찬송을 부르고 있으며, 그 찬송이 얼마나 큰 가치를 지니는지를 그리스도의 말씀을 통해 깨닫고 감사하며 찬송하는 여러분 되시기 바랍니다.

본문: 그리스도의 말씀이 풍성히 거하게 하라

본문은 먼저 "모든 지혜로 그리스도의 말씀이 너희 안에 풍성히 거하게 하라."고 명령합니다.

　여기서 '그리스도의 말씀'은 바울이 지금까지 전한 그리스도의 복음을 말합니다. 바울이 설교로 가르친 복음이죠. '그리스도께서 십자가에서 피 흘리심으로 화평을 이루셨다. 그리스도로 말미암아 하나님이 자기와 화목하게 되기를 기뻐하셨다.'는 복음이죠(1장). '우리의 범죄와 육체의 무할례로 죽었던 우리를 하나님이 그리스도와 함께 살리셨다. 모든 죄를 사하시고, 우리의 채무 증서를 십자가에 못 박으시고, 십자가로 승리하셨다.'는 복음을 말합니다(2장). 바로 이 복음을 '너희 안에 풍성히 살게 하라.'고 말합니다.

　이 풍성함은 보통의 풍성함을 말하는 게 아닙니다. 1장 27절에도 이 '풍성함'이라는 단어가 나오는데, 거기서는 하나님이 이방인에게 그리스도의 "풍성함"이 얼마나 큰지를 나타내셨다고 말합니다. 이방인이 알게 된 복음의 풍성함이 얼마나 크겠습니까? 멸망의 자식으로 죽어야 했던 자들이 그리스도 안에서 하나님의 자녀가 되었을 때 경험하는 그 풍성함이 얼마나 크겠어요. 어둠의 나라에서 빛의 나라로 옮겨졌을 때, 혹은 감옥에서 궁궐로 옮겨졌을 때, 그때 경험할 수 있는 부요함과 풍성함이 얼마나 크겠어요. 이러한 복음의 풍성함이 '너희의 삶에 늘 생동감 넘치게 살아 있도록 하라.'는 것입니다.

한마디로, 복음에 유창한 사람, 복음이 가지고 있는 부요함으로 생동감 넘치게 살아가는 사람이 되라는 뜻입니다. 여러분, 우리도 이런 삶을 참으로 살고 싶지 않습니까? 말씀이 늘 우리 안에 살아 있어서, 어떤 어려운 문제가 있어도 말씀을 믿고 인내하는 겁니다. 어떤 장애를 만나도 복음이 주는 길을 발견해 내는 겁니다. 그리스도만으로 만족하고요, 그리스도 외에 바랄 것이 없어서 고난 중에도 평안함이 깨어지지 않는 삶을 삽니다. 얼마나 부요한 삶입니까?

어떻게 하면 되는가? 바울은 세 가지 지혜를 제시합니다. 첫째, 서로 가르치라. 둘째, 서로 권면하라. 셋째, 감사로 하나님을 찬양하라. 여기 '피차'라는 말은 '너희가 서로에게'라는 뜻입니다. 즉 교회로 모인 교회가, 회중이 서로에게 가르치고 권면하라는 말씀입니다. 이 '피차'라는 단어를 통해 우리는 16절 말씀이 예배로 모여 있는 성도에게 주신 지혜라는 것을 알 수 있습니다. 16절은 성도들이 교회로 모였을 때 서로 가르치고 권면하고 감사 찬양함으로 말씀이 풍성히 거하게 하라고 명령합니다.

이에 비해 17절은, 삶의 현장으로 흩어졌을 때 교회가 말과 일을 어떻게 해야 하는지 명령합니다. 무슨 말을 하든지 무슨 일을 하든지 예수님의 이름으로, 예수님의 다스림을 받으면서, 하나님께 감사함으로 하라고 합니다. 어떻게 하라는 말인가요? 그 지혜가 18절부터 나옵니다. 아내와 남편으로서, 부모와 자녀로서, 또 섬기는 종으로서, 다스리는 상전으로서 어떻게 그리스도의 이름으로 말하고 하나님께 찬송하기 위한 행동을 할 수 있는지 가르칩니다.

정리하자면, 공예배로 모였을 때 그리스도의 말씀으로 풍성해진 사람들은 삶의 현장에서 그리스도의 다스림을 받으며 살아갈 것입니다. 우리는 예배로 모였을 때로 초점을 맞추어 보겠습니다.

그리스도의 말씀이 우리 안에 풍성해지는 세 가지 지혜

그리스도의 말씀이 우리 안에 거하게 하는 세 가지 지혜를 살펴봅시다.

첫째, 서로 가르쳐야 합니다. 우리가 서로 가르치므로 우리 안에 말씀이 풍성히 살아 있게 됩니다. 여기서 '가르치다'라는 말의 헬라어 명사형이 '디다케', 즉 '교리'입니다. 옳고 그름을 분별하는 지식, 우리 눈에 빛을 주는 지식, 성경이 가르치는 교훈, 교리적 지식을 말합니다. 우리는 서로 교리를 가르치고 또 배워야 합니다.

둘째, 서로 권면해야 합니다. 우리가 서로 권면하므로 우리 안에 말씀이 풍성히 살아 있게 됩니다. 교리적인 지식은 반드시 서로 권해야 합니다. 아는 대로 살아가자고 권하고, 그 지식을 서로 힘 있게 확증해야 합니다. 때로는 꾸짖어서라도 잘못된 길에서 벗어나도록, 바른 교리를 붙들고 살아가도록 서로 권해야 합니다. 배운 대로 확신하며 살자고 서로를 훈계하고 격려해야 합니다.

셋째, 마음으로부터 하나님께 감사하며 찬양해야 합니다. 하나님께 감사하고 찬송하면서 서로 가르치고 권면해야 합니다. 그러면 말씀으로 풍성한 자가 될 것입니다.

사랑하는 성도 여러분, 그런데 이 일이 상상이 되시나요? '서로 가르치고 서로 권면하라.' 다른 말로 하면, '서로 교리를 가르치고 서로 권징을 행하라.'라는 말이 됩니다. 여러분, 할 수 있습니까? 굉장히 부담스러우시죠. 우리가 서로에게 어떻게 교리를 가르치고, 서로에게 어떻게 권징을 하겠습니까? 또한 가르침과 권징을 통해 하나님을 감사하며 찬송하라니요. 이것이 가능한 일일까요? 그런데 이 세 가지가 동시에 일어나는 예배 순서가 있습니다. 이미 우리도 공예배 중에 가르치고 권면하는 시간이 있다는 말입니다. 바로 공예배 '찬송' 시간입니다. '시와 찬미와 신령한 노래'를 부르는 그 시간이 우리가 서로를 가르치고, 권면하고, 감사 찬송하는 시간입니다.

명령의 배경: 설교의 반응으로 드리는 찬송

우리가 부르는 찬송이 도대체 어떻게 서로에게 가르침과 권면이 됩니까? 골로새서 1장 27-28절이 이 지혜를 이해하는 데 도움이 됩니다. 이 말씀을 읽어 보면, 골로새교회가 가르치고 권면해야 할 내용이 다름 아닌 바울의 '설교' 내용이라는 것을 알 수 있습니다. 회중 스스로 교리를 가르치라는 게 아니라, 설교로 들은 교리를 가르치라는 말입니다. 회중 스스로 권면하라는 게 아니라 들은 설교로 권면하라는 말이죠. 한번 읽어 보겠습니다.

"하나님이 그들로 하여금 이 비밀의 영광이 이방인 가운데 어떻게 풍성한 것을 알게 하려 하심이라. 이 비밀은 너희 안에 계신 그리스도시니 곧 영광의 소망이니라. 우리가 그를 전파하여 각 사람을 권하고 모든 지혜로 각 사람을 가르침은 각 사람을 그리스도 안에서 완전한 자로 세우려 함이니"(골 1:27-28). 흥미롭게도 3장 16절과 상당히 많은 단어를 공유하고 있습니다. 일단 '풍성'이 보이죠. 그리고 '권하고', '모든 지혜로', '가르침'이 보입니다.

1장에서 바울은 이 단어들을 '그리스도를 전파'하는 '설교'를 설명하기 위해 사용합니다. 그리스도를 전파하는 설교로, 권하고 가르쳤습니다. 그리고 이제 바울은 그리스도의 복음으로 가르침과 권면을 받은 이 사람들에게, 3장에 와서 명령합니다: '서로 가르치고 서로 권면하라.' 즉 설교에서 배운 교리를 함께 예배하고 있는 아들, 딸, 부모님에게 가르치고, 설교에서 들은 권면을 함께 예배하고 있는 형제, 자매에게 확신시키라는 말입니다. 회중이 회중에게, 우리가 서로에게 설교로 들은 그리스도를 가르치고 권면하라고 명령한 것입니다.

무엇으로 합니까? 이때 등장하는 것이 바로 '시와 찬미와 신령한 노래'입니다. 한글 번역이 조금 아쉬운데, 의미가 잘 살도록 번역한다면 다음과 같습니다: '시와 찬미와 신령한 노래로 피차 가르치며, 시와 찬미와 신령한 노래로 피차 권면하라.' 일상에서 서로 가르치고 권하기도 해야겠지만, 공예배 찬송으로 노래할 때 시와 찬미와 신령한 노래를 부르며 서로 가르치고 또 배우라는 말씀입니다. 설교에서 그리스도를 들었으면, 감사함으로 그리스도를 찬송하며 서로 권면하고 또 확신을 얻으라는 것이죠. 여기서 성도들이 전하는 가르침과 권면은 설교자를 통해 하나님으로부터 받은 것입니다. 완전한 은혜의 선물이죠. 그러니 마음으로부터 감사 찬송하며 노래하게 됩니다.

가르침, 권면, 찬송, 이 세 가지가 이렇게 하나가 됩니다. 설교를 들을 때 우리는 그리스도를 받습니다. 거저 받습니다. 그래서 바로 곁에 있는 형제자매에게 거저 받은 것을 거저 줍니다. 설교자를 통해 받은 그리스도의 말씀에 감사하며 회중이 함께 찬송합니다. 그러면 설교에서 들은 교리를 노래로 가르치면서 동시에 듣고 배우게 됩니다. 노래로 권면하면서 동시에 듣고 확신하게 됩니다. 이 과정에서 설교를 통해 우리에게 은혜를 베푸신 하나님께서 찬송과 감사를 받으십니다. 또한 우리도 형제자매도, 그렇게 모두가 그리스도의 말씀으로 풍성해집니다. 말씀이 우리 안에 살아 역사하게 되는 것입니다.

공예배 찬송

사랑하는 성도 여러분, 이것이 공예배 찬송입니다. 공예배의 찬송은 선포된 그리스도를 교리적으로 가르치고, 권하고, 확신시킬 수 있는 노래여야 합니다. 그래서 아무 곡이나 사용할 수 없는 겁니다. '주여, 지난밤 내 꿈에 뵈었으니 그 꿈 이루어 주옵소서.' 이 노래로는 공예배에서 찬송할 수 없는 것입니다. '내 꿈'은 우리 모두가 가르치고 권면

할 수 있는 내용이 아니기 때문입니다. '이것이 나의 간증이요, 이것이 나의 찬송일세.' 이 노래로 공예배 때는 노래할 수 없다는 겁니다. 작사가의 간증을 나도 갖게 되었다면 혼자서 예배할 때는 얼마든지 부를 수 있습니다. 그러나 공예배 때는 아닙니다. 공예배의 찬송은 우리가 노래하고 우리가 들음으로 서로 가르침을 주고받고, 서로 권면을 주고받을 수 있는 노래여야 합니다. 분명한 그리스도의 교리가 들려야 합니다. 서로에게 그리스도를 붙들자고 격려하는 노래여야 합니다. 받은 그리스도로 인하여 하나님께 감사하게 되는 찬송이어야 합니다.

'시와 찬미와 신령한 노래들'이 어떤 노래인지 정확하게 알기는 어렵습니다. 견해가 나뉩니다. '시와 찬미와 신령한 노래' 모두가 시편이라는 주장도 있고, '시'는 시편이고 '찬미와 신령한 노래'는 신약의 노래라는 주장 등등 다양한 해석이 있습니다. 다만 한 가지 확실한 것은 '시편'은 반드시 포함된다는 것입니다. 시편은 성령으로 영감된 하나님의 말씀이기 때문에 가르치고 권면하기에 적합한 노래죠. 특히 시편은 그리스도를 예언하는 노래일 뿐만 아니라 그리스도께서 직접 부르신 노래이며, 그리스도에 대해 쓴 노래입니다. 그리스도를 설교로 들었을 때, 그리스도를 가르치고 권하며 찬송할 노래로 아주 적합하죠. 그래서 우리는 시편으로 공예배 때 찬송하고 있습니다.

서로 가르치고 권면하며 찬송하라는 이 말씀에 따라 우리는 어떻게 찬송해야 합니까? 다 같이 찬송해야 합니다. 서로의 가르침이 들리도록 찬송해야 합니다. 이 점에서 시끄러운 악기는 사용할 수 없게 됩니다. 전자 악기와 드럼 소리가 아무리 좋아도 나에게 그리스도를 알려 주는 형제자매의 목소리를 막으면 사용하지 말아야죠. 이는 취향의 문제가 아닙니다. 큰 소리와 어두운 조명 속에 혼자 즐기고 혼자 깊이 몰입하는 찬양, 자기 방식대로 자기만의 찬송을 부르는 것은 공예배 찬송의 자세로 적합하지 않습니다. 환하게 불을 켜고 형제자매를 바라보며 서로 목소리를 들어야 합니다. 시와 찬미와 신령한 노래가 가르치는 그리스도를 서로에게 들려주어야 합니다. 아버지 어머니의 목소리를 통해 자녀들이 설교에서 들은 복음을 다시 들어야 합니다. 공예배 찬송 시간은 나만의 세계로 몰입하는 시간이 아닙니다. 진정한 감사를 하나님께 고백하는 동시에 나와 내 곁에 있는 성도들과 함께 들은 복음을 주고 또 받는 시간입니다. 이 찬송을 시작으로 서로 권하며 가르치는 일이 계속될 때 그리스도의 말씀이 우리 안에 풍성히 살아 있게 됩니다.

그 결과가 무엇입니까? 무엇을 결실하게 됩니까? 바울은 설교의 목적이 '그리스도 안에서 완전한 자로 세우기 위함'이라고 합니다. "우리가 그를 전파하여 각 사람을 권하고 모든 지혜로 각 사람을 가르침은(즉 권하고 가르치는 일의 목적은) 각 사람을 그리스도 안에서 완전한 자로 세우려 함이니"(골 1:28). 이 목적이 서로 가르치고 권하는 가운데 이루어집니다. 말씀의 중심에 계신 그리스도께서, 그리스도 안에서 우리를 완전한 자로 세워 주십니다.

따라서 공예배 찬송에서 시작된 일은 삶에서 지속되어야 합니다. 그리스도를 권하고 가르치는 이 일이 삶에서 지속된다면 어떤 일이 일어날까요? 웨스트민스터 신학교의 채드 반 딕스훈 교수님은 아이가 말을 막 시작할 때부터 어린이 교리문답을 가르쳤다고 합니다. "누가 너를 만드셨지?" "하나님이요(God)!" 하면 이유식 한 숟가락 주는 식으로 가르쳤습니다. 그랬더니 5살이 되자 소교리문답을 다 외우게 되었고, 조금 더 자라자 부모에게 말씀을 가르치고, 부모를 권면하기 시작했습니다. "아버지, 어머니께 그렇게 말씀하시면 안 되잖아요. 사과하셔야 할 것 같아요." "어머니, 하나님은 선하세요. 걱정하지 말고 우리 조금 더 기도해 봐요." 하더라는 거죠.

사랑하는 성도 여러분, 자녀의 삶이 말씀으로 풍성해지기 원하십니까? 자녀가 말씀으로 온전히 자라가기 원하십니까? 부지런히 말씀의 씨를 뿌려야 합니다. 설교를 듣고 찬송하며 권하고 가르친 대로 집에서도 자녀를 그리스도의 말씀으로 가르쳐야 합니다. 찬송이라는 방법으로 훈계하고 가르치라 하신 것을 기억하면서 즐겁게 배우게 하시고, 즐겁게 확신하게 하십시오. 이를 위해 모임마다 커뮤니티마다 그 지혜를 함께 구하며 기도하시기 바랍니다. 짐이라고 생각하지 마십시오. 그 과정에서 자녀들뿐 아니라 여러분도 자랍니다. 우리 모두가 자랍니다. 함께 그리스도 안에서 완성되어 갑니다.

혹 신앙의 성장이 멈춘 지 오래인가요? 가르치고 권하는 삶을 시작해야 할 때입니다. 사랑방 모임이 그 기회이지 않습니까? 설교를 통해 받은 그리스도를 형제자매에게 가르치고 권면하므로 하나님께 감사할 수 있는 기회를 놓치지 마십시오. 점심 식사하면서 내가 들은 말씀을 말하고 당신이 들은 말씀을 들으며 함께 삼위 하나님을 높입시다.

결론

사랑하는 성도 여러분, 결국 오늘 말씀은 우리가 홀로 완성될 수 없다는 것을 알려 줍니다. 말씀이 우리 안에 풍성히 거하기 위해서는 서로가 필요합니다. 우리는 홀로 신앙생활하지 못합니다. 홀로 말씀 안에 풍성히 거할 수 없습니다. 한 몸 되어 함께 찬송하며 서로 가르치고 권면하며 세워가는 동안 나도 자라갑니다. 이것이 놀라운 신비이고 아이러니입니다. 다른 지체가 자라가야 나도 자라는, 우리는 그리스도의 몸입니다. 자녀에게 말씀을 가르쳐야 내가 자랍니다. 형제자매를 말씀으로 권면해야 내가 자랍니다. 설교를 듣고 찬송으로 화답하며 서로를 가르치고 권하기를 시작하십시오. 그리고 그 찬송을 오후 모임으로, 또 한 주간의 삶으로 계속 이어 가시기 바랍니다. 그렇게 서로를 자라게 하며 나도 자라고, 함께 마음으로부터 감사와 찬송을 올려드리는 광교장로교회 되게 하시기를, 성부와 성자와 성령의 이름으로 축원합니다.

초청에서
강복 선언까지

/

16장 찬송2

16장 찬송 2

죽임을 당하신 어린 양이
찬송을 받으시기에 합당하도다!
(계 5:1-14)

신상훈 목사

내가 보매 보좌에 앉으신 이의 오른손에 책이 있으니 안팎으로 썼고 일곱 인으로 봉하였더라 또 보매 힘 있는 천사가 큰 음성으로 외치기를 누가 책을 펴며 그 인을 떼기에 합당하냐 하니 하늘 위에나 땅 위에나 땅 아래에 능히 책을 펴거나 보거나 할 이가 없더라 이 책을 펴거나 보거나 하기에 합당한 자가 보이지 않기로 내가 크게 울었더니 장로 중에 하나가 내게 말하되 울지 말라 유대 지파의 사자 다윗의 뿌리가 이기었으니 이 책과 그 일곱 인을 떼시리라 하더라 내가 또 보니 보좌와 네 생물과 장로들 사이에 어린 양이 섰는데 일찍 죽임을 당한 것 같더라 일곱 뿔과 일곱 눈이 있으니 이 눈은 온 땅에 보내심을 입은 하나님의 일곱 영이더라 어린 양이 나아와서 보좌에 앉으신 이의 오른손에서 책을 취하시니라 책을 취하시매 네 생물과 이십사 장로들이 어린 양 앞에 엎드려 각각 거문고와 향이 가득한 금 대접을 가졌으니 이 향은 성도의 기도들이라 새 노래를 노래하여 가로되 책을 가지시고 그 인봉을 떼기에 합당하시도다 일찍 죽임을 당하사 각 족속과 방언과 백성과 나라 가운데서 사람들을 피로 사서 하나님께 드리시고 저희로 우리 하나님 앞에서 나라와 제사장을 삼으셨으니 저희가 땅에서 왕노릇하리로다 하더라 내가 또 보고 들으매 보좌와 생물들과 장로들을 둘러 선 많은 천사의 음성이 있으니 그 수가 만만이요 천천이라 큰 음성으로 가로되 죽임을 당하신 어린 양이 능력과 부와 지혜와 힘과 존귀와 영광과 찬송을 받으시기에 합당하도다 하더라 내가 또 들으니 하늘

위에와 땅 위에와 땅 아래와 바다 위에와 또 그 가운데 모든 만물이 가로되 보좌에 앉으신 이와 어린 양에게 찬송과 존귀와 영광과 능력을 세세토록 돌릴찌어다 하니 네 생물이 가로되 아멘 하고 장로들은 엎드려 경배하더라 _ 요한계시록 5장 1-14절

서론

공예배를 넘어서 삶의 모든 순간, 모든 자리에서 하나님을 예배하고 찬송한다는 것은 그리 쉬운 일이 아닙니다. '하나님을 경배하지 말고 나를 숭배하라.'고 우리를 유혹하는 것들이 얼마나 많습니까? '너, 하나님 없이는 살아도 나 없이는 못 살걸.' 하면서 우리를 위협하는 것들이 얼마나 많은가요? 우리의 관심을 끌고 우리의 충성을 받으려고 하나님과 경쟁하는 것들이 세상에는 셀 수도 없이 많지요. 게다가 요즘처럼 그리스도인이라는 사실을 굳이 밝히기가 꺼려질 만큼 교회가 조롱과 비난의 대상이 된 상황에서는 삶으로 예배하고 찬송한다는 것이 더더욱 어렵습니다.

　1세기 소아시아에 있던 일곱 교회의 성도들도 그랬습니다. 로마 황제는 자기를 주권자로 인정하라고 요구했습니다. 반기독교적인 사회 행위에 참여하도록 강요했습니다. 국가의 활동에 동조하지 않는 것을 신을 섬기지 않는 것으로 간주했습니다. 그리스도인에 대한 따돌림과 괴롭힘이 여기저기서 일어났습니다. 어떤 이들은 세상과 타협하며 하나님 아닌 것들을 섬겼고, 어떤 이들은 오직 하나님을 예배하

고 찬송하며 버텼습니다. 그러나, 쉽지 않았지요. 지치고 힘들었습니다. 삶은 온통 눈물로 얼룩졌습니다. 사도 요한은 고난 가운데서 수많은 유혹과 악의 세력에 대항하는 성도들에게 펜을 듭니다. 요한계시록입니다.

일곱 교회에 성령이 하시는 말씀을 기록한 다음에, 4장부터 사도가 본 환상이 본격적으로 시작되는데요. 그중에서 4장과 5장은 하늘의 예배 장면을 담고 있습니다. 천상 예배를 통해 누가 세상을 다스리고 있으며 경배받기에 합당한지를 보여 주십니다. 그리고 교회의 영광스러운 지위를 밝히 드러내시면서 땅 위의 교회들에게 하늘의 예배에 계속 동참하라고 요구하십니다. 천상 예배의 주된 요소는 바로 찬송입니다. 4장이 창조주 하나님을 예배하는 '창조의 노래'라면, 5장은 구속주 예수님을 높이는 '구속의 노래'입니다. 다른 말로 '새 노래'이지요. 계시록 5장은 신약에서 유일하게 '새 노래'를 구체적으로 다루고 있습니다. 본문을 통해 우리의 예배와 찬송의 중심이 되시는 그리스도는 어떤 분이신지, 새 노래는 누가 부를 수 있으며, 새 노래를 부른다는 것이 무슨 의미인지를 함께 살펴보고, 공예배와 삶의 예배에서 새 노래를 부르는 우리가 되기를 바랍니다.

새 노래의 대상: 죽임을 당하신 어린 양

9절에 새 노래가 어떻게 시작합니까? "책을 가지시고 그 인봉을 떼기에 합당하시도다." 무슨 책인가요? 하나님의 오른손에 있는 두루마리입니다. 앞뒤로 빽빽하게 가득 채워진 그 책은 일곱 개의 인으로 단단히 봉해져 있습니다(참고: 사 29:11; 단 12:4). 이어지는 계시록 6장부터 8장에 보면 일곱 개의 인이 하나씩 떼어질 때마다 책 안에 있는 내용이 시행됩니다. 그 장면들을 통해서 우리는 이 책에 하나님의 심판과 구원 계획이 담겨 있다는 것을 알 수 있습니다. 우주 만물과 온 세상에 대한 하나님의 작정을 적은 책이지요(참고: 겔 2:9-10). 하나님의 오묘한 뜻과 계획은 철저히 감추어져 있어서 하나님 외에는 어느 누구도 이 책을 펴거나 볼 수 없습니다. 그래서 요한 사도는 크게 소리 내어 울었습니다. 이 땅의 교회를 위해서는 하나님의 심판과 구원 계획이 밝히 드러나고 그대로 다 이루어져야만 하는데, 그것을 수행하기에 합당한 자가 창조 세계 어디에도 보이지 않았기 때문입니다. 그런데 그 자격과 권세를 가진 분에 대해 듣게 되지요. "유대 지파의 사자 다윗의 뿌리가 이기었으니 이 책과 그 일곱 인을 떼시리라." 유대 지파의 사자, 그리고 다윗의 뿌리는 모두 구약 성경에 근거한 표현입니다(창 49:9-10; 사 11:1, 10). 야곱은 열두 아들에게 유언하면서 유다를 넘치는 힘으로 먹이를 뜯어먹는 사자에 비유했습니다. 다윗은 여러 나라를 군사적으로 정복하고 다스린 용사이자 왕이었죠. 이와 같은 유다 지파에서 다윗의 후손으로 누가 오셨습니까? 예수 그리스도께서 오셨습니다. 하나님의 아들이시요 참 하나님이신 예수님이 구약의 예언대로 원수를 크게 물리치셨습니다. 위대한 승리자 예수님은 하나님의 심판과 구원 계획을 드러내고 시행하기에 합당하십니다. 악한 세력들을 이미 최종적으로 이기셨기 때문입니다.

그런데 새 노래에는 사자가 등장하지 않습니다. 하나님의 작정의 책을 받아 그 봉인을 떼기에 합당하신 분으로, 힘이 세고 무시무시한 사자가 제시되지 않습니다. 예수 그리스도께서는 사자 대신 죽임 당하신 어린 양으로 등장하십니다. 그냥 죽임 당하신 것이 아니라 끔찍하고 참혹하게 도살당하신 어린 양으로 말이죠. 그렇습니다. 우리 주님께서 찬송을 받으시기에 합당하신 이유는 그분이 유월절 어린 양으로(출 12장), 도수장으로 끌려가는 어린 양으로(사 53:7) 죽임 당하셨기 때문입니다. 사자이신 그리스도는 어린 양처럼 죽임 당하심으로 이기셨습니다. 군사적인 힘이 아니라 죽음으로 악을 정복하셨습니다. 온유와 겸손과 인내로, 고난과 희생으로, 자기 부인과 섬김으로 승리하셨습니다. 하나님의 원수들을 패배시킨 주된 무기는 십자가였습니다. 하나님의 궁극적인 능력은 십자가 위에서 발현되었습니다. 지는 것 같으나 이기신 분, 비천한 것 같으나 가장 존귀하신 분, 낮아짐으로 높아지신 분, 죽음으로써 사신 분, 이것이 바로 하늘에서 영광 받으시는 예수 그리스도의 모습입니다. 부활하시고 승천하시어 보좌에 높이 오르신 예수님은 하늘의 영광 가운데 계시지만 여전히 십자가에 못 박히신 분으로 나타나십니다. 수많은 상처와 찔린 자국들, 그 죽음의 흔적 보이기를 부끄러워하지 않으십니다. 언제나 그리고 영원히 죽임 당한 어린 양으로 존재하기를 기뻐하십니다. 왜요? 최후의 승리와 통치, 하나님 나라의 완성이 십자가의 고난과 죽음을 통해서만 이루어질 수 있기 때문입니다. 하나님의 모든 약속이 성취되는 열쇠는 어린 양 예수 그리스도의 죽음이기 때문입니다.

새 노래의 핵심 가사: 합당하시도다!

요한 사도는 환상 가운데 천상 예배의 현장을 보았습니다. 그 한가운데에는 하나님의 보좌가 있습니다. 하늘 성전의 중심인 지성소입니다. 하나님의 절대적인 통치가 이루어지는 장소입니다. 어린 양 예수님은 그곳에서 아버지께 넘겨받은 통치권을 행사하고 계십니다(단 7:13-14). 온 세상에 대한 하나님의 작정을 펼쳐 보이면서 다스리십니다. 보좌에 앉으신 이 어린 양을 향한 예배와 찬송의 장면은 그 어디에 기록된 것보다 장엄하고 아름답습니다. 마치 온 우주를 울리는 심장박동과 같습니다. 사도가 본 이 환상 속 장면을 한번 상상해 보십시오. 하늘 보좌 가장 가까이에는 하나님을 모시는 천상의 존재들이 있습니다. 사자와 소, 사람과 독수리의 형상을 한 네 생물들이 보좌에 계신 어린 양 앞에 엎드려 경배합니다. 신구약 교회 전체를 상징하는 이십사 장로들이 그 주위를 둘러서 함께 엎드려 경배합니다. 그리고 그 수가 만만이요 천천인 수많은 천사가 커다란 원을 이루어 큰 음성으로 찬송합니다. 이때 온 우주에 있는 모든 만물의 찬송 소리가 쩌렁쩌렁하게 울려 퍼집니다.

교회만이 아니라 천사와 모든 피조물이 함께 노래하는데, 그 공통된 내용이 무엇인가요? "죽임을 당하신 어린 양이 합당하시도다." '합당하시도다'라는 말은 1세기 당시 로마의 황제에게 사용되던 경배의 문구였습니다. 황제가 승리의 행진을 하며 돌아올 때 그를 기리고 축하하는 말이었죠. 그렇다면 "죽임을 당하신 어린 양이 합당하시다."

이렇게 찬송하는 것이 무엇을 의미합니까? 로마 황제 가이사가 아니라 십자가에 못 박히신 예수 그리스도께서 만왕의 왕이요 만주의 주라는 것이죠. 찬양받으실 분은 지상의 권세자가 아니라 하늘에서 통치하시는 어린 양 그리스도라는 겁니다. 세상의 권세자들은 자신의 힘을 통해 사람들의 칭송을 받지만(마 20:25-28), 힘없고 연약해 보이며 심지어 죽임을 당하신 어린 양이야말로 찬송을 받으시기에 합당하다고 선포하고 있습니다. 왜냐하면 그분은 죽으심으로 구주와 주님이 되셨고(행 2:36), 또한 만왕의 왕이 되셔서 모든 역사를 주관하고 계시기 때문입니다. 엉뚱하고 잘못된 대상이 아니라 참으로 합당하신 분께 합당함이 돌려지고 있습니다. 이것이 진정한 예배이고 찬송이지요. 만유의 중심에 계신 어린 양을 바라보면서 "예수 그리스도가 주이십니다!" 하고 찬송함으로 하나님 아버지께 영광을 돌리는 것이 영원히 올려드릴 참되고 바른 예배입니다.

새 노래를 부를 자격: 피로 사신 사람들

교회와 천사와 모든 피조물이 동일하게 어린 양의 합당하심을 찬양하지만, 거기에는 아주 중요한 차이가 있습니다. 분명히 다른 점이 한 가지 있습니다. 구속의 노래인 새 노래는 오직 24장로로 대표되는 교회에게만 적용된다는 사실입니다.[13] 물론 구원받은 적이 없는 천사들

---

13 문법상 8절의 "가졌으니"와 9절의 "가로되"의 주어는 "네 생물"이 포함되지 않는 "이십사 장로들"입니다.

도 객관적인 구원 사실에 대해서는 찬송할 수 있습니다. 그들 자신에게는 구주가 필요하지 않을지라도, 죄인들을 위해 죽으신 예수님의 존재와 성품과 사역을 교회와 함께 찬송할 수 있지요. 그러나 그들은 죽임 당하신 어린 양이 '나를', '우리를' 구원하셨다고 찬송할 수는 없습니다(히 2:14-16). 하늘과 땅 위, 땅 아래와 바다에 있는 다른 모든 피조물도 마찬가지입니다. 죽임 당하신 어린 양의 존귀와 영광과 능력을 찬송하지만, 그분이 '우리를', '나를' 피로 사셨다고 노래하지는 못합니다. 할 수가 없습니다! 만물이 구원의 결과를 함께 누리고 함께 회복되지만, 어린 양이 피로 사신 대상들은 아니기 때문입니다. 새 노래를 부를 수 있는 온전한 자격은 각 족속과 방언과 백성과 나라 가운데서 어린 양의 피로 사신 사람들에게만 있습니다! 계시록 14장은 누가 새 노래를 부를 수 있는지 다시 한번 분명하게 언급하는데요. "땅에서 구속함을 얻은 십사만 사천인 밖에는 능히 이 노래를 배울 자가 없더라"(계 14:3). 어린 양에게 속한 사람들만 새 노래를 부를 수 있습니다. 구속의 노래를 나의 노래로, 우리의 노래로 부를 수 있는 유일한 존재는 오직 예수님이 피로 사신 성도들뿐입니다. 교회뿐입니다. 천사들도, 다른 모든 피조물도 구원의 노래를 부를 때에는 우리를 흠모합니다. 구속함을 받은 성도 여러분, 우리가 우주에 있는 그 어떤 존재들보다 더 감격에 겨워 구원의 노래를 부를 수 있다는 사실이 얼마나 큰 영광입니까!

새 노래를 부르는 자들의 새 지위: 어린 양과 함께, 왕과 제사장으로

그렇다면 구원받은 성도들은 천상 예배의 현장 어느 위치에 서서 새 노래를 부를까요? 신구약 교회를 상징하는 24장로가 자리한 곳일까요? 보좌 가까이에 있는 네 생물과 가장 바깥을 둘러싼 수많은 천사들 사이 어디쯤일까요? 요한 사도는 환상 속에서 어린 양이 시온 산에 서 있고 그와 함께 성도들이 서 있는 것을 보았습니다(계 14:1). 보좌와 네 생물과 장로들 사이에서 새 노래를 부르는 것을 보았습니다(14:3). 성도들은 하늘 성전 가장 깊숙한 곳, 하나님의 보좌 앞에 있습니다. 그리스도께서 백성들을 자기 피로 사서 하나님께 드리셨기 때문입니다. 하나님과 성도들 사이에는 그 어떤 피조물도, 천상의 존재들도 끼어들지 못합니다. 그 사이에는 오직 어린 양 예수님만 계십니다. 둘 사이를 가르기 위해서가 아닙니다. 오히려 하나님과 우리를 연합시키기 위해서 하나님과 우리 사이에 어린 양 예수님이 계십니다. 예수님은 자기 자신을 위해 우리를 사서 하나님께 드리지 않았습니다. 천사들을 위한 것도 아닙니다. 하나님을 위해서, 그리고 우리를 위해서 피흘려 그 값으로 우리를 사셨습니다(계 1:5-6). 하나님과 우리가 화목한 것이 예수님의 가장 큰 기쁨이요 영광이기 때문입니다.

아무 자격 없는 우리가 보좌가 있는 지성소에 자리하고 있다는 것이 무엇을 의미할까요? 우리가 제사장이 되었다는 것이죠. 제사장 외에는 아무도 휘장 안으로 들어갈 수 없지 않습니까? 우리가 예수님과 연합하여 그곳에 함께 있다는 것은 또한 우리가 왕이 되었음을 뜻합니다. 예수님은 하늘 보좌에 앉아 통치하고 계시기 때문입니다. 이스라엘 백성들이 유월절 어린 양의 피로 애굽에서 해방되고 거기서 끝이 났다면, 각자 흩어져서 제 갈 길로 나아갔다면, 그것을 구원이라 부를 수 없겠지요. 새로운 나라, 하나님의 나라에서 그분의 백성으로 새 삶을 누릴 수 있어야만 진정한 구원이라 할 수 있습니다. 어린 양 예수님은 자신의 피로 새로운 출애굽을 행하셨습니다. 죄와 사탄에게 종노릇 하던 백성들을 세상 나라에서 해방해 주셨습니다. 그것으로 끝이 아닙니다. 가장 존귀하고 영광스러운 명예와 지위도 베풀어 주셨습니다. 그저 몸값이 지불된 노예가 아니라, 하나님 나라의 왕과 제사장으로 삼아 주셨습니다. 종노릇을 끝내 주신 것만이 아니라 왕노릇 하게 하셨습니다.

성도들의 왕으로서의 통치는 먼 미래에만 가능한 일이 아닙니다. 장차 하늘에서 왕이 될 것을 바라보는 것만도 아닙니다. 우리의 통치는 하나님 나라의 참된 왕이신 그리스도 안에서 그분과 함께 이미 시작되었습니다. 우리는 하늘에서만이 아니라 땅에서도 왕입니다. 왕 같은 사람이 아니라, 실제로, 참으로 왕입니다. 우리 자신의 정욕을 다스리고 죄와 마귀를 이길 수 있는 왕입니다. 그러다가 마지막 날에는 그리스도와 함께 온 세상을 심판할 왕입니다. 어떻게 왕이라고 단언할 수 있냐고요? 왕이라면 슬픔도 아픔도 없어야 하는 거 아니냐고요? 아니요, 다윗이 어떠했습니까? 우리 예수님이 어떠하셨습니까?

우리는 어린 양과 함께 통치하는 왕입니다. 세상의 힘이 아니라 어린 양을 따름으로 승리하는 왕입니다. 그분의 방식으로, 희생과 낮아짐과 죽음으로 다스리는 왕입니다. 그것이 우리가 제사장으로서 섬기는 방식이기도 합니다. 십자가를 짊어지는 우리를 통해 세상에 있는 백성들이 하나님께 나아오기 때문입니다. 자기 부인과 고난 중의 인내가 어린 양에 대한 증언 그 자체이기 때문입니다. 이것이 새 노래의 방향이자 목표입니다. 새 노래를 부르는 자들은 어린 양이 어디로 인도하든지 따라가는 자들입니다(계 14:4). 예수님은 자신을 따르는 신실하고 충성된 사람들을 통해 지금도 그분의 왕적 통치와 제사장적 섬김을 이루고 계십니다.

적용 및 결론

어린 양의 피로 사서 하나님께 드려진 성도 여러분, 우리의 예배와 찬송은 단지 의식이 아닙니다. 삶입니다. 공예배에서, 삶의 예배에서 우리는 늘 하늘의 예배 모습을 떠올려야 합니다. 환상 속 천상의 예배가 지상 교회의 예배가 되어야 합니다. 우리가 영원히 드릴 예배와 찬송은 지금 여기서 이미 시작되었기 때문입니다. 학업에서, 육아에서, 사업과 직장생활에서 여러분의 중심에는 누가 계십니까? 공예배에서 보고 듣고 먹고 마시며 누리는 예수 그리스도가 그곳에도 계신가요? 여러분이 기대하며 따르는 예수 그리스도는 어떤 분이십니까? 힘센 사자와 같이 돈과 권력과 명예로 정복하고 다스리시는 분이십니까? 그렇다면 우리에게도 그것들이 반드시 있어야만 하겠지요. 아니, 많아야만 하겠지요. 그러나 온 세상을 통치하시며 심판과 구원을 행하시기에 합당하신 예수님은 죽임을 당하신 어린 양이십니다. 어린 양과 반대되는 삶을 경계하시기 바랍니다. 세상 나라에 무턱대고 충성하며 하나님 아닌 것들을 하나님의 자리에 올려놓지 마십시오. 성령이 교회에 하시는 말씀에 귀를 기울이시고, 어린 양 예수 그리스도가 인도하는 대로 따라가시기 바랍니다.

복음은 십자가의 길 외에는 부활과 생명과 승리를 얻을 다른 어떤 길을 제시하지도, 인정하지도 않습니다. 우리는 세상에서의 크고 강함, 부유함과 높아짐으로 이기는 자들이 아닙니다. 약한 데서 온전해지는 능력(고후 12:9), 죽음으로 얻는 생명, 고난을 통한 승리, 이것이 바로 기독교의 위대한 역설입니다. 정신 승리 아닙니다. 가스라이팅 아닙니다. 희망 고문도 아닙니다! 그리스도께서 친히 그분의 삶과 죽음과 부활로 보여 주신 진리입니다. 예수님의 삶은 고난의 연속이었습니다. 그리고 죽임 당하셨습니다. 그러나 그 고난과 죽음으로 예수님은 승리하셨습니다. 우리도 그 사실에 근거해서 우리를 유혹하고 위협하는 모든 것에 맞서 굳게 설 수 있습니다. 세상은 우리를 초라하게 여기겠지요. 참고 견디며 낮아지고 섬기는 우리를 한심하게 바라보겠지요. 그러나 여러분, 우리는 천사들과 모든 만물이 찬송하는 장엄한 예배의 한가운데에 있는 영광스러운 존재라는 사실을 기억하시기 바랍니다. 새 하늘과 새 땅으로 이어질 영원하고 존귀한 삶이 시작되었다는 것을 잊지 마시기 바랍니다. 우리는 어린 양의 피에 옷을 씻었고

(계 7:14), 어린 양의 피 때문에 마귀를 이긴 자들입니다(계 12:11). 지금도 어린 양의 상처에서 끊임없이 피가 흘러나와 우리의 생명을 공급하고 유지합니다. 죽임 당한 어린 양과 전혀 어울리지 않는 길을 가는 교회가 참으로 많은 시대입니다. 우리는 끝까지 신실함을 지킴으로써 하나님과 어린 양을 예배하고 찬송하기를, 우리의 삶으로 그분을 증언하기를, 성부와 성자와 성령의 이름으로 축복합니다.

초청에서
강복 선언까지

/

17장 평화의 인사

17장 평화의 인사

샬롬, 그는 우리의 샬롬이신지라!
(엡 2:11-22)

정중현 목사

그러므로 생각하라 너희는 그때에 육체로 이방인이요 손으로 육체에 행한 할
례당이라 칭하는 자들에게 무할례당이라 칭함을 받는 자들이라 그때에 너희
는 그리스도 밖에 있었고 이스라엘 나라 밖의 사람이라 약속의 언약들에 대하
여 외인이요 세상에서 소망이 없고 하나님도 없는 자이더니 이제는 전에 멀리
있던 너희가 그리스도 예수 안에서 그리스도의 피로 가까워졌느니라 그는 우
리의 화평이신지라 둘로 하나를 만드사 중간에 막힌 담을 허시고 원수 된 것
곧 의문에 속한 계명의 율법을 자기 육체로 폐하셨으니 이는 이 둘로 자기의
안에서 한 새 사람을 지어 화평하게 하시고 또 십자가로 이 둘을 한 몸으로 하
나님과 화목하게 하려 하심이라 원수 된 것을 십자가로 소멸하시고 또 오셔서
먼 데 있는 너희에게 평안을 전하고 가까운 데 있는 자들에게 평안을 전하셨
으니 이는 저로 말미암아 우리 둘이 한 성령 안에서 아버지께 나아감을 얻게
하려 하심이라 그러므로 이제부터 너희가 외인도 아니요 손도 아니요 오직 성
도들과 동일한 시민이요 하나님의 권속이라 너희는 사도들과 선지자들의 터
위에 세우심을 입은 자라 그리스도 예수께서 친히 모퉁이 돌이 되셨느니라 그
의 안에서 건물마다 서로 연결하여 주 안에서 성전이 되어가고 너희도 성령
안에서 하나님의 거하실 처소가 되기 위하여 예수 안에서 함께 지어져 가느니
라 _ 에베소서 2장 11-22절

샬롬: 은혜 입은 자들의 관계

오늘은 공예배 순서 중에 '평화의 인사'에 대하여 설교하겠습니다. 우리는 설교를 듣고 찬송을 부르고 나면 평화의 인사를 하게 됩니다. '샬롬!' 하고 '평안하세요!' 하며 인사를 하지요. 그런데 여러분, 지금까지 평화의 인사를 나누면서 '뭔가 이상하다'라는 생각을 해보신 적 없습니까? 우리가 보통 인사를 언제 하지요? 우리 자녀 여러분, 인사를 언제 하나요? 그날 상대방을 처음 만났을 때 하죠? 한참 잘 놀다가, 중간에 '안녕?' 하는 친구가 있나요? 없지요? 그런데 우리는 예배를 한참 드리다가, 성찬 직전에 갑자기 '샬롬!' 하고 인사합니다. 새롭게 방문하신 분들이 있는데, 그때가 돼서야 방문하신 분들께 장로님이 교회를 대표해서 '평안하세요!' 하고 공식적인 인사를 해요. 그러니까 생각해 보면 굉장히 이상한 순서가 '평화의 인사' 순서 입니다.

우리는 왜 예배를 드리던 중에 갑자기 '샬롬!' 하고 인사합니까? 그 이유를 에베소서가 말해 줍니다. 바로 '그리스도의 은혜를 입은 자들만이 샬롬이라고 인사 할 수 있기 때문'입니다. 인사는 그 자체로 중요하지 않습니다. 인사를 통해 확인되는 '너와 나의 관계, 우리의 관계'가 중요합니다. '설교' 후에 나누는 평화의 인사는 우리가 서로 무슨 관계라는 뜻일까요? 설교를 듣고, '하나님의 은혜를 함께 받는 사이'라는 뜻입니다. 하나님의 은혜는 우리를 홀로 내버려 두지 않습니다. 은혜 입은 다른 사람들과 함께 평화를 누리게 합니다. 우리는 본래 서로 미워하고 싸우며 서로를 힘들게 하고 소외시켰을 사람들이에요.

그런데 그런 우리가 평화롭게 교제하고 섬기고 서로 봉사하며 사랑하게 만드는 관계적 힘이 어디서 나오는가? '은혜'에서 나옵니다. 그래서 우리가 말씀을 통해 그리스도의 은혜를 선물로 받은 후에야 비로소 평화의 인사를 나누며 성찬의 교제를 시작하는 겁니다.

오늘 우리가 읽은 에베소서 2장이 바로 이 은혜와 샬롬 사이의 관계를 잘 가르쳐 줍니다. 에베소서 1장부터 2장 10절까지는 우리가 받은 구원의 은혜를 말합니다. 2장 8절을 보시면, "너희가 '그 은혜를 인하여' 믿음으로 말미암아 구원을 얻었나니 이것이 너희에게서 난 것이 아니요 하나님의 선물이라." 합니다. 이어서 바울은 은혜를 입은 자들이 꼭 기억해야 할 것이 있다고 해요. 은혜로 구원받았다면 지속적인 샬롬의 관계로 나아가야 한다는 겁니다. 이 '샬롬'에 대해 바울은 11절부터 '그러므로 생각하라!' 하면서 세 가지를 기억하라고 가르칩니다. 첫째, 샬롬이신 그리스도 밖에 있던 "그때"의 우리 모습을 기억하라 합니다. 둘째, 샬롬이신 그리스도께서 "이제는" 우리에게 오셨다는 것을 기억하라 합니다. 셋째, 샬롬이신 그리스도 안에서 "이제부터" 우리가 함께 자라가야 한다는 것을 기억하라 합니다. 이 세 가지를 기억하기 위해 하나님의 말씀을 듣겠습니다.

은혜를 입은 자들이 기억해야 할 것 첫 번째는, 샬롬이신 그리스도 밖에 있던 "그때"의 우리 모습입니다(11-12절).

11절과 12절에 '그때에'가 두 번 나오는데, 바로 그리스도께서 오시기 '이전'을 뜻합니다. 그때 우리는 어떠했다고 합니까? 한마디로 모든 관계가 죽어 있었다 하지요. 우리 조상 아담과 하와의 죄로 인해 사람과 사람의 관계도, 사람과 하나님과의 관계도 다 죽어버렸습니다. 관계적 죽음을 보여 주는 대표적인 두 집단이 유대인과 이방인입니다. 11절을 보시면 이스라엘은 스스로 "할례당"이라 불렀습니다. 손으로 행한 할례를 통해 '나는 아브라함의 자손, 하나님 나라 백성이다.' 하며 자랑했습니다. 그러면서 할례받지 않은 이방인들을 더럽고 부정하다며 멸시했지요. 그러나 이스라엘은 언약의 표를 좋아하면서도, 그 표가 뜻하는 언약을 지키지는 않았습니다. 하나님의 뜻은 싫어했죠. 손으로 행한 할례를 자랑했지만, 마음의 할례는 받지 않았던 것입니다. 그들은 자신들을 "어두운 데서 불러내어 그의 기이한 빛에 들어가게 하신 자의 아름다운 덕을" 이방에 선전하지 않았습니다(벧전 2:9). 이방에 하나님의 영광을 전하지 않았죠. 오히려 하나님을 독점적인 자기 소유로 만들려고 했습니다. 그렇게 역사 속에서 이스라엘은 하나님과 멀어져만 갔습니다.

그 결과 이방인들은 어떻게 되었을까요? 하나님을 알 수가 없었습니다. 하나님 없이 어두운 세계에서 우상을 섬기며 아무 소망 없이 죽어갔습니다. 12절이 이를 묘사하고 있습니다. 이방인은 언약의 외인이었고, 하나님 나라 바깥에 머물렀습니다. 결국 이방인도, 이방인을 증오했던 유대인도 모두 하나님으로부터 멀리 떨어져 버렸습니다. 모든 관계가 죽어 있었지요. 바울은 모든 관계가 죽어 있었던 그때를 12절에서 이렇게 정리합니다. "그때에 너희는 그리스도 밖에 있었고." 우리가 그리스도 밖에 있던 그때, 우리 조상 아담 안에 있던 그때, 모든 관계가 죽어 있었습니다. 그리스도가 우리를 발견하시기 전까지 평화로운 샬롬의 관계를 누리지 못했습니다. 오늘 본문은 은혜로 구원받은 자들에게 바로 이때를 꼭 기억하라고 명령하고 있습니다.

사랑하는 성도 여러분, 우리가 어디에서 구원받았는지 기억하는 것은 감사를 풍성하게 합니다. 만일 그리스도께서 우리를 찾아오지 않으셨다면 우리는 어떻게 살았겠습니까? 어떤 분들은 유대인처럼 타인에 대한 적개심을 품고 살았을 것입니다. 자기 눈에 있는 들보는 보지 못하고, 남의 눈에 있는 티끌만 지적하는 삶을 살았을지도 모르죠. 항상 다른 사람보다 내가 얼마나 나은가 자랑하면서 살았을 겁니다. 하나님께 거저 받은 선물을 마치 자기가 이룬 업적처럼 높이면서 돋보이려 하거나, 사람들의 박수와 관심을 받으려고 겉과 속이 다른 위선적인 삶을 살았을 것입니다. 이기지 못할 때는 힘과 폭력을 동원하는 삶을 살았을 수도 있겠죠. 또 어떤 분들은 이방인처럼 살았을 것입니다. 하나님 대신 돈이든 명예든 우상으로 만들어 섬기면서 인생을 다 허비하며 살았을 것입니다. 혹은 자신을 신이 없는 세상에 던져진 무의미한 존재라고 여기면서 허무하게 살았을 수도 있겠죠. 아니면 사는 동안 인생을 즐기자 하면서 날로 더 강한 쾌락과 자극을 찾아다녔을 수도 있을 것입니다. 이러한 삶에 어떤 평안이 있을까요? 어떤 진심 어린 관계를 경험할 수 있겠습니까? 그리스도께서 우리를 발견하지 않으셨다면, 이 땅에서의 삶이 이미 지옥이었을 것입니다. 그러나 그리스도께서는 우리를 영원한 형벌을 받을 지옥에서 건져 주셨을 뿐 아니라, 관계적으로 죽은 삶에서도 건져 주셨습니다. 이것을 생각할 때 어찌 감사하지 않을 수 있을까요?

더불어 우리가 어디에서 구원받았는지 기억하는 것은 그리스도 밖에 있던 우리를 기억하며 겸손하게 합니다. 하나님과 단절된 유대인이나 이방인처럼 살아가는 사람들이 우리 주변에 있을 겁니다. 학교폭력과 따돌림, 나라 사이의 전쟁과 인종차별, 성별과 지역과 세대별 갈등 속에서 우리는 적대감과 우월감, 허무함과 절망에 사로잡힌 사람들을 보게 됩니다. 그들과 우리의 차이는 무엇입니까? 그들보다 우리가 낫습니까? 그들은 악질로 태어났고 우리는 선하게 태어났나요? 아니죠. 똑같이 타락한 죄인일 뿐입니다. 다만, 그리스도 밖에 있는가 그리스도 안에 있는가, 그 차이일 뿐입니다. 그러니 우리는 감사하면서도 겸손하게 됩니다. 아무리 교만한 사람도 그리스도의 반석 위에서 깨어지면 변할 수 있다는 가능성을 볼 수 있게 됩니다. 아무리 절망 속에 허우적거리는 사람도 그리스도 안에서 새로워질 수 있다는 소망을 품게 됩니다. 그리스도께서 베푸시는 은혜는 여러분이 떠올린 그 사람의 삶도 충분히 샬롬으로 바꿀 수 있습니다. 그리스도 안에서 나도 바꾸어 가시는 하나님이 그리스도 안에서 내 아들도, 내 딸도, 내 부모님도, 친구도 바꾸실 수 있습니다. 믿으면서 다시 그를 위하여 기도를 시작하십시오. 그리고 혹시 이 자리에 관계적인 죽음으로 스스로 힘겨워하고 있는 성도님 계시면 우리를 힘들게 하는 누구라도 그리스도께서 충분히 변화시킬 수 있음을 믿으시기 바랍니다. 이 말씀이 다시 타인과 자신에게 복음을 전할 용기와 믿음을 갖추게 하기를 간절히 바랍니다.

은혜를 입은 자들이 기억할 것 두 번째는, 샬롬이신 그리스도가 "이제는" 우리에게 오셨다는 것입니다(13-18절). 이제는, 멀리 떨어져 있던 우리가 그리스도 안에서 그분의 피로 가깝게 되었다는 것입니다 (13절)! 그분이 우리의 샬롬이라는 것입니다(14절)!

그리스도가 우리의 화평이십니다. 서로 멀리 있던 우리를 그리스도께서 가깝게 만드셨습니다. 둘이었던 우리를 그리스도께서 '하나로' 만드셨습니다. 전에 서로 미워하고 비방하는 데 익숙했던 두 부류의 사람들을 그리스도께서 화해시키셨고, 둘을 하나로 만드셨다는 겁니다.

둘을 하나로 만들기 위하여 예수님은 둘을 막고 있던 "중간에 막힌 담을 육체로 헐어버리셨"습니다. 담을 육체로 허셨다는 말이 무슨 뜻일까요? 이것은 예수님의 십자가 사건을 가리킵니다. 그런데 예수님이 십자가에서 도대체 무슨 담을 허무셨습니까?

먼저 하나님과 사람 사이의 담을 허무셨습니다. 마태복음 27장 51절을 보면, 예수님이 숨을 거두실 때 성소 휘장이 위로부터 아래로 찢어집니다. 성소의 휘장이 찢어졌다는 것은 오늘 본문 15절에 나타난 '원수된 것'이 사라졌다는 의미입니다. 즉 하나님이 죄인을 향해 가지신 적대감과 진노가 사라졌다는 뜻이죠. 하나님의 진노가 왜 사라졌습니까? 예수님께서 '의문에 속한 계명의 율법'을 이루셨기 때문입니다. '의문에 속한 계명의 율법'이란 의식문으로 표현된 율법, 즉 의식법을 말합니다. 우리가 요즘 레위기를 함께 읽고 있죠? 그 제사, 제사장, 정결법에 관한 법들이 다 의식법입니다. 의식법은 끊임없이 정한 것과 부정한 것, 거룩한 상태와 속된 상태를 규정합니다. 담을 만들죠. 죄에 대하여 진노하시는 하나님께서 백성들이 "죽을까 하여" 주신 규정들이 하나님과 죄인 중간에 막힌 담이었습니다. 그 죄에 대한 적대감의 장벽을 예수님께서 자기 육체를 죽음에 내어 주셔서 헐어버리셨습니다. 의식법이 정한 모든 희생 제사를 모두 성취하는 영단번의 제사를 드리셨습니다. 그래서 이제 대제사장이신 그리스도와 연합한 죄인은 하나님께 담대히 나아올 수 있게 되었습니다.

놀랍게도 예수님은 이 장벽을 허무시면서 유대인과 이방인 중간에 있는 막힌 담도 허물어버리셨습니다. 의식법 가운데는 유대인과 이방인을 나누는 법들이 많죠. 할례가 그러했고요, 각종 음식과 마실 것에 대한 규정들, 각종 절기법들이 유대인과 이방인을 갈랐습니다. 의식법에 관한 유대인들의 과도한 열심은 이방인에 대한 우월감과 적대감의 원인이 되었죠. 이처럼 높은 적대감의 원인을 예수님이 십자가에서 폐하여 버리신 것입니다.

예수님이 중간에 막힌 담을 헐어버리신 데에는 목적이 있었습니다. 15절, 16절을 보니까 무엇이라고 말씀하고 있나요? "한 새 사람을 창조"해서 화평하게 하고, 그가 "하나님과 화목하게 하는 것"이 그 목적이었습니다. 다시 말해, 유대인과 이방인이 샬롬을 이루어서 함께 하나님과 샬롬을 이루는 '한 새로운 사람을 창조하기 위해' 십자가로 막힌 담을 헐어버리신 겁니다. 예수님은 더 이상 유대인이라고도 부를 수 없고 이방인이라고도 부를 수 없는 새로운 인류를 만드셨습니다. 자기 몸을 십자가에 못 박는 대신 새로운 한 몸을 창조하셨죠. 하나의 새로운 몸, 즉 '교회'가 십자가로 말미암아 창조된 것입니다. 그리하여 18절 말씀처럼 교회는 예전에 서로 적대적이던 사람들이 한 몸을 이룹니다. 그리하여 "한 성령 안에서, 아버지께로 나아갈 수 있는" 접근 권한을 "저로 말미암아" 즉 "그리스도를 통하여" 얻은 것입니다. 유대인이나 헬라인이나 남자나 여자나 종이나 자유자나 모든 적대적인 사람들이 이제 그리스도 예수 안에서 한 몸을 이루어, 삼위 하나님과 친밀한 샬롬의 교제를 누리게 하신 것이죠.

예수님은 이러한 목적을 이루시기 위하여 샬롬을 우리에게 전파하셨습니다. 17절이 이에 대하여 말하고 있는데 이런 뜻입니다: 예수님은 가까이, 즉 사도들에게 부활 후에 나타나셔서 샬롬을 선포하셨습니다. "너희에게 샬롬이 있을찌어다"(요 20:19). 그리고 예수님은 사도들의 복음 전파를 통해서 먼 데 있는 이방인에게도 샬롬의 복음을 전하셨습니다. 사도들이 가서 설교했지만 그리스도께서 전하신 것과 같았습니다. 설교를 통하여 복음을 듣고 믿은 우리도 그리스도가 전하시는 샬롬의 관계를 받아 누리게 되었습니다. 사람과의 평화, 하나님과의 평화를 누리게 되었습니다.

한마디로, 그리스도가 우리의 샬롬이십니다. 그분이 샬롬의 시작이요 끝이십니다. 모든 적대감을 없애시고, 사람과 사람, 하나님과 사람 사이에 샬롬을 이루신 분이 바로 그리스도십니다. 이뿐만 아니라 그리스도께서는 그 샬롬의 복음이 우리 귀에 들리도록 사도와 설교자를 통해 전파하시고 믿음으로 붙들게 하셨습니다. 그래서 우리가 교회라는 새로운 몸을 이루어서, 이렇게 광교장로교회가 함께 그리스도를 통해 성령 안에서 아버지 하나님께 나아가는 샬롬을 누리게 하셨습니다. 이것이 참된 샬롬입니다. 참으로 그리스도는 우리의 영원하신 샬롬이십니다.

사랑하는 성도 여러분, 그리스도가 우리의 샬롬이심을 믿으시기 바랍니다. 그리스도가 우리의 샬롬이십니다. 이 순서를 뒤집지 맙시다. 샬롬이 우리의 그리스도가 아닙니다. 사실 '샬롬'이라는 말 자체는 히브리어로 '구원'을 의미하기도 하고요, '웰빙'이나 '행복', '안녕'이나 '번영'을 뜻하기도 합니다. 우리는 긴박한 상황에서 구원받는 것을 구원이라고 생각하거나 삶의 질이 높은 삶을 사는 것, 별 탈 없이 행복하고 안녕히 지내는 것, 성공적이고 윤택한 삶을 사는 것을 구원이라고 착각할 때가 많습니다. 관계에서도 친구끼리 친하게 지내는 것, 부부가 아무런 갈등 없이 평안한 것, 자녀의 성공을 도우면서 정겨운 가족 관계를 유지하는 것, 이런 것들을 구원과 혼동할 때가 많습니다. 물론 그렇게 지내면 좋죠. 그러나 그런 평안은 구원이 아닙니다. 샬롬이 그리스도는 아닙니다. 오히려 그리스도께서 이루신 교회의 화평을 이루기 위하여 애쓰고, 사랑으로 땀 흘려 섬기는 과정에서 우리는 구원을 더 풍성하게 누립니다. 교회 지체를 위하여 그리스도께 받은 사랑에 감사하면서 수고할 때 누립니다. 즉 그리스도가 우리의 샬롬이라고 선행과 봉사로 서로 고백할 때, 은혜를 입은 자들이 누리는 독특하고 아름다운 교제가 풍성해집니다.

여기서 그리스도의 은혜를 입은 자들이 기억해야 할 것 세 번째로 이어집니다. 무엇인가요? "이제부터" 샬롬이신 그리스도 안에서 함께 자라가야 한다는 것입니다(19-22절). 바울은 앞서 가르친 모든 내용을 바탕으로 '그러므로 이제부터' 교회는 새로운 정체성을 생각하면서 살아야 한다고 선포합니다. 그러면서 크게 두 가지 이미지를 제시합니다.

첫째, 교회는 서로를 외인이나 손이 아니라 성도와 동일한 시민이요 하나님의 권속이라는 것을 기억하라고 말합니다. 바울은 외인부터 하나님의 권속까지 점점 더 친밀한 관계가 나타나도록 단어를 사용하였습니다. "외인"은 낯설고 불길해서 없어지면 마음이 편해질 사람을 말하고요, "손"은 이스라엘 시민은 아니지만 이스라엘에 사는 손님 같은, 거주 외국인을 말합니다. 약간 가까워졌지만 여전히 불편하겠지요. "성도들과 동일한 동료 시민"은 타지에서 왔으나 시민권을 획득한 사람을 말합니다. 그리고 "권속"은 '가족 구성원'이라는 뜻이죠. 교회가 아버지 하나님의 식구라는 사실을 기억하라는 겁니다. 이처럼 비교와 대조를 통해서, 우리가 서로 아무리 다르더라도 하나님과 가장 친밀한 관계 안에 있는 식구라는 것을 기억하라고 말하는 것입니다. 그냥 보면 전혀 가족 같지 않지만, 그리스도 안에서 가족으로 볼 수 있어야 하는 것이죠. 교회는 하나님 아버지의 가족, 이것이 첫 번째 이미지입니다.

20절에서 바울은 교회에 대한 두 번째 그림을 그리는데, 한 기초 위에 서 있는 성전을 그립니다. 그런데 이 성전의 기초가 두 개인 것처럼 소개됩니다. 하나는 "사도와 선지자"라는 터입니다. 이는 신약과 구약 성경을 통해 선포되는 교리를 뜻할 것입니다. 다른 하나는 '모퉁이 돌이신 그리스도'입니다. 모퉁이 돌은 벽과 벽이 만나는 지점 아래에 두는 큰 주춧돌인데요, 가장 중요한 기초석입니다. 그럼 기초석이 두 종류라는 말일까요? 아닙니다. 20절은 신구약 성경에서 사도와 선지자가 증거한 그리스도, 그분이 바로 교회의 기초라고 말하고 있습니다. 신구약 성경에서 그리스도를 설교하는 기초 가운데 교회가 함께 지어져 간다는 말입니다. 그 기초 위에서 함께 연결되어 주 안에서 성전이 되어가고, 또 성령 안에서 하나님의 거하실 처소로 함께 지어져 가는 사람들이 바로 '교회'라는 것을 기억하라 하며 본문은 마무리됩니다.

교회에 대한 이 두 가지 이미지는 우리가 나누는 두 번의 평화의 인사와 연결됩니다. 먼저 회중과 목사가 인사를 하지요. 이는 설교자와 회중이 신구약 성경을 설교하고 들으며 그리스도를 주고받는 관계임을 확인하는 인사입니다. 이어서 성도님들이 서로 평화의 인사를 나누지요. 이는 그리스도 안에서 한 아버지의 가족 구성원으로서 곧 성찬상에 함께 참여하여 식사하는 관계임을 확인하는 인사입니다. 그때 공교회 안에서 우리 교회를 방문한 분들에게도 인사를 하지요.

그 인사는 단지 인사로 끝날 것이 아닙니다. 실제 교제로 이어져야 하겠습니다. 말씀의 직분자인 목사의 가르침, 장로의 심방, 집사의 구제 가운데 계속 그리스도의 말씀으로 교제해야 할 것입니다. 또 그리스도의 말씀을 찬송하며 서로 권하고 가르치면서 교제해야 할 것입니다. 나의 자녀와 나의 가정 안에서만 교제할 것이 아니라, 교제의 범위를 점점 넓혀가야 할 것입니다. 혈연관계를 넘어, 누가 교회에 오더라도 외인처럼, 손처럼, 외롭게 앉아 있는 분이 없는 교회를 온 성도가 함께 그려가야 할 것입니다. 나와 맞지 않는 사람이 있더라도 하나님의 가족으로 바라봐 주고 존중해 주는 교회를 함께 그려야 겠습니다.

사실 누구나 그런 교회에 있고 싶고요, 누구나 그런 교회를 이루기 원합니다. 그런데 이런 교회로 자라고 지어져 가기 위해서는 모든 성도의 헌신이 반드시 따라야 합니다. 모든 성도가 시간과 물질과 체력과 은사를 교회를 세워가는 일에 사용해야 합니다. 누가 그럴 수 있습니까? 우리가 하나님의 가족임을 믿음으로 바라보는 성도가 그리할 것입니다. 하나님께서 교회의 지체들을 영원한 가족으로 주심에 감사하는 성도, 우리가 함께 그리스도를 통해 한 성령 안에서 성부께 나아가 예배하게 하심을 감사하는 성숙한 성도가 헌신할 것입니다. 이러한 의미에서 교회는 성전으로써 계속 건축되어 가야 합니다. 건물 세우는 것을 말하는 게 아닙니다. 그리스도를 닮아가는 성도가 늘어가고, 함께 그리스도의 장성한 분량까지 자라가는 것이 진정한 교회 건축이지요. 이러한 교회 건축은 하나님께도 우리에게도 영광이 됩니다. 매튜 헨리라는 주석가는 이에 대해 이렇게 정리합니다. "공교회는 기초석이신 그리스도의 터 위에 세워지고 있고, 모퉁이 돌이신 그리스도와 함께 하나로 연합되어 지어져 가고 있으며, 결국 꼭대기의 머릿돌이신 그리스도 안에서 영광을 얻습니다."[14] 성전으로 영광스럽게

---

14 Matthew Henry, Matthew Henry's commentary on the whole Bible: complete and unabridged in one volume (Peabody: Hendrickson, 1994), 2310.

지어져 가고, 하나님의 가족으로 더욱 성숙해 가는 여러분 되시기를 바랍니다.

결론

구원의 은혜를 입으신 사랑하는 성도 여러분, 샬롬의 관계로 나아가시기 바랍니다. 그리스도가 오시기 전 그때, 우리는 죽은 관계의 사람이었습니다. 그러나 그리스도께서 오셔서 우리의 샬롬이 되어주셨습니다. 십자가로 담을 허무셔서 하나님과 우리의 관계, 또 우리 사이의 관계를 완전히 새롭게 하셨습니다. 이제부터 그리스도 안에서 우리는 함께 지어져 가야 합니다. 아니, 이미 지어지기 시작했습니다. 직분들이 세워졌고, 이미 사랑과 화평의 교제가 일어나기 시작했습니다. 그러나 아직 완성되지 않았습니다. 지어져 가고 있다는 말은 교회가 여전히 여러 부족함과 갈등과 어려움을 만날 수 있다는 뜻입니다. 그때마다, 그리스도께서 우리의 샬롬이시라고 인사하며 우리의 관계를 확인하는 교회가 됩시다. 우리가 누굽니까? 그리스도께서 십자가로 창조하신 한 몸이요 새 사람입니다. 하나님의 가족이요, 성도와 동일한 시민이며, 하나님의 거할 처소로 함께 지어지고 있는 성전입니다. 그리스도께서 선물로 주신 이 샬롬의 관계를 생각하고 기억하며 살아갑시다. 그리하여 그리스도의 장성한 분량, 찬란한 교회의 영광에 이르는 모든 성도 되시기를 성부와 성자와 성령의 이름으로 간절히 축원합니다.

초청에서
강복 선언까지

/

18장 성찬 제정사

18장 성찬 제정사

너희가 이를 행하여 나를 기념하라
(눅 22:14-23)

신상훈 목사

때가 이르매 예수께서 사도들과 함께 앉으사 이르시되 내가 고난을 받기 전에
너희와 함께 이 유월절 먹기를 원하고 원하였노라 내가 너희에게 이르노니 이
유월절이 하나님의 나라에서 이루기까지 다시 먹지 아니하리라 하시고 이에
잔을 받으사 사례하시고 가라사대 이것을 갖다가 너희끼리 나누라 내가 너희
에게 이르노니 내가 이제부터 하나님의 나라가 임할 때까지 포도나무에서 난
것을 다시 마시지 아니하리라 하시고 또 떡을 가져 사례하시고 떼어 저희에게
주시며 가라사대 이것은 너희를 위하여 주는 내 몸이라 너희가 이를 행하여
나를 기념하라 하시고 저녁 먹은 후에 잔도 이와 같이 하여 가라사대 이 잔은
내 피로 세우는 새 언약이니 곧 너희를 위하여 붓는 것이라 그러나 보라 나를
파는 자의 손이 나와 함께 상위에 있도다 인자는 이미 작정 된 대로 가거니와
그를 파는 그 사람에게는 화가 있으리로다 하시니 저희가 서로 묻되 우리 중
에서 이 일을 행할 자가 누구일까 하더라 _ 누가복음 22장 14-23절

서론

오늘은 공예배 순서 중 '성찬 제정사'에 관한 하나님의 말씀을 전합니

다. 초대교회 때부터 설교와 성찬은 공예배를 지탱하는 두 기둥의 역할을 해 왔습니다. 우리 교회 역시 매주 주님의 말씀을 따라 성찬을 시행합니다. 오늘 설교 제목과 같이, "너희가 이를 행하여 나를 기념하라."는 말씀입니다. 하지만, 그냥 형식적으로 의무감에 행해서는 안 되겠지요. 바르고 신실하게 행해야 합니다. 진정으로 예수 그리스도를 기념해야 합니다. 성찬에 담아 주신 주님의 뜻은 몇 번의 설교로 풀어내기에는 벅찰 정도로 풍성합니다. 오늘은 우리가 잘 알 만한, 그러나 또한 쉽게 놓칠 만한 기본적인 내용들을 함께 살펴보고자 합니다.

먼저 여러분의 눈앞에 놓인 이 성찬상을 제공하신 분이 누구이신지, 또 이 식탁에는 어떤 사람들이 초대받는지를 확인하겠습니다. 그리고 성찬에 사용되는 재료는 무엇을 상징하며, 성찬에서 집례자와 수찬자의 행동은 무엇을 의미하는지를 살펴보겠습니다. 마지막으로 성찬의 의미와 목적을 마음에 새겨서, 그것을 이루어 주시기를 간구하는 마음으로 함께 성찬상에 나아가기 원합니다.

성찬의 제정자: 예수 그리스도

먼저 이 성찬상을 제공하신 분에 대해 살펴봅시다. 예수님은 지상에 계실 때 한결같이 먹이시는 분이었습니다. 예수님이 가시는 곳마다 잔치가 열렸고, 예수님은 많은 이들을 불러 모으셨습니다. 대개 사람들은 잔치를 열면 나와 친한 사람, 힘 있고 지위가 높은 사람, 잔치의 흥을 돋울 수 있는 유쾌하고 밝은 사람들만을 초대하고 싶어하지요.

그러나 예수님은 달랐습니다. 그분의 초대에는 차별이 없었습니다. 예수님은 세리와 창녀같이 외면당하는 자들과도 기꺼이 어울리셨습니다. 잔칫집 분위기를 깰 만큼 깊은 우울감에 빠진 사람도, 몸이 아파 거동이 불편한 사람도, 일면식도 없는 외부자도 환대하셨습니다. 예수님이 마련하시는 식탁은 언제나, 인간의 필요가 하나님의 은혜를 만나는 장소였습니다. 주리고 목마른 자가 그대로 돌아가는 일은 결코 없었습니다. 고난당하는 자가 위로와 평안을 얻지 못하고 떠나는 경우는 없었습니다. 아프고 괴로워하는 누구라도 고침을 받고야 말았습니다. 예수님은 인간의 모든 슬픔을 아시는 긍휼의 초대자였습니다.

그런 예수님이 죽음을 앞두고 또 한 번 초대를 하십니다. 그곳은 지상에서의 마지막 유월절 식사 자리입니다. 마태, 마가, 누가, 세 복음서 기자는 동일하게 기록합니다. 제자들이 "예수께서 시키신 대로" 하였더니 그분의 "말씀대로" 되어서 "유월절을 준비"했다고 말이죠(마 26:19; 막 14:16; 눅 22:13). 장소 예약부터 필요한 음식까지 이 식사를 주도적으로 준비하신 분은 바로 예수님입니다. 시간이 되어서 자리에 앉으신 예수님은 자신이 죽기 전에 이 유월절 식사를 함께 나누기를 원하고 원했다고, 정말 간절히 바랐다고 말씀하십니다. 그만큼 이 모임이 예수님께 중요하다는 의미이지요. 이 식사를 고대하시고 친히 준비하시고 함께 나누신 우리 주 예수 그리스도께서 이 자리에서 성찬을 제정하셨습니다.

성찬 제정의 배경: 유월절 식사

우리는 성찬이 제정된 배경인 유월절 식사를 이해할 필요가 있습니다. 유월절 식사는 구약 이스라엘 백성에게 주어진 언약의 표지 중 하나입니다. 언약의 표지가 무엇입니까? 하나님의 약속을 시각적으로 보여 주고, 그 약속들이 사실임을 확인시켜 주는 것이죠. 백성들은 매년 한 번 이 식사에 참여하면서 출애굽, 즉 구원을 기념합니다. 하나님께서 애굽의 모든 집에는 심판을 행하셨지만, 어린 양의 피가 발라진 이스라엘의 집들은 넘어가신 것(逾:넘을 유, 越:넘을 월)을 기억하고 감사합니다. 그래서 유월절 식사의 중심에는 어린 양이 있습니다. 그런데 본문에 기록된 유월절 식사 장면에는 놀랍게도 어린 양이 전혀 언급되지 않습니다. 왜 그럴까요? 예수님 자신이 유월절 어린 양이시기 때문입니다(고전 5:7). 세상 죄를 지고 가는 하나님의 어린 양(요 1:29, 36) 예수님은 곧 십자가에 달려 죽으실 것입니다. 그분이 흘리신 피는 백성의 죄를 덮을 것입니다. 하나님은 그 피에 가려진 백성들을 심판하지 않고 넘어가실 것입니다(롬 3:25). 율법에 따라 아주 오랜 기간 지속돼 왔던 유월절 예식을 성취하실 예수님은 이제 유월절 식사를 대신할 새로운 언약의 표지를 만들어 정하십니다. 그것이 바로 성찬입니다.

성찬의 대상: 지상에서 계속 자라가야 할 교회

이 중요한 자리에 누가 초대되었습니까? 예수님의 열두 제자입니다.

특별한 부르심을 받아서 예수 그리스도와 그의 복음을 증거한 사도들입니다. 예수님이 함께 먹기를 원하고 원하신 사람들입니다. 넘치는 환대를 받은 손님입니다. 이들은 손님을 넘어서 예수님의 가족으로 여김 받고 있습니다. 유월절 식사는 전형적으로 가족의 식사였지요(출 12:3). 예수님은 새 언약의 식사인 성찬 역시 가족의 식사임을 드러내시고 가르치셨습니다.

예수님이 이 땅에서 행하신 마지막 만찬에, 세리, 창녀, 병자가 아니라 사도들만 초대된 것이 조금 실망스럽지 않습니까? 뭔가 예수님을 위해서 크게 수고하고 대단한 일들을 해낸 자들만 환대를 받고 그분의 가족이 될 자격이 있는 것처럼 느껴지진 않나요? 전혀 그렇지 않습니다. 바울 사도는 성찬이 제정되던 이때를 가리켜서 "주 예수께서 잡히시던 밤"이라고 표현합니다(고전 11:23). 직역하면, 예수님이 '넘겨지던 밤', 예수님이 '배신당하던 밤'입니다. 여러분도 잘 아시는 것처럼 이 고귀하고 영광스러운 자리에 배신자가 있었습니다. 예수님은 자신이 열두 제자 중 한 명에 의해서 배신당할 것을 예고하셨죠. 사실 가룟유다는 이 자리에 오기 전에 이미 주님을 배신했습니다. 돈을 받고 넘기기로 이미 약속한 상태였습니다. 그럼에도 예수님은 유다가 다른 제자들과 함께 이 식탁에 앉는 것을 허용하십니다. 왜요? 회개할 기회를 주신 것이죠. 그러나 우리는 알고 있습니다. 그가 끝까지 돌이키지 않은 확실한 배신자, 영원한 배신자였다는 사실을요. 그런데요 여러분, 과연 이 식탁에 유다만 배신자로 앉아 있었을까요? 예수님은 식탁에 둘러앉은 제자 모두를 바라보시면서 이렇게 말씀하십니다. "오늘 밤에 너희가 다 나를 버리리라"(마 26:31; 막 14:27). 베드로를 포함한 모든 제자가 대답했지요. "주님! 무슨 말씀이십니까! 제가 죽는 한이 있더라도, 절대로 주님을 모른다고 하지 않겠습니다!"(마 26:35; 막 14:31). "저는 감옥뿐 아니라, 죽는 자리에도 주님과 함께 갈 각오가 되어 있습니다!"(눅 22:33). 정말 그랬나요? 부인하지 않았습니까? 그날 밤 제자들은 다 예수님을 버리고 도망쳤습니다(막 14:50)! 호언장담했던 베드로는 많은 사람 앞에서 세 번이나 예수님을 모른다고 부인했습니다. 믿음이 없어서였나요? 아니요, 그들에겐 믿음이 있었습니다. 그들은 예수님을 주님으로, 그리스도로, 하나님의 아들로 믿고 고백한 자들입니다. 두려움 때문이었죠. 두려운 가운데 그들의 믿음이 약해진 탓입니다.

여러분, 그렇다면 주님의 만찬이 진행되는 그 시점에 누가 식탁에 앉아 있습니까? 완벽한 자들입니까? 자격을 갖춘 거룩한 자들입니까? 아니요, 온통 잠재적인 배신자들이 앉아 있습니다. 곧 도망치고 부인할 자들입니다. 주님을 홀로 외로이 남겨 둘 자들입니다. 예수님이 그 사실을 모르셨나요? 아셨습니다. 그럼에도 그들과의 식사 자리를 마련하셨습니다. 아니 어쩌면 그래서 더 간절히 원하고 원하셨는지도 모릅니다. 성찬은 죄인들을 위한 식사이기 때문입니다. 믿음이 더욱 강해져야 할 자들, 정직하게 회개해야 할 자들을 위한 식사이기 때문입니다. 사도들은 신약 교회를 대표하지요. 예, 우리 주님은 교회를 위해 성찬을 제정하셨습니다. 어떤 교회입니까? 지상에서 끊임없이 전투하는 교회입니다. 죄와 마귀와 싸워야 하는 교회, 언제 약해지고 넘어질지 모르는 교회입니다. 주리고 목말라 허덕이다가 포기하지 말라고, 목적지에 이를 때까지 힘을 내라고 주신 음식이 성찬입니다. 성찬은 선을 행해서 주어진 보상이 아닙니다. 하나님이 하시는 모든 일이 그렇듯이 성찬은 값없이 주어지는 선물입니다. 사도 요한은 성찬이 제정되던 날의 기사를 이렇게 시작합니다. "유월절 전에 예수께서 자기가 세상을 떠나 아버지께로 돌아가실 때가 이른 줄 아시고 세상에 있는 자기 사람들을 사랑하시되 끝까지 사랑하시니라"(요 13:1). 주님께서 성찬을 제정하심은, 자기 사람들을 향한 그분의 사랑 표현입니다.

성찬의 재료: 빵과 잔(에 담긴 포도주)

이 거룩한 식사에 주님은 무엇을 재료로 사용하십니까? 떡과 잔입니다. 정확하게는 빵과, 포도주가 담긴 잔이죠. 그런데 예수님은 이 빵이 자기 몸이며, 이 포도주는 자신의 피라고 말씀하십니다. 눈을 씻고 몇 번을 다시 보아도 그냥 빵이고 포도주일 뿐인데, 예수님의 몸이고 피라니요. 앞서 성찬은 새 언약의 표지라고 말씀드렸지요. 표지는 눈에 보이지 않는 영적인 실재를 보여 주기 위해 존재합니다. 예수님은 자신이 십자가에서 드리신 희생 제사를 빵과 잔으로 우리 눈앞에 드러내십니다. 죽임당하신 예수님의 살과 피에는 그분의 백성들에게 필요한 모든 유익이 담겨 있지요. 빵과 포도주가 바로 영적인 영양분인 주님의 살과 피를 상징합니다.

빵이 육신의 생명을 유지하고 보존하듯이, 예수님의 몸은 우리의 영혼에 생기를 주는 유일한 음식입니다. 생명의 양식이신 그리스도만이 우리를 살리시고, 또 살아가게 하십니다. 포도주는 잔치에 사용되는 음료입니다. 사람의 마음을 기쁘게 합니다(시 104:15; 사 22:13). 하나님은 다가올 메시야 잔치에서 오래 저장하였던 맑은 포도주를 풍성히 공급하겠다고 백성들에게 약속하셨습니다(사 25:6; 욜 2:19, 24). 예수님은 자신이 그 약속된 포도주를 공급할 자이심을 가나 혼인 잔치에서 선언하셨지요(요 2:1-12). 포도주는 오직 그리스도 안에서만 얻을 수 있는 영생의 기쁨을 의미합니다. 영생의 은혜를 위한 빵, 영생의 기쁨을 위한 포도주를 제공하시기 위해 반드시 필요한 것이 무엇입니까? 예수님의 희생입니다. 그분의 죽음입니다.

성찬에서 구주와 수찬자의 행동

예수님은 빵과 포도주를 제자들에게 그냥 건네시지 않습니다. 특정한 행동을 취하시죠. 빵을 가지시고, 감사기도 하시고, 떼어서, 주십니다. 잔도 그와 같이 하십니다. 여기서 어떤 행동이 특별히 눈에 들어오시나요? 예, 빵을 떼시는 것과 잔에 포도주를 부으시는 것이죠. 예수님은 이 빵과 잔에 일어난 일처럼, 자신의 몸이 십자가에서 찢기고 피 흘릴 것을 보여 주십니다. 그리고 어떻게 하십니까? 주십니다. 자기 생명을 주십니다. 자신의 죽음으로 얻은 모든 혜택을 주십니다. "이것은 너희를 위하여 주는 내 몸이다." 하시면서요. 그 자리에 있던 소수의 제자들만을 위한 것이 아니지요. 주님은 말씀하셨습니다. "이것은 '많은 사람'을 위하여 흘리는 나의 피니라"(마 26:28; 막 14:24). 성찬은 죽으시고 부활 승천하신 그리스도께서 자신의 모든 백성에게 자신을 내어 주시는 거룩한 예식입니다. 생명의 양식을, 영적인 음식을 일방적으로, 거저 주시는 복된 시간입니다.

빵과 잔을 주시면서 예수님은 말씀하십니다. "받아서 먹으라"(마 26:26), "너희가 다 이것을 마시라"(마 26:27). 수찬자들에게 요구되는 행동이 무엇입니까? 받아서 먹고 마시는 것입니다. 아무리 몸에 좋은 음식도 눈앞에만 있으면 소용이 없지요. 몸 밖에 있으면 전혀 유익하지 않습니다. 먹어야 하지요. 마셔야 합니다. 그래야 효력이 있습니다. 그런데 주님이 제공하시는 거룩한 식사에서는 먹고 마시는 눈에 보이는 행동이 다가 아닙니다. 예수님은 말씀하셨습니다. "내가 곧 생명의 떡이니 내게 '오는' 자는 결코 주리지 아니할 터이요 나를 '믿는' 자는 영원히 목마르지 아니하리라"(요 6:35). 예수님을 먹는다는 것은 그분께 나아오고 그분을 믿는 것을 의미합니다. 우리의 육신이 '손'으로 받아서 '입'으로 먹는다면, 우리의 영혼은 '믿음'으로 받아먹습니다. 입을 통해서가 아니라 믿음을 통해서, 성령에 의해서 먹고 마시는 것이 성찬입니다. 겉으로는 눈에 보이는 빵과 잔에 참여하고, 안으로는 십자가에 못 박히신 그리스도를 통해 오는 모든 은덕을 받아서 먹고 마시는 것이 성찬입니다(웨스트민스터 신앙고백 29장 7항). 무엇으로요? 믿음으로요. 영적으로요.

주님의 만찬에서 가룟 유다와 나머지 열한 제자의 차이가 바로 여기에 있었습니다. 유다는 빵과 포도주는 받았지만 예수님은 받지 못했습니다. 손과 입은 있을지라도 참된 믿음이 없었기 때문입니다. 제자들은 똑같이 죄인이었습니다. 그러나 내가 예수님께 죄로 빚진 자임을 아느냐 모르느냐, 인정하느냐 안 하느냐는 천지 차이입니다. 유다는 예수님이 빵을 떼고 포도주를 부으실 때, "주님의 몸이 '나를 위해' 찢기는구나, 주님이 '나를 위해' 피 흘리시는구나."라고 믿지 않았습니다. 회개하지 않고, 자리를 박차고 나가서 주님을 팔아넘기는 배신의 계획을 실행했습니다. 나머지 제자들은 비록 두려움으로 흔들릴지라도 참믿음을 지닌 자들이었죠. 자신이 죄인임을, 구주의 속죄가 필요함을 알았습니다. 그들의 말대로 주님과 함께 죽지는 못했지만, 결국에는 주님을 전하다가 주님 따라서 다 죽지 않았습니까! 이들이 살아생전 성찬을 행할 때마다 어떠했을까요? '주님을 십자가에 못 박은 것이 바로 나야.' 하면서 회개했겠지요. '주님의 죽음으로 인해 내가 살았어. 그 은혜로 지금도 살아가고 있어.' 감사했겠지요.

성찬의 의미와 목적: 과거를 기억하고 미래를 기대하며 현재를 살아가기

이것이 성찬을 제정하신 중요한 목적입니다. 예수님은 "너희가 이를 행하여 나를 기념하라." 하셨습니다. 기념하라, 기억하라는 말씀입니다. 예수님의 십자가 죽으심을 단지 과거에 일어난 하나의 역사적 사건으로 회상하라는 것이 아니지요. 나를 위한 주님의 희생을 뒤돌아보고, 그분의 죽음이 진실로 나의 구원이요 나의 생명이었음을 받아들이라는 말씀입니다. 나는 죽어 있었고, 영원히 죽어야 할 자였다는 사실을 인정하라는 요구입니다.

예수님의 죽음을 생각할 때 우리가 어쩔 수 없이 느끼는 애통이 있습니다. 그분이 나의 죄 때문에 죽임당하셨기 때문입니다. 성찬에서 죄인인 나 자신을 마주할 수밖에 없기에 우리는 슬퍼할 수 있습니다. 그러나 죽임당하신 예수님으로 인해 우리가 영원히 용서받았고, 그리스도께서 그 죽으심으로 말미암아 지금 하늘 보좌에서 우리를 위해 기도하고 계시며, 우리를 날마다 신령한 양식으로 먹이시고 붙들어 주신다는 사실을 믿음으로 받아들일 때, 감사가 터져 나오지 않을 수 없습니다. 예수님의 죽음은 우리를 향한 하나님의 사랑을 가장 결정적이고 확실하게 보여 주신 사건이기 때문입니다. 성찬은 슬픔과 기쁨, 십자가와 부활이 공존하는 자리이지만, 결국은 기쁨과 감사가 슬픔을 다 덮어버리는 잔치입니다.

주님은 말씀하셨습니다. "이 유월절이 하나님의 나라에서 이루기까지 다시 먹지 아니하리라.", "내가 이제부터 하나님의 나라가 임할 때까지 포도나무에서 난 것을 다시 마시지 아니하리라." 무슨 의미입니까? 주님과 함께 먹고 마시는 완전한 유월절 식사가 장차 완성될 하나님 나라에서 있을 것이란 말씀이지요. 그날이 올 때까지 어린 양의 천국 혼인 잔치를 미리 맛보고 누리는 것이 성찬이라는 말씀입니다. 성찬은 이처럼 과거만이 아니라 미래도 보게 합니다. 기억으로 과거를 보게 하며, 기대로 미래를 보게 합니다. 그렇게 뒤돌아본 과거와 내다본 미래가 무엇에 영향을 미칠까요? 무엇을 바꿀까요? 오늘이지요. 지금입니다. 신자들은 예수 그리스도의 과거에 근거해서 미래를 보고, 그 미래를 기다리며 현재를 살아가는 사람들입니다. 무엇으로 요? 믿음으로요.

우리의 믿음은 거친 세상 속에서 자주 흔들립니다. 사탄의 공격을 받아서 약해질 때가 많습니다. 그렇기 때문에 성찬은 자주 시행되어야 합니다. 육신의 양식을 자주 먹지 않으면 건강과 생명을 유지할 수 없듯이, 믿음을 증진시키고 강화하는 영적 식사도 자주 행해야 마땅합니다. 그리스도께서 우리를 붙들고 계십니다. 성령께서 우리를 그리스도께로 인도하십니다. 무엇으로요? 성찬으로요.

적용 및 결론

사랑하는 언약의 자녀 여러분, 여러분은 세례라는 언약의 표지를 받았습니다. 하나님이 은혜를 베푸셔서 여러분을 자녀 삼아 주시고 하나님의 언약 안에 포함해 주셨다는 의미입니다. 그렇지만 아직 성찬이라는 언약의 표지에는 참여할 수가 없습니다. 삼위 하나님에 대한 여러분의 믿음을 스스로 참되게 고백할 수 있어야 하기 때문입니다. 그것은 오직 말씀을 통해서만 가능합니다. 말씀 읽고 듣는 데 집중하시기 바랍니다. 하나님이 여러분에게 믿음을 주시고, 성찬상에 나아와 예수님과 교제하는 복을 누리게 하시기를 간절히 소망합니다.

사랑하는 성도 여러분, 우리 주님이 십자가에서 죽으심으로 마련하신 기쁨의 잔칫상이 오늘도 우리 눈앞에 차려져 있습니다. 광야와 같은 세상에서 살아가는 자기 백성을 도우시려고 계획하신 식사입니다. 우리의 모든 아픔과 슬픔을 아시는 주님께서 우리를 긍휼히 여기시며 주님의 식탁으로 초대하고 계십니다. 주님 자신을, 주님의 모든 은덕을 베풀고 먹이시기를 원하고 원하십니다. 주님 앞에서 우리 모두는 동일하고 동등합니다. 그분을 날마다, 아니 매 순간 필요로 하는 죄인일 뿐입니다. 언제든 넘어지고, 도망치며, 나만을 위한 선택을 하고, 주님을 홀로 외로이 둘지 모르는 잠재적 배신자로 서 있습니다. 그래서 우리는 자신을 믿을 수 없습니다. 믿어서는 안 됩니다. 믿고 의지할 분은 오직 우리 주 예수 그리스도뿐입니다!

잠시 후 목사가 빵을 찢고 포도주를 잔에 부을 때, 여러분 자신을 위해 그리스도께서 몸을 떼어 주시고 피를 흘리신 것을 감사히 기억하시기 바랍니다(웨스트민스터 대교리문답 169문답). 장로들이 빵과 잔을 전할 때, 친히 자신의 몸과 피를 주시는 그리스도의 손을 느끼시기 바랍니다. 여러분의 입으로 빵과 잔을 먹고 마실 때, 믿음으로 그리스도를 맛보시기를 바랍니다. 성령의 도우심으로 여러분의 영혼이 높이 들어 올려져서 하늘에 계신 예수님의 임재를 깊이 경험하기를 소망합니다.

여러분이 성찬에서 그리스도를 만나면 만날수록, 그분과 온전히 함께할 마지막 날을 더욱 사모하게 될 것입니다. 어린 양의 혼인 잔치가 다가오고 있습니다. 성찬에서 그 아름답고 영광스러운 잔치를 맛보고 누림으로 세상과 마귀의 유혹과 공격을 이기시기를, 마주하는 힘겨운 고난들을 참고 견디시기를 성부와 성자와 성령의 이름으로 축복합니다.

초청에서
강복 선언까지

/

19장 서약

19장 서약

성찬, 서약한 자들의 식탁
(마 5:33-37)

정중현 목사

또 옛 사람에게 말한바 헛맹세를 하지 말고 네 맹세한 것을 주께 지키라 하였
다는 것을 너희가 들었으나 나는 너희에게 이르노니 도무지 맹세하지 말찌
니 하늘로도 말라 이는 하나님의 보좌임이요 땅으로도 말라 이는 하나님의 발
등상임이요 예루살렘으로도 말라 이는 큰 임금의 성임이요 네 머리로도 말
라 이는 네가 한 터럭도 희고 검게 할 수 없음이라 오직 너희 말은 옳다 옳다
아니라 아니라 하라 이에서 지나는 것은 악으로 좇아 나느니라 _ 마태복음 5장
33-37절

서론: '예'한 자들의 식탁, 성찬

공예배 순서에 대한 설교, 오늘은 '서약' 순서에 대해서 설교합니다. 자
녀 여러분, 오늘 주보에 서약 순서가 있나요? 없지요. 서약하는 날에만
주보에 들어가는 순서입니다. 감사하게도 다음 주일에 우리 온유 동생
지유가 유아세례를 받을 예정인데, 그때 서약을 보게 될 겁니다.

서약 순서는 어디에 들어가나요? 기억하십니까? 늘 성찬 순서 직전에 서약의 순서가 있습니다. 왜 그럴까요? 서약과 성찬이 깊은 관련이 있기 때문입니다. 바로 성찬이 '신앙을 고백하고 하나님 앞에 서약한 자들의 식탁'이기 때문입니다. 세례의 서약 없이, 공적 신앙고백의 서약 없이는 성찬에 참여할 수 없죠. 여기 있는 모든 사람이 회원 허입식에서 '예!' 하고 서약했기 때문에 매주 주의 성찬에 참여합니다. 심지어 교회를 방문하신 분들도 성찬 허락 청원서에 '예!' 하고 서명함으로 서약하고 성찬에 참여합니다. 그래서 성찬은 '예' 하고 서약한 자들의 식탁이라고도 부를 수 있습니다.

오늘은 바로 여러분이 모두 답하셨던 '예'라는 대답이 얼마나 놀라운 의미를 지니는지 살펴보고 이를 삶에 적용하며 은혜를 나누려 합니다. 먼저 오늘 본문 말씀을 통해 서약이 무엇인지에 대한 예수님의 가르침을 받겠습니다. 이를 통해 우리가 '예'라고 대답한 서약의 무게를 알게 될 것입니다. 둘째로 우리가 서약할 수 있도록 하나님이 주신 복에 대해 살펴보겠습니다. 이를 통해 우리는 입의 고백대로 살아갈 수 있는 힘의 원천을 알게 될 것입니다. 마지막으로 어떻게 서약한 대로 예배하고 또 살아갈 수 있을지 살펴보면서, 함께 말씀의 은혜를 나누겠습니다.

서약이란 무엇인가

우선 서약이 무엇인가요? 우리 자녀들을 위하여 간단히 설명합니다.

서약은 '맹세'라고도 하는데요, 하나님을 증인으로 불러서 하나님 앞에서 약속하는 것, 그것이 서약입니다. 또는 하나님을 심판자로 모셔 놓고 하나님 앞에서 진실을 고백하는 것을 '서약'이라고 하지요.

예를 들어, 가장 대표적인 서약이 '결혼 서약'이죠. '하나님께서 죽음으로 우리를 갈라놓을 때까지, 그리스도께서 교회를 사랑하심 같이 내가 아내를 사랑하겠다. 교회가 그리스도께 순복하듯이 내가 남편에게 순복하겠다.' 우리는 이렇게 서약합니다. 하나님 앞에서 서로에게 했던 이 약속을 지키는 것이 성경이 말하는 사랑이에요. 좋고 싫은 감정은 그 자체로 사랑이 아니에요. 우리 자녀들이 아빠 엄마를 보면 서로 좋아했다가 싫어했다가 좀 이상하죠. 하나님은 그렇게 왔다 갔다가 하는 감정에 결혼 관계를 묶어 두지 않으셨습니다. 하나님 앞에서 서약하고 약속을 지키는 사랑으로, 결혼 관계를 단단히 묶어 두셨어요.

또 대표적인 서약이 법정에서 하는 증인의 서약이죠. 법정에서 증언하기 전에 증언에 조금이라도 거짓이 있다면 위증의 벌을 받겠다 서약하죠. 이처럼 하나님을 심판자로 모셔서, 우리가 말할 때 거짓이 있다면 심판해 달라고 요청하는 것이 서약입니다. 그렇게 하나님 앞에서 진실만을 말할 것을 약속하는 거죠. 이렇게 자신의 말이나 약속이 정말 진실되고 확실하다는 것을 믿을 수 있도록 하나님을 증인과 심판자로 부르는 것을 서약 혹은 맹세라고 합니다.

우리 부모님들도 서약에서 '예'했기 때문에 성찬에 참여하는 거예요. 무슨 내용에 '예' 하고 서약했을까요? 중고등부 자녀들, 들은 내용

기억합니까? 신앙고백 때 무엇을 고백해야 한다고 했지요? 첫째, '내가 죄인입니다.' 여러분의 부모님도 고백했어요. "당신은 하나님 앞에 진노를 받을 죄인이며, 하나님의 큰 자비에 의해 구원받는 길 외에 다른 구원의 길이 없음을 믿습니까?" 물었을 때, "예!" 하고 답하셨어요. 둘째, '주님의 이름을 믿습니다.' 여기 성찬을 받는 모든 성도님이 고백하셨어요. "주 예수 그리스도를 하나님의 아들이요 죄인의 구주로 믿고 오직 예수님만 의지하여 살겠습니까?" 물었을 때, "예!" 하셨어요. "내가 죄인입니다. 그러나 그리스도를 믿고 구원받은 죄인입니다." 이렇게 고백한 사람들이 함께 누리는 만찬이 성찬입니다.

본문

그렇다면, 이 '예' 한마디에 어떤 의미가 있을까요? 서약의 무게에 대하여 예수님의 가르침을 들어 봅시다. 여기서 예수님은 맹세에 대한 구약의 가르침을 요약하고, 그 가르침을 유대인들이 어떻게 왜곡해서 가르쳤는지 지적하시면서 율법의 진짜 의도를 풀어 주십니다.

우선 예수님은 맹세에 대한 구약의 가르침을 어떻게 요약하십니까? "헛맹세를 하지 말고 네 맹세한 것을 주께 지키라."라고 요약하십니다. 실제로 레위기 19장 12절에 보니까, "너희는 내 이름으로 거짓 맹세함으로 네 하나님의 이름을 욕되게 하지 말라. 나는 여호와니라." 하셨습니다. 또 신명기 6장 13절을 보니까, "네 하나님 여호와를 경외하며 섬기며 그 이름으로 맹세할 것이니라."라고 말씀하셨습니다. 이러한 명령들의 핵심은 무엇일까요? '맹세'일까요? 하나님의 '이름'일까요? 하나님의 이름이 맹세의 핵심이에요. 즉 하나님이 중요하죠. 맹세하는 자는 하나님 여호와를 경외하고 예배하며 맹세해야 합니다. 하나님은 내 말의 진실성을 보장해 주는 장치나 도구가 아닙니다. 영원히 살아 계신 증인이요 가장 높으신 심판자이십니다. 예배를 받으실 분이라는 말이죠. 서약은 하나님을 가장 높은 권위자로 인정하는 예배 행위입니다. 그래서 두렵고 떨리는 마음으로 하나님의 이름을 경외하는 자만이 참된 맹세를 할 수 있습니다.

이 율법을 주신 의도는 무엇이었을까요? 맹세할 때만 하나님 앞에서 진실하라? 아니겠죠. 율법은 최소한을 명령합니다. 최소한 맹세할 때만큼은 하나님 앞에서 거짓을 말하면 안 된다는 말이죠. 이 말은 최대한 어떻게 하라는 말씀이죠? 모든 말에서, 살아 계신 하나님 앞에 진실하라는 말씀입니다. 이것이 율법을 주신 하나님의 본래 의도였습니다.

성경을 가르쳤던 바리새인들과 서기관들은 하나님의 이런 의도에 대해서는 관심이 없었습니다. 마음으로 경외해야 할 하나님보다는 겉으로 보이는 '맹세' 그 자체에 집중했습니다. 어떻게 하면 거짓 맹세를 하지 않을 수 있을까? 어떻게 하면 거짓 맹세를 하는 위험에서 빠져나갈 수 있을까? 이런 고민을 했던 것이죠. 그 고민의 결과가 무엇이었을까요? 바로 '피조물'의 이름으로 맹세할 수 있다며 성경을 왜곡한 것입니다.

34절부터 예수님이 이 내용을 비판하십니다. 그들은 "하늘과 땅을 걸고 맹세할 만큼 내 말이 옳아!"라고 말하곤 했습니다. 그들은 "예루살렘을 걸고, 아니, 내 머리를 걸고 맹세할게. 내 약속 좀 믿어줘!"라고 말했죠. 왜 하나님의 이름이 아닌 피조물의 이름으로 맹세했을까요? 피조물로 맹세하면 맹세를 못 지킬 때 이렇게 도망갈 수 있었기 때문입니다. "미안합니다. 그런데 내가 하늘로 맹세했지 하나님의 이름으로 맹세한 것도 아니지 않습니까? 한 번 봐주시죠." 거짓으로 맹세했다는 것이 드러나면 이렇게 핑계할 수 있었습니다. "거짓말은 했지만, 내가 하나님의 이름으로 서약한 건 아니니까 하나님 앞에서 죄를 지은 건 아니야."

당시 바리새인들은 맹세를 지켜야 할 맹세와 지키지 않아도 되는 맹세로 나누었습니다. 예를 들어, '성전 금으로 맹세하면 그 맹세는 지켜라! 성전으로 맹세했으면 굳이 안 지켜도 된다!' 이렇게 자기 멋대로 지켜야 할 맹세, 지키지 않아도 될 맹세로 나누고 있었습니다(마 23:16). 예수님은 유대인 마음대로 정한 이 맹세를 지금 비판하고 계신 겁니다.

유대인들의 이러한 행태는 죄인이 가진 죄성을 보여 줍니다. 우리는 결코 맹세를 온전히 지킬 수 없는 죄인들입니다. 우리는 하나님 앞에서 맹세해도 맹세를 지키지 않는 죄인이에요. 유대인들은 맹세를 지킬 수 없는 자신의 죄성을 보고 하나님께로 달려가야 했습니다. 회개하면서, 죄인임을 고백하면서 하나님의 은혜를 구해야 했습니다. 사소한 일에서는 맹세를 자제하고, 하나님 앞에서 경외심을 가지고 예배하며 맹세하는 법을 배워야 했습니다. 그러나 그들은 쉽게 의인이 될 수 있는 다른 길을, 다른 진리를 만들었습니다. '피조물을 걸고 맹세하면 되겠네. 그러면 나는 언제나 진실을 말하는 의인처럼 말할 수 있어. 동시에 거짓 맹세도 피할 수 있지. 맹세를 어기더라도 계속 의인으로 살아갈 수 있어.' 겉보기에 의인이 되기 위한 이 악한 길을 만들어 버린 겁니다.

이런 길, 이런 진리로는 하나님께 갈 수가 없겠죠. 하나님께로 가는 길과 진리 되신 예수님은 뭐라고 가르치십니까? "도무지 맹세하지 말라!" 이 말씀은 모든 맹세를 금지하신 게 아니라, 유대인들이 가르친 것과 같은 거짓 맹세는 절대 하지 말라는 뜻이에요. 왜입니까? 하늘과 땅과 예루살렘, 그리고 우리의 머리까지 모두가 다 하나님의 것이기 때문입니다. 피조물을 걸고 맹세해도 그 피조물의 주인인 하나님이 거기서 들으십니다. 온 세상 만물에 하나님의 주권이 미치고 있습니다. 언제 어디서 무엇으로 맹세하더라도, 거기 계시는 분은 '하나님'이십니다. 그러니 모든 맹세뿐만 아니라 모든 말을 하나님 앞에서 한 것처럼 지켜야 한다고 말씀하신 겁니다.

마지막 37절이 그런 말씀입니다. '예'라고 말할 때, 그 말 자체가 하나님 앞에서 진실되게 하라는 말씀이죠. 거기에 '내가 하늘을 걸고 맹세하니까 나의 진실을 믿어줘!' 이런 쓸데없는 말을 붙일 필요가 없도록 처음부터 진실하게 말하라는 겁니다. '도무지 맹세하지 말라.'는 말씀은 사실 모든 말이 하나님 앞에서 맹세의 무게를 가지도록 말하라는 뜻입니다. 맹세할 필요가 없도록, 매사 모든 말이 하나님 앞에 진실하고 신실하라는 뜻입니다.

이 가르침은 '산상수훈'의 일부입니다. 산상수훈은 예수님으로 말미암아 이 땅에 임한 하나님 나라의 헌법이라고 할 수 있습니다. 이 헌법은 예수님을 왕으로 섬기는 새 언약 백성의 말은 하나님 나라의 표준에 맞게, 진실하고 믿을 수 있어야 한다고 선언합니다. 말이 진실하고 믿을 수 있으려면 무엇이 따라야 합니까? 네, 삶이 따라와야 합니다. 진실을 말하고 말 그대로 살아야 입술의 고백이 참 고백이 되겠죠.

결론적으로, 오늘 예수님은 우리에게 무엇을 말씀하고 계십니까?

서약할 때만 아니라, 우리의 모든 말과 삶이 하나님 앞에 진실하고 신실해야 한다고 말씀하십니다. 공적인 신앙고백과 우리의 일상의 말과 행동이 똑같이 무겁게 여겨져야 한다는 말입니다. 예배 때 신앙을 고백함으로 서약했다면, 삶에서도 그 고백이 나타나야 한다는 말씀입니다. 즉 우리가 예배 때 '그리스도가 나의 주님이십니다.'라고 서약했다면, 주님은 우리가 우리의 인생 전 영역에서 주님의 주님 되심을 고백하기를 원하시고 요구하실 것이라는 말씀입니다.

이게 무슨 말입니까? 우리가 서약 시간에 예수님을 주님으로 고백했지요. 그러면 주님은 우리 삶의 모든 순간에도 우리가 예수님을 주님으로 고백할 것을 원하시고 요구하신다는 말입니다. 즉 일상에서 우리가 우리 자신을 삶의 주인으로 삼으면, 우리는 주님께 거짓 맹세를 하는 것과 같다는 겁니다. 우리는 다 공적으로 예수님을 우리 주, 그리스도, 우리 왕, 선지자, 대제사장이라고 고백했습니다. 그러면 우리 삶에서 그 누구도, 심지어 우리 자녀도 마음의 가장 높은 왕좌에 앉히면 안 됩니다. 그 누구도 여러분 인생에서 가장 큰 선생으로 믿고 좇아서는 안 되는 겁니다. 그 누구도 여러분을 구원할 대제사장처럼 의지해서는 안 된다는 말입니다. 살아 계신 하나님의 아들이라 고백해놓고 마치 죽어 계신 분처럼, 능력 없는 분처럼 구하지 않고 기도하지 않는 것은 삶으로 거짓 맹세하는 것과 같습니다. 그뿐입니까? 예배 때마다 '전능하사 천지를 지으신 하나님 아버지'라고 고백하면서 삶 속에서 불안과 불평과 불만족을 쏟아낸다면, 우리는 거짓 맹세를 하는 겁니다. 거기 그 불평하는 그곳에 고백의 증인이요 심판자이신 하나님이 계시기 때문입니다. 우리가 공적인 자리에서 고백한 대로 주님은 늘 물으실 거예요. "너는 나를 누구라 하느냐?" 여러분이 직장에서, 학교에서, 가정에서, 무엇을 하든지 간에 거기서, "너는 나를 누구라 하느냐?" 물으실 것입니다. 예배에서 고백한 대로 "주는 그리스도시요 살아 계신 하나님의 아들이시니이다." 이 고백을, 그 서약을 일상의 말과 삶에서도 시인하라고 요구하실 겁니다.

사랑하는 성도 여러분, 과연 우리가 이러한 삶을 서약한 대로 살아갈 수 있습니까? 예배 때 고백하고 맹세한 대로 모든 일상에서 말과 행실로 고백하는 삶을 과연 우리가 살아갈 수 있을까요?

네, 그럴 수 있습니다. 하나님이 고백하는 자에게 복을 주시기 때문에 가능합니다. 예수님이 오늘 맹세에 대한 말씀을 비롯해서 산상수훈의 명령들을 주시기 전에 먼저 주신 게 있습니다. 여덟 가지 복, 팔복을 먼저 선포하셨죠. 이것이 하나님의 방법입니다. 예수님과 함께 이 땅에 도래하는 하나님 나라의 헌법은 '그리스도 안에서 천국이 너희의 것이다.'라는 복의 선언으로 시작합니다. 주를 고백하고 살아가면 어떤 일이 벌어질까요? 고난 당합니다. 부인하지 않으려 할 때, 공개적으로 그리스도를 시인할 때 고난 당합니다. "주를 인하여 우리를 욕하고, 핍박하고, 거짓으로 우리를 거스려 모든 악한 말을" 하는 자들에게 둘러싸입니다. 그러나 바로 그때 하나님의 음성이 들립니다. "그때에는 너희에게 복이 있나니, 기뻐하고 즐거워하라! 하늘에서 너희 상이 큼이라!" 하시며 고난이 하나님의 복으로 덮입니다(마 5:11-12). 삼위 하나님은 약속하십니다. 고백적 삶에 따르는 고난이 있지만 그와 비교할 수 없는 복이 반드시 함께한다고 약속하십니다. 이 복이 신앙고백의 원천입니다.

이 복의 약속은 서약 예식 순서에도 나타나 있는데요, 세례와 공적 신앙고백이 끝나면 머리에 안수하고 기도합니다. 이 안수는 무슨 마법 같은 힘을 전달하는 것이 아닙니다. 지금 기도하는 내용이 반드시 응답 될 것을 상징하는 것입니다. 이제 신앙고백적 삶을 살아가야 할 자에게 성령님이 기름 부음으로 응답하셔서 하나님의 복으로 함께할 것을 상징적으로 보여 주는 것이죠. 신앙고백을 마치자마자, 신앙고백적 삶을 시작하기 전에, 먼저 복을 주시는 겁니다. 강복 선언의 시간도 같은 의미를 지닙니다. 예배에서 고백한 대로 살아가야 할 모든 백성에게, 예배를 마치기 직전에, 성부와 성자와 성령의 함께하시겠다는 복이 먼저 선언됩니다. 늘 이런 식입니다. 우리가 믿음의 모험을 시작할 때, 하나님은 결코 우리를 고아처럼 버려두고 잠잠히 계시지 않습니다. 함께하시겠다고 복 주시며 약속하십니다.

믿음의 여정에서 하나님이 우리를 결코 버려두지 않으시고 함께하실 것을 우리는 확신할 수 있습니다. 왜냐하면, 성부 성자 성령 삼위 하나님께서 우리보다 먼저 고백하시고, 고백을 알게 하시고, 고백하게 하시는 분으로 자기 영광을 나타내셨기 때문입니다.

먼저 성자 하나님 그리스도 예수께서 자신에 대하여 고백하셨습니다. 이에 대해 디모데전서 6장 13절에 "만물을 살게 하신 하나님 앞과 본디오 빌라도를 향하여 선한 증거로 증거(고백)하신 그리스도 예수"라는 표현이 나옵니다. 실제로 요한복음 18장 37절에서 빌라도를 향해 예수님이 자신을 고백하셨죠. "예수께서 대답하시되 네 말과 같이 내가 왕이니라. 내가 이를 위하여 났으며, 이를 위하여 세상에 왔나니, 곧 진리에 대하여 증거하려 함이로라….' 그런데 디모데전서는 바로 앞 구절에서 예수님이 선한 고백을 하신 것이 우리의 신앙고백과 연결되어 있음을 밝히고 있습니다. "믿음의 선한 싸움을 싸우라. 영생을 취하라. 이를 위하여 네가 부르심을 입었고 많은 증인 앞에서 선한 증거를 증거(고백)하였도다"(딤전 6:12). 예수님은 우리가 고백적인 삶에서 마주하는 시험과 믿음의 싸움을 경험하신 분이십니다. 체휼하시고, 우리의 싸움을 미리 싸우시려고 먼저 고난 중에 고백하신 분, 성자 예수님이 우리의 복이십니다.

성부께서 알려 주시지 않으면 결코 할 수 없는 것이 신앙고백입니다. 시몬 베드로가 예수님께 "주는 그리스도시요 살아 계신 하나님의 아들이십니다."라고 고백했을 때, 예수님은 베드로를 칭찬하지 않으십니다. 왜냐하면, 그 고백이 베드로의 것이 아니라 하늘 아버지께서 주신 지식이기 때문이죠(마 16:17). 성부께서 알려 주지 않으시면 아무도 세례와 공적 신앙고백에서 서약하지 못합니다. 일상에서도 우리가 어떻게 고백해야 할지는 성부께 달린 문제입니다. 우리에게 고백을 주시는 성부 하나님이 우리의 복이십니다.

성령님은 그리스도를 고백하게 하시는 영이십니다. 요한일서 4장 2-3절을 보면 "하나님의 영은 이것으로 알찌니, 곧 예수 그리스도께서 육체로 오신 것을 시인하는 영마다 하나님께 속한 것이요, 예수를 시인하지 아니하는 영마다 하나님께 속한 것이 아니니…." 하지요. 오직 성령님만이 성부께서 알려 주신 그리스도를 시인하게 하시며, 하나님을 아바 아버지라고 부르짖게 하십니다. 서약한 대로 고백할 수 있도록 기도를 도우시고, 그리스도를 시인하게 하시는 성령님이 우리의 복이십니다.

이처럼 삼위 하나님이 우리의 복이십니다. 삼위 하나님께서 고백하게 하실 준비를 다 마치시고, 우리를 고백할 수 있는 고난의 자리로, 복의 자리로 부르시는 겁니다. 삼위 하나님 때문에 우리는 고난의 자리에서 '기뻐하고 즐거워하라.'는 말씀에 순종할 수 있습니다.

우리 모두가 교회 앞에서 신앙을 고백했습니다. 그 고백을 인도하신 분이 삼위 하나님이십니다. 동일한 삼위 하나님이 매일 매시간 주님을 선택하고, 주님을 시인하고, 주님을 부인하지 말아야 하는 모든 고난의 자리에서 우리를 고백하게 하시는 복으로 반드시 함께하실 것입니다.

그렇다면, 우리는 구체적으로 어떻게 서약한 대로 고백적인 삶을 살 수 있을까요?

먼저 삼위 하나님의 복을 기억하고 믿을 수 있도록 기도하십시오. 기도도 하나님 앞에서 말한다는 차원에서 서약과 같습니다. 복을 주시겠다 약속하신 하나님께 은혜를 달라고 믿음으로 기도하십시오. 모든 말과 행실에서 진실하고 신실하게 그리스도를 고백할 수 있게 해달라고 기도하십시오. 공적인 서약과 다르게 살아가고 있는 사적인 내 삶의 모든 거짓을 제하여 주시기를, 회개하며 기도하십시오. 고백을 가로막는 장애들을 이겨낼 수 있도록 기도하고, 공예배에서 서약한 대로 주는 그리스도시요 살아 계신 하나님의 아들이심을 어디에서 무엇을 하든지 고백하게 해달라고 소원하며 기도하십시오. 우리 자녀들은 이미 세례에서 여러분을 향한 사랑을 고백하신 하나님께 하루빨리 신앙을 고백할 수 있도록 믿음을 달라고 기도하시기 바랍니다.

성찬에서 삼위 하나님의 복을 기억하며 누리시기 바랍니다. 성찬에 참여하는 것 자체도 고백적인 행위입니다. '나는 죄인이지만, 그리스도 안에서 구원받았습니다.' 이 사실을 여전히 고백하는 자가 성찬에 참여하기 때문입니다. 죄와 비참을 고백하며 세리와 같은 마음으로 가슴 치며 나아오십시오. 나아와서, 구원받은 죄인에게 삼위 하나님이 차려주시는 생명의 양식을 먹고 마시기 바랍니다. 다시 고백할 힘을 얻으시기 바랍니다. 믿음으로 다시 하늘 양식을 먹으며 우리의 고백을 온전하게 하시고 강하게 하시며, 굳세게 하시고 견고하게 하실 주님을 굳게 신뢰하시기 바랍니다. 또한 이 만찬에서 형제자매를 바라보며 위안을 얻으십시오. 세상에서는 홀로 고난 당하는 것 같지만, 우리가 다 성찬의 자리에서 혼자가 아니라는 것을 보게 됩니다. 하나님께서는, 나와 같이 그리스도를 시인하며 고난을 당하는 형제자매가 함께 성찬에, 한 떡에 참여한다는 것을 보여 주십니다. 이 위로를 받으며, 서로를 위해 기도하며, 다시 고난으로 포장된 복의 자리로 나아가시기 바랍니다. 우리 자녀들은 이 복된 성찬상에 함께하기를 기대하면서 교회와 가정에서 잘 배우고 또 기도하시기 바랍니다.

결론

사랑하는 성도 여러분, 우리의 공적 신앙고백과 일상의 말과 행동은 하나로 연결되어 있습니다. 여러분 모두가 '예', '아니오', 이 한마디 말도 하나님 앞에서 맹세와 같이 무겁게 할 수 있는 고백자들이 되시길 바랍니다. 이 고백적 삶으로 초대하기 위하여 삼위 하나님이 먼저 서약하시고 고백하셨습니다. 복을 약속하셨습니다. 기도하면서 그 복을 구하시고, 성찬의 자리에서 그 복을 확신하십시오. 그리하여 그리스도를 고백해야 하는 모든 고난의 자리에서, "기뻐하고 즐거워하며" 우리에게 "복이 있다"고 찬송하는 여러분 되시기를, 성부 성자 성령의 이름으로 축원합니다.

초청에서
강복 선언까지

/

20장 성찬, 봉헌

20장 성찬, 봉헌

합당한 성찬을 위해 서로 기다리라
(고전 11:17-34)

정중현 목사

내가 명하는 이 일에 너희를 칭찬하지 아니하나니 이는 저희의 모임이 유익이 못되고 도리어 해로움이라 첫째는 너희가 교회에 모일 때에 너희 중에 분쟁이 있다 함을 듣고 대강 믿노니 너희 중에 편당이 있어야 너희 중에 옳다 인정함을 받은 자들이 나타나게 되리라 그런즉 너희가 함께 모여서 주의 만찬을 먹을 수 없으니 이는 먹을 때에 각각 자기의 만찬을 먼저 갖다 먹으므로 어떤 이는 시장하고 어떤 이는 취함이라 너희가 먹고 마실 집이 없느냐 너희가 하나님의 교회를 업신여기고 빈궁한 자들을 부끄럽게 하느냐 내가 너희에게 무슨 말을 하랴 너희를 칭찬하랴 이것으로 칭찬하지 않노라 내가 너희에게 전한 것은 주께 받은 것이니 곧 주 예수께서 잡히시던 밤에 떡을 가지사 축사하시고 떼어 가라사대 이것은 너희를 위하는 내 몸이니 이것을 행하여 나를 기념하라 하시고 식후에 또한 이와 같이 잔을 가지시고 가라사대 이 잔은 내 피로 세운 새 언약이니 이것을 행하여 마실 때마다 나를 기념하라 하셨으니 너희가 이 떡을 먹으며 이 잔을 마실 때마다 주의 죽으심을 오실 때까지 전하는 것이니라 그러므로 누구든지 주의 떡이나 잔을 합당치 않게 먹고 마시는 자는 주의 몸과 피를 범하는 죄가 있느니라 사람이 자기를 살피고 그 후에야 이 떡을 먹고 이 잔을 마실찌니 주의 몸을 분변치 못하고 먹고 마시는 자는 자기의 죄를 먹고 마시는 것이니라 이러므로 너희 중에 약한 자와 병든 자가 많고 잠자는 자도 적지 아니하니 우리가 우리를 살폈으면 판단을 받지 아니하려니와 우리가 판단을 받는 것은 주께 징계를 받는 것이니 이는 우리로 세상과 함께 죄 정함을 받지 않게 하려 하심이라 그런즉 내 형제들아 먹으러 모일 때에 서로 기

다리라 만일 누구든지 시장하거든 집에서 먹을찌니 이는 너희의 판단 받는 모
임이 되지 않게 하려 함이라 그 남은 것은 내가 언제든지 갈 때에 귀정하리라
_ 고린도전서 11장 17-34절

서론

누군가 여러분에게 광교장로교회가 어떤 교회인지 물어보면 여러분
은 무엇부터 소개하시겠습니까? 우리 자녀들은 무엇부터 알려줄 거예
요? 시편 찬송을 부른다? 신앙고백서를 가르친다? 여러 답이 있겠지
만, 아마도 많은 분이 우리 교회는 매주 성찬식이 있다는 것을 가장 먼
저 소개할 것 같습니다. 매주 성찬식을 가지는 교회가 매우 드물기 때
문이죠.

　성찬은 자주 시행하는 것 자체가 중요합니다. 성찬을 1년에 서너
번 시행한다면 어떻게 될까요? 우선 성찬이 굉장히 낯설어집니다. 성
찬에 대해 배울 기회도 줄어들겠지요. 그러면 성찬 때 자기 소견에 옳
은 대로 참여하기가 쉽습니다. 어떤 경우가 있을까요? 울려고 합니
다. 슬퍼지려고 노력합니다. 예수님의 고난을 생각하며 자기감정에
집중하느라 성찬에 담긴 풍성한 은혜를 놓치기 쉽습니다. 혹은 정반
대로 슬픔도 기쁨도 아무 감흥도 없이 성찬에 참여하게 될 수도 있습
니다. 이뿐만 아니라, 성찬을 자주 시행하지 않으면 권징이 약화됩니
다. 권징이 약해지면 교회가 더 잘 타락합니다. 누가 큰 죄를 지어서 6
개월 동안 성찬을 받지 못하는 벌(수찬정지)을 받았다고 생각해 봅시다.

그런데 성찬 시행을 6개월 중 한 번밖에 하지 않으면, 수찬정지 '1일'을 받은 것과 같죠? 큰 죄를 짓는데 작은 벌을 받으면 어떻게 될까요? 벌이 우스워집니다. 더 큰 죄를 더 쉽게 짓게 됩니다. 성찬을 적게 시행하는 것은 교회의 타락과 깊은 관련이 있습니다. 따라서 성찬을 자주 시행하는 것은 중요합니다.

사랑하는 성도 여러분, 그러나 성찬을 자주 하면 끝인가요? 매주 성찬을 하면 아무 문제가 없습니까? 그건 아닙니다. 어떻게 성찬을 받는지도 매우 중요합니다. 여러분은 어떻게 성찬에 참여하고 있습니까? 습관적이고 기계적으로 매주 참석한다면 도리어 더 큰 문제입니다. 오늘 우리가 읽은 성경은 함께 모여 주의 만찬을 먹으려면 "합당하게" 받으라고 말씀합니다. 왜냐하면, 합당하지 않은 성찬은 유익하지도 않고 도리어 해를 끼치기 때문입니다(17절). 고린도교회는 합당하지 않은 성찬, 즉 부주의하고 무의미한 성찬을 시행하고 있었습니다. 우리도 매주 성찬을 받으면서 무의미하고 부주의하게 참여할 위험에 매번 노출됩니다. 자주 시행되는 성찬에 합당하게 참여하기 위하여 오늘 성경의 가르침을 주의 깊게 듣고 마음에 새기시기 바랍니다.

합당하지 않은 성찬의 예: 고린도교회의 성찬

본문은 합당하지 않게 성찬에 참여하고 있던 고린도교회를 향한 바울의 권면입니다. 우선 고린도교회 성도들이 성찬을 어떻게 행했길래 그들의 성찬이 유익하지도 않고, 심지어 해로웠을지 살펴보겠습니다.

먼저, 18절을 보니까 이 교회에 분쟁이 있었습니다. 어떤 분쟁이었습니까? 음식으로 인한 분쟁이었습니다. 21절을 보시죠. "이는 먹을 때에 각각 자기의 만찬을 먼저 갖다 먹으므로 어떤 이는 시장하고 어떤 이는 취함이라."

이게 무슨 말인지 잠시 배경을 설명드리겠습니다. 고린도교회는 '애찬'이라고 불리는 '식사'로서의 성찬을 시행하고 있었습니다. 성도들은 자기 집에서 음식을 가져와서 예배 장소로 쓰는 큰 집에 모입니다. 그리고 함께 식사하던 중에 성찬을 시행했던 거죠. 예수님이 유월절 식사 중에 성찬을 나누신 것과 비슷한 방식이었을 것입니다. 쉽게 말해 교회가 함께 식사하는 공동체, 즉 식구였습니다. 바울 사도가 교회를 "하나님의 권속"(엡 2:19), 즉 "하나님의 가족"이라고 불렀는데 단순히 비유가 아니었던 겁니다. 실제로 교회는 식구였습니다.

식구들 사이에 음식 때문에 '분쟁'이 생겼습니다. 원래 고린도교회는 분쟁으로 유명한 교회죠. 1장을 보면 나는 바울파, 나는 아볼로파, 나는 게바파, 나는 그리스도파 하면서 분쟁했다고 하지요. '내가 누구에게 세례받은 사람이야.' 하면서 파가 나뉜 것이었죠. 그런데 부자 성도들도 무리를 지어 다녔던 모양입니다. 이 부자파 성도들이 애찬 때 먹으려고 각자 음식을 들고 와서는, 자기들이 가져온 음식을 자기들이 먼저 다 먹어버린 겁니다. 가난한 성도는 적은 음식을 가지고 오거나 빈손으로 올 수밖에 없었기에 배가 고팠습니다(21절). 그럼에도 아무 말 못 하고 부끄러워하고 있었습니다. 자기들이 늦은 것이고, 가져온 음식도 없었기 때문입니다. 바울은 교회로 모인 자들이 주의 만찬을 먹으려고 모였는데, 한쪽에서는 가난한 성도들이 죄인처럼 서 있고 다른 한쪽에서는 배불리 음식을 먹고 포도주에 취한 부자들이 널브러져 있다는 소식을 들은 겁니다.

바울은 "이 일은 칭찬할 수 없다!"로 시작해서 엄중하게 꾸짖습니다. 22절을 보니까, 바울은 "빈궁한 자들을 부끄럽게"하는 일이 곧 "하나님의 교회를 업신여기는 일"이라고 밝히고 있습니다. 하나님의 교회를 깔보고, 멸시하고, 경멸하는 행위라는 겁니다. 바울은 단호하게 말합니다. "그런즉 너희가 함께 모여서 주의 만찬을 먹을 수 없다!"(20절). 다시 말해, 당장 성찬 같지 않은 성찬을 멈추라 합니다.

왜 당장 성찬을 멈추어야 합니까? 합당하지 않은 성찬이 하나님의 징계의 회초리를 부를 정도로 큰 죄이기 때문입니다.

합당하지 않게 성찬을 먹는 것이 얼마나 큰 죄인지 바울의 표현을 보십시오. 27절에서는 주의 몸과 피를 범하는 죄라 하지요. 주의 몸과 피를 모독하고 짓밟는 죄라는 겁니다. 29절에서는 자기 죄, 다시 말해, 자신이 받을 심판을 먹고 마시는 것이라 합니다.

이것은 단순한 경고가 아닙니다. 그 결과 어떤 일이 일어난다고 합니까? 30절입니다. "이러므로", 즉 너희가 합당하지 않게 성찬을 먹어서, "약한 자와 병든 자가 많고, 잠자는 자도 적지 않다." 합니다. 여기서 잠자는 것은 곧 죽음을 뜻합니다. 당시에 어떤 질병이 돌았는지, 어떤 죽음들이 있었는지 우리는 알 수 없습니다. 그러나 바울은 하나님의 징벌로 일어난 일들이 있다는 것을 확정적으로 말하고 있습니다. 많은 성도가 병들고 약한 상태로 살고 있으며 죽었는데, 그것이 성찬을 남용한 결과라는 것이 아주 명백했다는 겁니다.

이 말씀은 제대로 이해할 필요가 있습니다. 당시에 하나님의 징계라는 것이 분명한 사건들이 있었던 것 같습니다. 고린도교회가 바울의 말을 들었을 때, "아하, 바울 사도가 우리가 받은 하나님의 징계에 대해 말하고 있구나." 하고 바로 이해할 수 있을 만한, 구체적이고 명백한 아픔과 죽음이 있었다는 것입니다. 우리는 그것이 정확하게 무엇인지 모릅니다. 다만 분명한 것은, 구체적인 언약적 징계가 있었다는 것입니다.

우리가 이 말씀을 읽고 어떤 성도의 아픔이나 죽음이 "잘못된 성찬에 대한 하나님의 징계다."라고 말할 수 있나요? 그럴 수는 없습니다. 하나님께서 분명하게 알려 주시지 않는 한, 어떤 죽음이나 어떤 질병을 두고 하나님이 내린 벌이라고 단정 지어 말할 수 없습니다. 다만 한 가지, 오늘날에도 성찬을 합당하지 않게 먹고 마실 때 교회에 임하는 징계와 회초리가 있을까? 여기에는 '그렇다'고 답할 수밖에 없습니다. 성찬을 합당하지 않게, 아무렇게나 시행했기 때문에 이 땅의 교회가 받는 심판이 있는가? 분명히 있다는 것입니다. 따라서 우리는 해로운 성찬을 멈추고 성찬의 떡과 잔에 합당하게 참여해야 합니다.

그렇다면, 합당한 성찬이란 무엇입니까?

합당한 성찬은 무엇보다, "주님께 받은 성찬"입니다(23-26절). 바울이 주께 받아서 고린도교회에 전했던, 바로 그 성찬입니다. 22절부터 25절까지의 말씀, 그리스도께서 제정하신 이 성찬이 합당한 성찬입니다. 이 내용은 우리에게 참 익숙하죠. 이미 몇 주 전에 우리가 설교로 들었던 누가복음의 성찬 제정의 말씀을 바울이 그대로 가져왔습니다. 다만 한 가지, 특별한 부분이 26절입니다. 예수님이 제정하신 성찬의 목적이 무엇인지를 누가복음 말씀 뒤에 덧붙이고 있지요. 주님께 받은 성찬의 목적은 무엇입니까? "너희가 이 떡을 먹으며 이 잔을 마실 때마다 주의 죽으심을 오실 때까지 전하는 것이니라."

다시 말해, 합당한 성찬이란 무엇입니까? 주의 죽으심을 주가 오실 때까지 전하는 성찬입니다. 여기서 "주의 죽으심을 주가 오실 때까지"라는 표현이 참 흥미롭습니다. 이 한 문장 안에 복음이 다 들어 있기 때문입니다. 주님의 죽으심은 말 그대로 십자가에서 고난받고 죽으신 것을 뜻합니다. 그런데 그 죽음을 그가 다시 오실 때까지 전하라는 말은 무슨 말입니까?

첫째, 죽으신 주님이 오신다고 합니다. 그러니까 주님이 죽은 채로 계신 게 아니라 다시 살아나셨다는 말이죠? 부활의 복음입니다. 둘째, 주님이 오실 거라는 말은 이전에 어딘가로 가셨다는 말입니다. 즉 주님은 하늘로 올라가셨습니다. 승천의 복음이죠. 셋째, 주님이 오실 때가 아직 안 왔다고 하니까, 지금은 어디 다른 곳에 있다는 뜻이 겠죠. 하늘 보좌 우편에 앉으셨다는 복음입니다. 그리고 넷째, 주님이 오실 때가 있다는 말은 그분이 산 자와 죽은 자를 심판하러 다시 오신다는 말입니다. 재림과 심판의 복음입니다. 한마디로, 주 예수 그리스도의 '복음' 전체가 "주님의 죽으심을 오실 때까지"라는 한마디에 다 들어가 있습니다. 주님이 주신 합당한 성찬은, 바로 '예수님의 복음'을 기억하는 성찬입니다.

복음 전체가 '죽으심'으로 요약되어 있음에 특히 더 주목해 봅시다. 바울은 왜 성찬에서 기억해야 할 예수님의 복음을 '죽으심'으로 요약하고 있습니까? 예수님의 죽으심은 무엇을 말해 줍니까? 그분이 누구를 위하여 죽으셨습니까? 네, 저와 여러분, 성찬에 참여한 자들이 죄인이었을 때에 그분이 우리를 위하여 죽으셨습니다. 이는 하나님이 우리를 얼마나 사랑하시는지를 알려 주신 사랑의 고백입니다. 또한 '죽으심'은 양을 위하여 목숨을 버리는 목자의 사랑을 뜻합니다. '죽으심'은 친구를 위하여 목숨을 버리는 분의 사랑을 뜻합니다. '죽으심'은 자기 목숨을 많은 사람의 대속물로 주려고 자기를 비어 종의 모습으로 섬기러 오신 분의 사랑을 뜻합니다. '죽으심'은 죽기까지 그 신부인 교회를 사랑하는 신랑, 그리스도 예수의 사랑을 뜻하지요.

바울은 예수님의 복음을 '죽으심'으로 요약하면서, 부자파 성도들에게 이 '죽으심'에 나타난 사랑의 흔적이 보이지 않는다는 점을 지적하고 있습니다. "너희가 예수님의 죽으심으로 생명을 얻은 자들이 맞느냐? 그런데 어떻게 예수님의 죽으심으로 생명 얻은 형제들을 가난하다고 멸시하느냐? 너희가 예수님의 가난해지심으로 부요해진 자들이 맞느냐? 그런데 어떻게 예수님의 가난해지심으로 부요해진 형제들을 업신여기느냐? 너희가 성찬에서 예수님의 죽으심을 형제에게 전하고 있는 자들이 맞느냐? 예수님의 사랑을 전하고 있느냐?" 이렇게 묻고 있습니다.

정리하자면, 합당한 성찬은 무엇인가요? 주의 '죽으심'에 나타난 사랑의 복음을 주님이 오실 때까지 '전하는 것'입니다. 누가 누구에게 전한다는 말입니까? 네, 성찬에 참여하고 있는 우리가 우리에게 선포하지요. 내가 떡과 잔을 받는 것을 형제자매들이 봅니다. 형제자매가 떡과 잔을 받는 것을 내가 봅니다. 서로가 서로에게 "우리는 자격 없는 죄인이지만, 예수님이 죽으심으로 보여 주신 사랑 때문에, 그분을 믿으므로 여기 앉아 있다."라고 고백하면서 성찬을 받습니다. 떡을 먹고 포도주를 마시는 것은 단지 음식을 먹는 게 아니죠. 믿음의 입으로 그리스도를 영접한다는 것을 겉으로 표현하는 고백적인 행위입니다. 그 고백적 행위에서 우리는 우리가 믿는 그리스도를 전하고 또 듣습니다. 떡과 잔에 담긴 주의 사랑을 동료 성도들에게 전파합니다. 오직 믿음으로 받은 은혜의 선물에 대한 감사를 고백하는 시간이, 성찬입니다.

적용

이제 합당한 성찬에 대해 알게 되었으니, 구체적으로 어떻게 먹고 마시면 되는지 살펴봅시다.

첫째, 자기를 살피고, 주의 몸을 분변하여 먹고 마셔야 합니다. 28-29절 말씀입니다. "사람이 자기를 살피고 그 후에야 이 떡을 먹고 이 잔을 마실찌니 주의 몸을 분변치 못하고 먹고 마시는 자는 자기의 죄를 먹고 마시는 것이니라."

먼저 자기를 살피고 그 후에 떡을 먹고 잔을 마시라 하십니다. 28절을 잘 읽어 보시기 바랍니다. 자기를 살피고 그 후에 떡을 '먹지 말고', 잔을 '마시지 말라' 하시지 않습니다! 기억하십시오. 자기를 살피라는 명령은 그 후에 떡을 먹고 잔을 마시라는 초청의 일부입니다. 성찬에 참여할 자격 조건을 따져보라는 말씀이 아니라는 겁니다. 성찬에 참여할 자격이 있는 사람은 아무도 없습니다. 우리는 그리스도 때문에, 유일하게 하늘 잔칫상에 앉으실 자격 있으신 그분을 믿으므로 성찬에 초청받습니다. 자기를 살피라는 말은 과연 내가 죄인임을 고백하고 회개하며, 그리스도를 믿고 의지하고 있는지 입증해 보라는 것입니다. 믿음과 회개가 있는지를 입증하라는 것이죠. 죄에 대한 슬픔이 있는지, 죄인을 위해 죽으신 그리스도를 믿고 있는지 살피라는 겁니다. 가난하든 부하든 형제자매들을 사랑하려 하는지 자신을 살펴보십시오. 갈등 중에 너무 힘들지만 화평을 이루고자 하는 소망이 있는지 자신을 살펴보십시오. 그런 사람은 "하나님, 불쌍히 여기옵소서. 나는 죄인이로소이다." 하고 가슴 치며 세리처럼 나올 수 있습니다. 합당하게 떡을 먹고 잔을 마시기를 바랍니다.

이어서 주의 몸을 분변하라 하십니다(29절). 분변은 곧 분별을 말하는데요, 주의 몸을 분별하라는 것은 성찬의 여러 요소가 의미하는 것이 무엇인지 알아야 한다는 것입니다. 고린도교회 부자파 성도들은 성찬의 음식이 의미하는 바를 전혀 모르는 사람들처럼 먹고 마셨습니다. 그저 이 땅의 잔치에서, 이 땅의 음식과 이 땅의 술을 먹듯이 자기가 챙겨 온 것을 자기가 먹었던 것입니다. 우리가 성찬에서 떡을 먹을 때 입으로 빵을 먹지만, 영적으로는 하늘 잔치에 참여하여 은혜 언약의 주님이 베푸시는 생명의 양식을 믿음으로 받아들입니다. 또한 교회가 다 한 떡에 참여합니다. 유대인이나 헬라인이나 남자나 여자나 종이나 자유자나 부한 자나 가난한 자나 주님 안에서 한 몸이라는 사실을 분별할 수 있어야 합니다.

언약의 자녀들이 언약 안에 있으면서도 성찬에 참여하지 못하는 이유가 여기에 있습니다. 성찬에 참여하려면 자신의 믿음과 회개를 살필 수 있어야 하고, 그리스도의 몸과 피의 의미도 분별할 수 있어야 하기 때문이죠. 또 어떤 결정과 선택에 따라 권징을 받을 수도 있어야 합니다. 언약의 자녀들은 주의 몸을 분별하기까지 잘 자라가기를 바랍니다. 또한 모든 성도님들은 자녀들을 잘 가르치는 가운데, 주의 몸을 분별하며 합당하게 떡을 먹고 잔을 마시기 바랍니다.

둘째, 먹으러 모일 때 서로 기다려야 합니다(33절). 바울은 먹으러 모일 때 서로 기다려야 한다고 권면합니다. 배가 고프면 집에서 먹으라 하지요.

고린도교회 부자파 성도들은 가난한 자들을 살펴야 했습니다. 성찬에서 확인하는 주의 죽으심의 복음에 따라야 했습니다. 십자가에 죽으신 그리스도께 받은 선물이 너무 크기 때문에, 이에 대한 감사를 형제들에게 표현하기 위하여 '기다려야' 했습니다. 즉 그리스도께 받은 사랑이 회중 안에 있는 가난한 자를 돌보는 사랑으로 나타나야 했던 것이죠.

이 내용은 오늘날 어떻게 적용할 수 있을까요? 우리도 점심 먹을 때 서로 기다려야 할까요? 물론 그것도 좋겠지요. 그러나 이 말씀이 이미 우리 예배 순서에 적용이 되어 있습니다. 바로 성찬 예식 한가운데 있는 '봉헌'의 순서입니다. 우리는 하나님을 떠나 영적으로 가난했으나, 그리스도의 풍성한 사랑을 받고 부요해졌습니다. 이 복음을 설교 시간에도 듣고, 성찬상에서도 확인합니다. 거기서 믿음이 강화된 성도들은 가난한 형제자매를 재정적으로 돌보는 가운데 그리스도께 받은 선물에 대한 감사를 표합니다. '봉헌' 순서를 통해 표하는 것이죠.

봉헌 순서는 성찬 순서 밖에 있을 수도 있고, 안에 있을 수도 있습니다. 성찬은 우리의 사랑을 예수 그리스도께, 그리고 교회 모든 성도를 향하게 하기에 성찬 안에 있는 봉헌 순서는 그 사랑을 즉시 표현할 수 있도록 돕습니다. 하나님께 드린 동시에 형제자매에게 나누어지는 것이 봉헌이기 때문이죠. 이뿐만 아니라 봉헌은 단지 물질을 드리는 것이 아니라 우리 전 존재를 드리는 의미가 있기 때문에, 봉헌 시간에 약하고 어려운 상황에 처한 형제자매를 위한 봉사에 마음을 헌신하게 됩니다. 죽으심을 통해 자신을 우리에게 주신 그리스도를 성찬에서 바라보며 감사하시기 바랍니다. 그리고 그 감사가 봉헌과 봉사에 헌신하는 삶의 고백으로 나타나서 합당하게 성찬을 먹고 마시는 여러분 되시길 바랍니다.

결론

사랑하는 성도 여러분, 말씀을 정리해 봅시다. 오늘 성경은 함께 모여 주의 만찬을 먹으려면 "합당하게" 받으라 했습니다. 합당하지 않은 성찬은 교회 전체에 해를 끼치고 언약적인 징계까지 불러오기 때문입니다.

그럼 합당한 성찬은 무엇이라 했습니까? 주님의 '죽으심'에 나타난 사랑의 복음을 주님이 오실 때까지 성도가 성도에게 서로 전파하는 것이라 했습니다. 합당한 성찬은 어떻게 먹는다 했습니까? 자기를 살펴 죄를 회개하며 그리스도만 의지하여 먹습니다. 또 주의 몸을 분별하여 생명의 양식을 믿음으로 먹습니다. 또 합당한 성찬은 어떻게 먹습니까? 먹으러 모일 때 서로 기다림으로 먹습니다. 즉 가난하고 더디 오는 자들을 돌보기 위한 봉헌과 봉사로 사랑하며 먹습니다.

결론적으로, 이렇게 합당한 성찬을 먹으면 어떤 유익이 있을까요? 한 성도 한 성도가 온전하고 아름답게 세워집니다. 자기를 살피고 그리스도의 몸을 분별하는 성도는 믿음과 회개로 계속해서 자라가겠지요. 또 가난한 자들을 사랑하는 성도는 사랑으로 계속 자라갈 것입니다. 물론 그 과정에서 어려움도 있을 것입니다. 그때를 위해 예수님이 준비하신 직분이 있습니다. 장로는 심방으로 여러분을 살피며 세울 것이고, 목사는 그리스도의 복음을 잘 분별하도록 가르치며 세울 것입니다. 집사는 봉헌을 가지고 가난한 성도들을 보살피며 여러분을 세워갈 것입니다. 이 모든 직분의 봉사가 성찬식에서 나타납니다. 오늘과 앞으로 모든 성찬의 시간에 합당하게 주의 만찬을 먹으며, 아름 답고 온전하게 세워지는 성도들 되시기를 성부와 성자와 성령의 이름 으로 축원합니다.

초청에서
강복 선언까지

/

21장 주기도문

21장 주기도문

아버지께 드리는 자녀들의 응답
(마 6:5-15)

신상훈 목사

또 너희가 기도할 때에 외식하는 자와 같이 되지 말라 저희는 사람에게 보이려고 회당과 큰 거리 어귀에 서서 기도하기를 좋아하느니라 내가 진실로 너희에게 이르노니 저희는 자기 상을 이미 받았느니라 너는 기도할 때에 네 골방에 들어가 문을 닫고 은밀한 중에 계신 네 아버지께 기도하라 은밀한 중에 보시는 네 아버지께서 갚으시리라 또 기도할 때에 이방인과 같이 중언부언하지 말라 저희는 말을 많이 하여야 들으실 줄 생각하느니라 그러므로 저희를 본받지 말라 구하기 전에 너희에게 있어야 할 것을 하나님 너희 아버지께서 아시느니라 그러므로 너희는 이렇게 기도하라

> 하늘에 계신 우리 아버지여
> 이름이 거룩히 여김을 받으시오며
> 나라이 임하옵시며
> 뜻이 하늘에서 이룬 것 같이 땅에서도 이루어지이다
> 오늘날 우리에게 일용할 양식을 주옵시고
> 우리가 우리에게 죄 지은 자를 사하여 준 것 같이
> 우리 죄를 사하여 주옵시고
> 우리를 시험에 들게 하지 마옵시고
> 다만 악에서 구하옵소서
> (나라와 권세와 영광이 아버지께 영원히 있사옵나이다 아멘)

너희가 사람의 과실을 용서하면 너희 천부께서도 너희 과실을 용서하시려니와 너희가 사람의 과실을 용서하지 아니하면 너희 아버지께서도 너희 과실을 용서하지 아니하시리라 _ 마태복음 6장 5-15절

서론

오늘은 '주기도문'에 관한 하나님의 말씀을 전합니다. 어느새 공예배 순서 강해의 막바지에 이르렀습니다. 앞선 내용들을 전부 다 기억하지는 못할지라도 이것 하나만큼은 여러분의 마음속에 분명하게 새겨졌기를 바랍니다. 예배는 그저 우리 편에서만 일방적으로 하나님을 섬기는 것이 아니라 하나님도 우리를 섬겨주시는 '이중적 섬김'이라는 사실입니다. 하나님이 먼저 우리를 섬겨주시지 않으면 우리는 예배할 수 없습니다. 아무것도 가진 것 없는 우리이기에, 주셔야지만 받은 것으로 드릴 수 있습니다. 예배의 본질은 하나님과 우리의 상호교제입니다. 그렇다면 하나님과 우리가 무엇으로 교제할까요? 말씀입니다. 주보를 펴서 공예배 순서를 쭉 보시면 하나님은 말씀으로 우리를 부르시고 법을 선포하시며 죄 사함을 선언하시고 가르치시며 먹이시고 복을 내리십니다. 우리는 말씀으로 하나님을 찬송하고 높이며, 말씀으로 하나님께 고백하고 간구하며 감사를 드립니다. 이처럼 예배는 대화입니다. 말씀이신 그리스도를 통해서 하나님과 우리가 대화하고 교제하는 것이 예배입니다.

우리 교회의 공예배에서 우리가 하나님께 아뢰는 마지막 순서가

무엇입니까? 주님 가르쳐 주신 기도로 노래하는 것이지요. 잘 아시듯이 기도의 본질은 하나님이 시작하신 대화를 이어가는 데 있습니다. 그분의 말씀에 대한 응답입니다. 따라서 하나님이 말씀으로 섬겨주시는 공예배의 끝자락에 우리가 기도로 응답하는 것은 매우 적절합니다. 사실 하나님은 우리가 말하지 않아도 다 아시지요. 우리가 구하기도 전에 우리에게 있어야 할 것을 이미 다 아시는 분이 하나님이십니다. 그런데도 하나님은 우리가 말하기를 원하십니다. 우리의 대답을 기다리십니다. 왜 그러실까요? 하나님에 대한 믿음과 소망과 사랑을 우리가 직접 고백하는 것을 기뻐하시기 때문입니다. 우리는 부모 자식 관계나 부부 사이에서, 상대방이 나를 사랑하는 것을 알면서도 표현해 주기를 원하지요. 그것을 기뻐합니다. 우리의 기도 듣기를 원하시는 하나님의 마음을 그렇게나마 헤아려 볼 수 있겠습니다. 기도는 하나님에게서 무언가를 얻어내는 수단이나 기술이 아닙니다. 하나님에 대한 신뢰의 표현입니다. 하나님이 우리에게 보여 주신 사랑을 하나님께 다시 돌려드리는 것이 기도입니다. 그렇다면 여러분, 우리를 향한 하나님의 사랑이 들리고 보이는 이 공예배가 여러분을 기도하고 싶게 만들고 있습니까? 하나님의 사랑이 울려 퍼지는 설교단과 성찬상이 여러분으로 하여금 그분을 더욱 사랑하게 합니까? 참으로 그러하다면, 응답해야 합니다. 기도로 하나님과 대화하는 것은 그분의 사랑을 넘치도록 받는 우리에게 너무도 당연한 일입니다.

주께서 가르쳐 주신 기도: 교회의 기도, 예배의 기도

우리는 하나님께 무엇을 어떻게 말씀드려야 할까요? 감사하게도 하나님은 우리에게 하고 싶으신 말씀만이 아니라 우리로부터 듣고 싶으신 말씀까지도 성경에 다 기록해 주셨습니다. 하나님 말씀 전체가 기도에 관한 지침으로 유용하지요. 성경은 시편을 비롯해서 모범적인 기도의 사례들로 가득합니다. 그러나 하나님은 아들이신 예수 그리스도를 통해 기도에 관한 특별한 법칙을 주셨습니다. 그것이 바로 '주께서 가르쳐 주신 기도', 주기도문입니다. 진리이시며 하나님을 가장 잘 아시는 독생자 예수님이 직접 주신 기도이니, 이보다 더 진실하고 훌륭한 기도를 우리는 만날 수 없겠지요(마 11:27). 하나님과의 대화법을 알려 주는 가장 중요한 가르침이자 완벽한 본보기가 바로 주기도문입니다.

물론 주기도문은 우리가 드리는 모든 사적 기도의 모범이기도 합니다. 그러나 우리는 주께서 이 기도를 교회 전체를 위한 공동체의 기도로 주셨음을 잊지 말아야 합니다. 주기도문에는 기도자가 단 한 번도 단수로 등장하지 않습니다. '나'가 아니라 항상 '우리'입니다. 주님은 기도가 공동의 일이라는 사실을 그렇게 일깨워 주시고 강조하십니다. 교회당을 떠나 집에 돌아가서도, 삶의 어떤 자리에서도 홀로 외로이 드리는 기도는 없습니다. 혼자 기도할 때조차 우리는 그리스도의 몸 전체와 함께 공동체로서 기도합니다. 이처럼 기도는 공동의 일이기 때문에 주기도문은 초대 교회부터 교회의 기도가 되었고 공예배의 기도가 되었습니다. 지난 2천 년간 교파와 교단을 초월하여 모든 교회가 주기도문을 사용해 왔습니다. 지금도 우리는 주기도문을 통해 모든 시대 모든 성도와 한목소리로 동일한 기도를 드립니다.

기도할 때 경계해야 할 것들

주께서 가르쳐 주신 이 거룩한 기도가 도리어 하나님을 모독하는 수단으로 전락하는 경우가 참 많습니다. 예수님은 기도를 가르치시면서 우리가 언제든지 빠지기 쉬운 위험을 경고하셨습니다. 무엇입니까? 외식하는 자처럼, 또는 이방인처럼 기도하는 것입니다. "너희가 기도할 때에 외식하는 자와 같이 되지 말라. 저희는 사람에게 보이려고 회당과 큰 거리 어귀에 서서 기도하기를 좋아하느니라." 당시에 성전이나 회당에서 기도하는 것은 자연스러운 일이었습니다(눅 2:37; 18:10; 행 3:1; 22:17). 서서 기도하는 것은 합당하고 적절한 자세였지요(막 11:25; 눅 18:13). 예수님은 다른 사람들이 들을 정도로 크게 기도하신 적도 있습니다(마 11:25; 26:39). 그렇다면 문제는 '회당에서', '서서', '들리게' 기도하는 그 자체가 아니지요. 외식하는 자는 어떤 사람입니까? 가면을 쓰고 연기하는 사람입니다. 겉으로만 그런 척하는 사람입니다. 예수님이 금하신 것은 사람들에게 우리 자신의 경건을 나타내는 도구로, 즉 남에게 잘 보이기 위해서 기도하는 행위입니다. 그것은 하나님과의 대화가 아니며 예배 행위가 될 수 없기 때문입니다.

예수님은 이어서 말씀하십니다. "또 기도할 때에 이방인과 같이 중언부언하지 말라 저희는 말을 많이 하여야 들으실 줄 생각하느니라." 예수님은 밤새도록 길게 기도하신 적이 많습니다(마 14:23-25; 눅 6:12). 동일한 내용으로 여러 번 반복해서 기도하신 적도 있습니다(마 26:44). 그렇다면 문제는 '길게', '반복적으로' 기도하는 것 자체가 아니지요. 이방인들은 그저 말을 내뱉는 것만으로도 하나님을 기쁘게 할 수 있다고 생각했습니다. 간절함이 없으면서 똑같은 말을 의미 없이 계속 늘어놓았습니다. 그렇게 하면 하나님이 들으시고 원하는 것을 얻을 수 있다고 생각했기 때문입니다. 기도를 공로로 여긴 것이죠. 영혼 없이 빈말을 되풀이하는 것은 사람 사이의 대화에서도 예의 없는 행동입니다. 하물며 하나님과의 대화에서는 어떠하겠습니까? 괘씸하게 여기시고 듣기 싫어하실 게 분명하지요. 외식하는 자와 이방인들의 근본적인 문제는 기도의 자세나 횟수, 길이가 아니라 마음에 있습니다. 기도의 토대를 이루는 믿음의 문제입니다.

　　오늘날 주기도문이 외식하는 자나 이방인처럼 드리는 기도의 대표적인 예가 되어버린 것 같아서 참 안타깝습니다. 우리는 주기도문을 이용해 '나는 기도하고 있어요. 예배하고 있습니다.'라고 남에게 보여주며 기도하면서 거룩한 무리의 한 사람으로 자리매김합니다. 이러한 기도는 마치 주문을 외우듯 중얼거리다 끝나버리는 경우가 많죠. 우리 교회처럼 노래로 부르는 경우에는 천천히 가사를 음미할 여유가 있지만, 그럼에도 음악에 취해서 별생각 없이 줄줄 말할 때가 혹 있지 않나요? 머리와 가슴은 없고 입술만 있는 그 기도를 하나님께서 들으실까요? 우리는 보이는 사람에게가 아니라 보이지 않는 하나님께 말해야 합니다. 진실한 마음을 담아서 기도해야 합니다. 하나님을 향한 믿음과 사랑의 표현을 형식적이고 기계적으로 할 수는 없습니다. 은혜를 누리라고 주신 수단을, 은혜를 훼손하고 걷어차는 수단으로 사용해서는 절대로 안 됩니다.

대화의 두 주체인 하나님과 우리를 아는 기도

우리는 예수님이 가르쳐 주신 기도를 성실히 배워서 바르게 기도해야 합니다. 어떤 기도입니까? 대화의 두 주체에 대해서 올바로 아는 기도입니다. 하나님은 어떤 분이신지, 우리는 누구인지 분명하게 아는 것이 중요합니다. 아는 만큼 믿고, 믿는 만큼 기도할 수 있기 때문입니다. 사실 하나님과 우리를 아는 것은 근본적으로 예배 중에 말씀을 통해 이루어지는 일이지요. 하나님은 초청부터 강복 선언에 이르기까지 자신이 어떤 분이시며 우리를 위해 무슨 일을 하셨는지, 또한 지금은 어떤 일을 하고 계시는지 알려 주십니다. 이뿐만 아니라 우리가 이전에 어떤 자들이었고 지금은 어떤 존재이며, 어떻게 하나님을 영화롭게 하고 그분을 즐거워할 수 있는지도 알려 주십니다. 그런데 우리가 주기도문으로 기도할 때도 그와 동일한 일이 얼마든지 일어날 수 있습니다. 이 기도가 사람의 말이 아니라 하나님의 말씀이기 때문입니다. 복음이 이 기도에 요약되어 있기 때문입니다. 예배 중에 받은 말씀을 더욱 풍성히 누리게도 하고 깨닫게도 하는 것이 바로 주기도문입니다.

공예배에서, 특별히 주기도문에서 알게 되는 우리는 어떤 자들입니까? 하늘 시민인데(빌 3:20), 본향을 멀리 떠나 있는 나그네요 행인입니다(벧전 1:1, 17; 2:11). 또한 우리는 하나님의 이름을 거룩히 여겨야 하는 예배자입니다. 왕이신 하나님의 신하요 백성이며, 주권자의 뜻을 받들어야 하는 종입니다. 양식을 공급받지 않으면 하루도 살아갈 수 없는 거지입니다. 의롭다 함을 받았지만, 여전히 죄를 짓고 용서를 필요로 하는 죄인입니다. 시험에 들어 더 큰 죄인이 될 위험성을 지닌 죄인입니다. 세상의 악한 권력과 피 흘리며 싸우는 군사입니다. 우리는 세례를 받아 거룩하신 하나님의 이름을 지녔습니다. 그러나 그 이름을 사용하는 우리는 충분히 거룩하지 못합니다. 하나님의 거룩하심을 드러내지 못하고, 하나님이 아닌 다른 것을 추구하며 내 욕망의 대상을 거룩하게 여기면서 살아갑니다. 하나님의 통치를 온전히 기뻐하고 누리지 않으며, 그분의 뜻을 거스르고 순종하지 않습니다. 우리는 자기 자신을 조금도 믿고 의지할 수 없는 자들입니다. 자랑할 것이 전혀 없는 자들입니다.

주기도문에서 알게 되는 하나님은 어떤 분이십니까? 우리와 구별되어 지극히 높은 하늘 보좌에 계신 거룩한 분이시지요. 스스로 계시며 영원히 살아 계시는 창조주입니다. 시공간을 초월해 계시는 무한한 분이시며, 온 우주를 다스리시는 왕입니다. 만물의 경배와 찬양을 받으시기에 합당한 분이시며, 모든 것을 할 수 있는 절대적인 주권자이십니다. 우리에게 필요한 모든 것을 주실 수 있으며, 모든 시험과 악에서 우리를 보호할 수 있는 전능자이십니다.

여기까지만 말씀드리면 어떻습니까? 경외심을 가지지 않을 수가 없지요. 그런데 우리와 하나님의 차이가 우리로 하여금 그분께 접근하기 어렵게 만들지 않습니까? 나는 이것밖에 안 되는 존재인데, 하나님은 그렇게 위대하고 탁월하신 분이라니요. 그러나 여러분, 저는 가장 중요한 한 가지를 아직 말씀드리지 않았습니다. 무엇입니까? 예, 아버지입니다. 하나님은 무엇보다 우리의 아버지이십니다!

기도의 중심: 아버지이신 하나님과 자녀인 우리 사이의 친밀한 관계

예수님이 가르쳐 주신 기도의 첫 단어는 '하늘'이 아닙니다. 우리말은 문법상 그렇게 번역할 수밖에 없지만, 주기도문은 사실 '아버지'로 시작합니다. 그렇습니다. 아버지와 자녀 사이의 친밀한 관계가 기도의 중심입니다. 사실 하나님은 일차적으로 예수 그리스도의 아버지이시죠. 예수님은 하나님께 기도할 때 분명하게 "나의 아버지"라고 부르셨습니다(마 11:25-26; 26:39, 42 등). 그런데 예수님은 우리더러 당신처럼 하나님을 아버지라고 부르라 하십니다. 어떻게 예수님이 그렇게 말씀하실 수 있습니까? 그저 "내 아버지이시니 너희도 아버지라 부르게 해주겠다." 이 말 한마디로 하나님이 우리의 아버지가 되실 수 있나요? 그렇지 않지요. 그토록 크고 높고 먼 하나님을 우리가 친근하게 아버지라 부를 수 있게 하시려고 예수님이 무슨 일을 하셨습니까? 십자가에서 외치신 예수님의 말씀에 그것이 잘 드러납니다. "엘리 엘리 라마

사박다니", 곧 "나의 하나님, 나의 하나님, 어찌하여 나를 버리셨나이까"(마 27:46)! 예수님이 하나님을 아버지라 부르지 않으시는 유일한 장면입니다. 왜 그러셨나요? 왜 하나님의 독생자가 아버지를 아버지라 부르지 못하셨습니까? 우리로 하나님을 아버지라 부르게 하시기 위해서입니다. 예수 그리스도는 우리를 마귀가 다스리는 어둠의 가정에서 빼내어 하나님의 가족이 되게 하셨습니다. 자격 없는 우리를 하나님의 자녀 만드시려고 참 아들이 낮아지셨고, 버림당하셨습니다(갈 4:4-5).

우리는 그런 예수 그리스도 안에서 하나님을 새롭게 만납니다. 우리의 아버지로요. 호칭만이 아니라 정말 모든 것을 상속해 주시고 아낌없이 애정을 쏟으시는 좋으신 아버지로 말입니다. 세상 그 무엇도 우리를 향한 그분의 사랑을 끊을 수 없는 위대하신 아버지로 말입니다(롬 8:39). 우리가 누구와 대화하고 있는지 잊지 마십시오. 우리의 기도를 들으시는 하나님, 전능하신 그 하나님이 바로 우리의 아버지입니다. 우리를 시험과 악에서 구하실 수 있는 분이 우리의 아버지입니다. 하나님 아버지는 우리의 모든 필요를 알고 계십니다. 때에 따라 공급해 주십니다. 우리의 상상을 초월하는 방법으로도 우리를 양육하시고 돌보십니다. 우리가 구하거나 생각하는 것 이상으로 더욱 넘치게 주실 수 있는 분이십니다(엡 3:20). 그런 분이 주시지 않을 때는, 우리에게 유익하지 않음을 아시기 때문이지요. 우리를 시험 가운데 두실 때는, 고난을 통해 성장하고 성숙하기를 원하시기 때문입니다.

기도는 단순히 무엇을 요구하는 것이 아닙니다. 하나님과 우리의 관계를 확인하는 자리입니다. 아버지에 대한 자녀들의 믿음을 더욱 견고하게 하는 대화입니다. 마음 문을 활짝 열고 귀를 기울이시는 아버지께 사랑을 표현하고 우리 자신을 맡기는 것이 기도입니다.

기도 응답: 우리의 변화

진정한 기도 응답은 하나님이 아니라 우리의 변화에 있습니다. 바르게 기도하면 할수록 하나님이 이것도 주시고 저것도 주시고 마음을 바꿔 갑자기 움직이시는 게 아니라, 우리 자신이 변화됩니다. 오늘 본문이 어디에 놓여 있습니까? 마태복음 5장부터 7장에 이르는 산상수훈의 중심에 있습니다. 산상수훈은 예수님으로 말미암아 이 땅에 임한 하나님 나라의 헌법이지요. 그 핵심부에 주기도문이 있다는 것은 우리가 이렇게 기도할 뿐 아니라 이렇게 살도록 의도되었음을 보여 줍니다. 어떻게요? 우리를 그토록 사랑하시는 하나님 아버지 중심으로요. 내가 아니라 우리 아버지의 이름과 아버지의 나라와 아버지의 뜻에 관심을 두는 삶으로요. 나의 모든 필요와 용서와 평안도 오직 하나님 아버지의 영광을 위한 것으로 여기면서요.

주님 가르쳐 주신 대로 기도하는 것은 그저 소망을 이야기하는 것이 아닙니다. 자녀인 우리가 온 세상에 아버지의 거룩하심을 드러내고, 아버지의 통치를 기쁘게 받으며, 나의 뜻이 아니라 아버지의 뜻을 실천하겠다는 약속입니다. 일상의 아주 작은 부분까지도 아버지께 의존하며, 주시는 모든 것에 감사하고, 아버지께 속한 다른 형제자매들의 부족함을 채워주겠다는 다짐입니다. 남을 용서함으로써, 나를 용서하신 하나님의 은혜를 경험하고 누리겠다는 맹세입니다. 시험 한 가운데 처할지라도 믿음을 지키고, 악인의 꾀를 따르지 않겠다는 서약입니다. 무엇보다도, 이 모든 것을 이루어 주시는 하나님의 능력을 "아멘!"으로 확언하는 선포입니다. 우리가 이렇게 기도할 때 하나님은 우리가 이렇게 살도록 반드시 이끄실 것입니다. 왜요? 참 아들을 통해 사랑하는 모든 자녀에게 주신 우리 아버지의 말씀이기 때문입니다. 신실하신 하나님께서 어찌 당신의 약속에 호소하는 자녀들의 기도에 응답하지 않으실 수 있겠습니까?

적용 및 결론

아버지의 사랑을 받고 있는 하나님의 모든 자녀 여러분, 그 넘치는 사랑에도 그저 형식적으로 습관적으로 예배하는 냉담자가 되지 마십시오. 의무감에 젖어서 영혼 없이 빈말을 되풀이하는 종으로 살지 마시기 바랍니다. 하나님이 섬겨주시는 예배에, 주께서 가르쳐 주신 기도에, 우리 감사함으로 즐거이 참여합시다. 예수 그리스도의 이름으로 하나님 아버지와 진솔하게 대화하면서 자녀 됨의 특권을 마음껏 누립시다. 우리가 입술만이 아니라 머리와 가슴으로 기도할 때 하나님은 반드시 듣고 응답하실 것입니다. 말씀대로 우리 삶에 행하시며 우리를 변화시키실 것입니다. 공예배로 끝이 아닙니다. 이제 여러분 각자 삶의 자리로 돌아가 그곳에서 계속 기도하십시오. 주님이 가르쳐 주신 기도를 살아내십시오. 혼자가 아닙니다. 온 교회가 함께하고 있습니다. 하나님을 알고 우리 자신을 알며 그 친밀한 관계를 깊이 누리는 은혜가 여러분 모두에게 있기를 성부와 성자와 성령의 이름으로 축복합니다.

초청에서
강복 선언까지

/

22장 강복 선언

22장 강복 선언

복과 함께
(민 6:22-27)

정중현 목사

여호와께서 모세에게 일러 가라사대 아론과 그 아들들에게 고하여 이르기를
너희는 이스라엘 자손을 위하여 이렇게 축복하여 이르되

　　여호와는 네게 복을 주시고 너를 지키시기를 원하며
　　여호와는 그 얼굴로 네게 비취사 은혜 베푸시기를 원하며
　　여호와는 그 얼굴을 네게로 향하여 드사 평강 주시기를 원하노라

할찌니라 하라 그들은 이같이 내 이름으로 이스라엘 자손에게 축복할찌니 내
가 그들에게 복을 주리라 _ 민수기 6장 22-27절

서론: 강복 선언은 기도일까 설교일까?

드디어 마지막 예배 순서 '강복 선언'에 이르렀습니다. 강복 선언 때
우리는 무엇을 합니까? 먼저 목사가 이렇게 말하죠. "강복 선언으로
예배를 마치겠습니다. 삼위 하나님의 복을 받겠습니다." 그리고 목사

가 손을 들고 고린도후서 13장 13절을 선언하죠. "주 예수 그리스도의 은혜와 하나님의 사랑과 성령의 교통하심이 너희 무리와 함께 있을찌어다." 하면 우리 모두 "아멘!" 하고 아멘송을 부릅니다.

자 여기서, 우리 자녀들에게 하나 질문을 해보겠습니다. 다음 중 강복 선언과 더 가까운 것은? 1번, 기도. 2번, 설교. 강복 선언은 기도와 더 가까울까요? 아니면 설교와 더 가까울까요? 정답은? 설교입니다. 우리가 하나님께 기도하면서 "너희 무리와 함께 있을지어다!" 합니까? 안 하지요. 사실 오늘 읽은 민수기 말씀도 강복 선언 때 선포하는 말씀입니다. 여기도 보시면, "네게, 너를, 네게로" 하며 '너'라는 말이 계속 나옵니다. 여기서 '너'는 누구인가요? 민수기에서 '너'는 '이스라엘', 즉 옛 언약 백성입니다. 고린도후서에서 '너희 무리'는 '교회' 즉 새 언약 백성입니다. 민수기 말씀도 고린도후서 말씀도 모두 하나님이 언약 백성에게 선언하시는 말씀입니다. 그래서 강복 선언은 기도보다는 설교에 가깝습니다. '설교를 들은 너희가 말씀을 믿음으로 살 때, 내가 주는 복을 누릴 것이다!' 이렇게 약속하시는 말씀입니다. 목사는 하나님의 말씀을 대신 선포하는 것일 뿐이죠. 그래서 '제가 복을 주는 것 아닙니다. 하나님께서 복을 주십니다.' 하면서 손을 드는 거예요. 그러면 여러분은 눈을 뜨고 보셔야 합니다.

물론 기도라고 생각하셨을 수 있는데, 여러분 잘못이 아닙니다. 강복 선언을 오랜 시간 목사의 축복 기도라고 여겨 왔기 때문에 그렇게 생각하실 수 있어요. 오늘은 이렇게 오해가 많은 강복 선언에 대해 살펴보려고 합니다. 오늘 읽은 말씀은 '제사장의 축복'이라고 불리는 복의 선언이에요. 그리고 고린도후서 13장 13절은 '사도의 축복'이라고 불리는 복의 선언이죠. 오늘 우리는 주로 제사장의 축복을 살펴볼 텐데요, 제사장의 축복과 사도의 축복이 긴밀하게 연결되어 있어서 사도의 축복도 함께 생각해 볼 것입니다. 그렇게 '복과 함께' 살아가게 하신 하나님의 뜻을 살펴보겠습니다. 첫째로, 하나님이 우리와 함께하게 하신 그 복이 도대체 '무엇인가'를 살펴보겠습니다. 둘째로, 하나님은 '어떻게' 우리가 이 복과 함께하게 하시는가를 살펴볼 것이고, 마지막으로, 하나님은 '왜' 이 복과 함께하게 하시는가를 살펴보면서 말씀의 은혜를 나누겠습니다.

첫째, 하나님이 우리와 함께하게 하신 복이 무엇일까요? 바로 '삼위 하나님과 함께하는 복'입니다. 즉 삼위 하나님이 복이십니다. 복이신 분이 우리와 함께하심이 가장 큰 행복입니다.

과연 그러한지 말씀을 봅시다. 23절을 보면 "너희는 이스라엘 자손을 위하여 이렇게 축복하라." 하시죠. 그래서 24-26절에 선포해야 할 복이 무엇인지가 나와 있습니다. 그 복을 '시'로 표현해 놓았습니다. 24절을 1행, 25절을 2행, 26절을 3행으로 보면, 약간 우리나라 시조처럼 보이기도 합니다. 2행과 3행이 1행을 점점 더 자세히 풀어주는 방식(점층적 평행법)으로 기록되어 있습니다. 그러니까 24절을 읽었는데 의미를 모르겠으면 25절을 보면 되고, 그래도 아리송하면 26절을 보면 됩니다.

그렇게 읽어 보면 성경이 말하는 복이 무엇인지 알 수 있습니다.

복이 무엇입니까? 하나님의 얼굴을 보는 것이죠. 1행에서 '여호와는 네게 복을 주시고'라고 한 부분이 2행, 3행에 가면, '하나님이 얼굴을 네게 비추는 것', 그리고 '하나님이 얼굴을 네게로 향하여 드는 것' 이렇게 풀어집니다. 사람이 경험할 수 있는 가장 좋은 복이 무엇입니까? 하나님의 얼굴을 마주하는 겁니다. 하나님께 가까이 다가가서 하나님을 만나 교제하는 것이 최고의 복이에요. 하나님의 영광을 바라보면서 하나님과 친밀한 관계를 누리는 것이 바로 '복'이라고 말씀하고 계십니다.

하나님과 교제하는 복과 함께 하나님이 구체적으로 약속하시는 것은 무엇입니까? 보호와 은혜와 평강을 받으며, 하나님과 함께하는 복을 누리게 하시겠다고 하십니다. 24절에서 지키심, 즉 보호를 약속하시고, 25절에서 은혜를, 26절에서 평강을 약속하시죠. 그런데 이게 이해가 쉽게 되지는 않습니다. 보호가 은혜이고, 동시에 평강이다? 조금 어렵죠. 그런데 여기에 복음이 담겨 있습니다.

먼저 보호에 대해 생각해 봅시다. '묻지 마 살인'이 일어나고 가난과 질병과 전쟁이 계속되는 세상에서, 하나님이 우리를 지켜주신다는 것이 얼마나 큰 복인가 생각하게 됩니다. 홍해를 건너서 광야를 지나 시내 산 근처에서 장막을 치고 있는 이스라엘 백성도, 지키시는 복을 얼마나 절실하게 바랐을까 생각하게 됩니다. 그런데 이 복은 단지 어려움과 환난에서 우리를 지키신다는 의미가 아닙니다. 하나님이 우리와 함께하실 때 필요한 '보호'입니다. 하나님이 얼굴빛을 비추시며 우리에게 다가오시면 우리는 어떻게 될까요? 태양이 코 앞에 다가오는 것과 같아서 죽습니다. 소멸합니다. 거룩하신 하나님 앞에서, 죄인은 견디지 못합니다. 우리는 불면 날아가는 마른 풀과 같고요, 시든 꽃과 같습니다. 꺼져가는 등불과 같고, 상한 갈대와 같아요. 죽음과 맞닿아 있는 삶이죠. 죽음은 죄의 삯입니다. 우리는 죄와 죽음에 얽매여서 비참한 삶을 살아가는 인생이죠. 이런 우리를 '지켜주겠다' 하시는 약속, 이것이 바로 가장 큰 복이라는 것입니다.

아직 좀 어려우시다면 2행을 봅시다. 25절은 '은혜'를 입는 것이 복이라 합니다. 하나님이 영광을 비추실 때 소멸되어야 할 죄인들을 지키는 것이 바로 은혜입니다. 용서하시는 하나님의 은혜가, 소멸시키는 태양이 아니라 마치 웃는 얼굴처럼 하나님을 만나게 한다는 겁니다.

아직도 좀 아리송하시면 3행을 봅시다. 죄 용서를 받고 하나님 앞에서 소멸되지 않도록 보호받는 복, 이 복을 다른 말로 뭐라고 하십니까? '평강'이라고 하시죠. '하나님과 샬롬의 관계'를 누리는 게 복이라는 결론입니다. 하나님과 화해하는 것, 하나님과 평화를 누리는 것, 하나님이 상을 차려주시고 초대하시고 머리에 기름을 발라주시는 교제, 그것이 복이라는 결론입니다.

결국 하나님이 주시는 복이 무엇인가? 지키시고 은혜 베푸시고 평강 주셔서, 하나님과 함께하게 해주시는 것이 복입니다. 하나님이 인내해 주시는 인생, 오래 참으심으로 보호해 주시는 인생이 가장 복됩니다. 하나님께 불쌍히 여김 받는 인생, 하나님의 은혜의 대상이 되는 인생이 가장 복됩니다. 하나님의 사랑을 받는 인생, 하나님과 평화로운 관계를 누리는 인생이 가장 행복합니다. 바로 이 복이 예수 그리스도의 은혜와, 하나님의 사랑과, 성령의 교통하심이라는 '사도의 축복' 안에 똑같이 담겨서 우리에게 선포되고 있습니다. 주와 함께함이 복입니다. 믿으시기 바랍니다.

그러면 둘째로, 하나님은 백성들이 어떻게 이 복과 함께하게 하실까요?

하나님은 '대제사장을 통해' 이 복과 함께하게 하십니다. 본문에서 하나님이 이 복을 이스라엘 백성에게 어떻게 전달하셨나요? 백성이 은혜롭고 평화로운 하나님의 얼굴을 어떻게 볼 수 있게 하셨습니까? 23절을 보니까, '아론과 그 아들들'에게 이렇게 축복하여 말하라 하시죠. 즉 대제사장이, 그리고 제사장들이 이 복을 전달하는 통로였다는 겁니다. 하나님은 제사장 직분을 통해 복을 선포하셨습니다. 대제사장을 통해 하나님의 샬롬의 얼굴을 보여 주셨습니다.

그런데, 우리가 민수기 말씀만 보면 대제사장을 통해 하나님의 얼굴을 보았다는 말이 무슨 말인가 싶을 수 있습니다. 그래서 실제로 이 축복을 선포한 장면을 살펴보아야 하는데요, 레위기 9장을 봅시다. 아론이 대제사장이 되고 첫 번째 제사를 드리는 장면이 레위기 9장입니다. 속죄제와 번제와 소제와 화목제로 첫 제사를 드리는데요, 22절을 보면 제사를 마치며 이렇게 기록하고 있습니다. "아론이 백성을 향하여 손을 들어 축복함으로 속죄제와 번제와 화목제를 필하고 내려오니라"(레 9:22). 이때 손을 들고 축복하며 선포한 말씀이 무엇이었겠습니까? 오늘 본문 민수기 6장 말씀이었을 것입니다. 대제사장이 손을 들어 축복함으로, 죄를 용서받았고 하나님과 평화를 누리게 되었음을 선언했던 것입니다.

여기서 질문이 생깁니다. 왜 대제사장 아론은 손을 들어서 축복했을까요? 그냥 축복하면 되잖아요. 물론 손을 드는 것은 하나님의 말씀을 대신한다는 의미가 있었을 겁니다. 그런데 말씀을 잘 읽어 보면 손을 보라고 손을 들었던 것임을 알 수 있습니다. 그의 손이 어땠길래 손을 보여 준 것일까요? 우리가 성경을 읽을 때 장면을 상상하며 읽는 것이 중요한데요, 8절을 보세요. 아론이 송아지 제물을 잡습니다. 그리고 어떻게 하죠? 9절에 피를 찍어 단 뿔들에 바르고, 12절에 번제 제물의 피를 단 주위에 뿌리고, 18절에는 화목제 양의 피를 단 주위에 뿌립니다. 자, 아론의 손이 어떻게 되었을까요? 피로 붉게 물들었을 겁니다. 손을 높이 든 이유는 무엇을 보라고 그렇게 한 것입니까? 자신을 보라는 게 아니죠. 손에 묻은 제물의 피를 보라는 거예요.

생각해 보십시오. 제물의 피가 묻은 손을 들고 대제사장이 복을 선포할 때 백성이 무엇을 보았겠습니까? 하나님의 얼굴을 보았던 겁니다. 자기 죄 때문에 죽은 제물의 피가 흘러내리는 대제사장의 손을 보면서, 백성들은 하나님의 밝은 얼굴을 확인했을 것입니다. 죄를 용서하시는 은혜와 평화의 얼굴을 믿음으로 보았을 겁니다. 하나님은 피 묻은 손을 들고 축복하는 대제사장의 모습 속에서 하나님의 얼굴을 보여 주셨습니다.

그러나 아론은 어떤 대제사장이었습니까? 8절을 보니까, '자기를 위한 속죄제 송아지'를 잡아야 했던 사람이었죠. 즉 먼저 자기 죄부터 속죄해야 했던 죄인이었습니다. 그는 죄를 지닌 사람 제사장들 가운데 하나였지요. 그래서 아론의 반차가 아닌 멜기세덱의 반차에서 영원한 대제사장이 나시기로 예언된 것입니다. 히브리서의 설교자는 약속대로 오신 대제사장에 대해 이렇게 선포합니다. "저가 저 (아론 계열의) 대제사장들이 먼저 자기 죄를 위하고 다음에 백성의 죄를 위하여 날마다 제사 드리는 것과 같이 할 필요가 없으니, 이는 저가 단번에 자기를 드려 이루셨음이니라. 율법은 약점을 가진 사람들을 제사장으로 세웠거니와 율법 후에 하신 맹세의 말씀은 영원히 온전케 되신 아들을 세우셨느니라"(히 7:27-28). 영원히 온전케 되신 이 아들은 누구십니까? 양손에 자기를 제물로 드린 피가 흐르고 있었던 이 대제사장은 누구십니까? 못 자국 난 두 손을 높이 드시고 축복하시며 하늘 높이 승천하신 영원한 대제사장은 누구십니까(눅 24:50-51)? 바로 예수 그리스도이시지요. 그리스도가 바로 참된 대제사장이십니다. 그리스도가 하나님의 얼굴이십니다. 그리스도가 우리를 지키시는 은혜와 샬롬이십니다. 하나님은 백성들이 어떻게 복을 누리게 하십니까? 대제사장 예수 그리스도를 통해 삼위 하나님의 얼굴을 보며 복을 누리게 하십니다.

사랑하는 성도 여러분, 그리스도를 통하여 삼위 하나님을 누리게 되는 이 놀라운 복음이 사도의 강복 선언에서도 그대로 선포되고 있습니다. "주 예수 그리스도의 은혜"가 얼굴처럼 먼저 나타납니다. 죄인을 위하여 자기 목숨을 내어 주시는 은혜의 주님을 믿을 때, 우리는 성부 하나님을 알게 됩니다. 우리의 구원을 위해 독생자를 내어 주신

"성부 하나님의 사랑"이 그 은혜의 배경임을 알게 되지요. 이 모든 것을 깨닫게 될 때, 우리는 성령님이 이 모든 것을 알려 주셨음을 발견합니다. 성자를 믿게 되고 성부의 사랑을 깨닫게 된 것은 "성령의 교통하심이 우리와 함께하여서" 일어난 일임을 알게 되지요. 그래서 그리스도의 은혜가 가장 앞서는 것입니다. '그리스도로 말미암아 삼위 하나님과 교제하는 복이 있으리라!' 오늘도 강복 선언으로 약속될 것입니다.

따라서 사랑하는 성도 여러분, 앞으로 강복 선언하는 목사의 손을 바라볼 때 무엇을 바라보아야겠습니까? 하나님의 얼굴입니다. 제 손에는 비록 피가 없지만 우리를 위하여 십자가에서 피 흘리신 대제사장의 손, 그리스도의 은혜를 믿음으로 바라보셔야 합니다. 그 은혜의 하나님이 여러분과 함께하신다는 약속을 들으십시오. 또 그 은혜의 배경이 되시는 성부 하나님의 사랑을 바라보셔야 합니다. 우리가 죄인이었을 때에 자기 아들을 죽음에 내어 주셔서 우리를 향한 사랑을 나타내신 아버지가 여러분과 함께하신다는 약속을 들으십시오. 마지막으로, 이 손을 보실 때 그리스도의 은혜와 아버지의 사랑을 깨닫게 하시는 성령님을 바라보셔야 합니다. 하나님의 웃는 얼굴을 믿음으로 보게 만드신 성령님이 매일 내 삶 속에서 계속 삼위 하나님의 얼굴을 보게 하시리라는 약속을 들으십시오. 강복 선언을 통해 하나님의 음성을 듣고, 손을 바라보며 하나님의 얼굴을 바라보십시오. 그렇게 삼위 하나님과 함께 교회당을 나서는 여러분이 되시기를 간절히 바랍니다.

그러면 셋째로, 하나님은 왜 이 복을 선언하시며 우리와 함께하기 원하십니까? 함께하시는 목적이 무엇일까요? 하나님이 복을 주시는 목적은 우리 삶이 예배가 되게 하시려는 것입니다.

하나님께서 대제사장과 제사장들에게 복을 선포하게 하신 목적은 예배에서 시작된 하나님의 임재가 삶에 계속되게 하기 위함이었습니다. 하나님이 이스라엘을 불러내신 목적은 성막에서뿐만 아니라 모든 삶에서 하나님의 제사장으로 살아가도록 하기 위함이었습니다. 이에 대해 출애굽기 19장 5-6절에서 이렇게 말씀하시죠. "세계가 다 내게 속하였나니, 너희가 내 말을 잘 듣고 내 언약을 지키면 너희는 열국 중에서 내 소유가 되겠고, 너희가 내게 대하여 제사장 나라가 되며, 거룩한 백성이 되리라. 너는 이 말을 이스라엘 자손에게 고할찌니라." 성막이나 성전에서 제사장을 통해 예배한 언약 백성이, 집으로 돌아가서도 늘 예배하며 살도록 부르신 겁니다. 그러나 제사장의 삶, 거룩한 백성의 삶은 연약한 백성의 힘만으로는 불가능한 일이죠. 그래서 하나님이 늘 함께하시겠다는 언약의 복을 선포하시고 실제로도 함께해주시는 것입니다.

다르게 표현하자면, 강복 선언은 예배와 삶을 이어주는 '다리'라고 말할 수 있습니다. 예배 시간에 하나님과의 교제를 뚜렷하게 경험한 자들이 강복 선언을 통해 삶에서도 동일한 교제가 계속될 것이라는 믿음을 가지고 살아가게 되는 겁니다. 우리가 예배 때 매주 경험하는 것이 바로 이것입니다. 하나님과의 교제를 뚜렷하게 경험하고 삶으로 나아가고 있는 겁니다.

주보를 펴 봅시다. 우리 자녀들, 8개월간 예배를 배웠는데 무엇이 기억납니까? 의미가 다 기억나지는 않을 수 있어요. 이것만은 기억하세요. 예배는 하나님과 우리가 나누는 대화입니다.

먼저 '초청'을 보세요. 누가 누구에게 말하는 시간일까요? 하나님이 우리를 부르시는 시간이죠. 송영은요? '우리를 부르신 분이 삼위 하나님이십니다!' 하면서 우리가 하나님께 노래로 말하죠. 그러면 하나님이 율법을 선포하시며 하나님의 뜻을 말씀하십니다. 그러면 우리는? 죄를 고백하는 거죠. 죄를 고백하면 하나님은 무엇이라 말씀하십니까? 그리스도 때문에 죄가 사해졌다 하시죠. 그러면 우리는 기뻐서 하나님이 가장 기뻐하시는 시편을 부르는 거예요. 그러고 나서 용서받은 우리가 모두 삼위 하나님을 믿는 백성이라고 고백하며 하나님께 말해요. 또 말씀을 듣기 위해, 말씀 깨닫게 해달라고 대표 기도를 통해 말씀드리죠. 그러면 하나님이 성경 말씀과 설교로 하나님의 말씀과 그리스도의 복음을 들려주셔요. 그러면 우리는 받은 말씀에 감사 찬송하면서 서로 권하고 서로 가르칩니다. 이때부터 하나님께서 하나님과 교제하는 우리도 서로 교제하게 하십니다. 말씀의 은혜를 주신 하나님께 샬롬으로 인사하고, 은혜 입은 형제자매들이 샬롬으로 서로 인사하죠. 서약한 자들을 초청하는 성찬상에 믿음으로 나아가서, 귀로 들은 말씀을 눈으로 보면서 그리스도를 받습니다. 우리는 그리스도의 은혜를 주신 하나님께 감사하면서 형제자매에 대한 사랑을 봉헌으로 표현하지요. 이렇게 들리는 말씀과 보이는 말씀을 다 받았으니, 받은 말씀대로 살아갈 수 있도록 아버지께 도움을 구하며 주기도문 찬송으로 요청합니다. 그러면 하나님은 우리가 드린 기도에 응답하실 것이며, 우리와 늘 동행하고 함께하시겠다고 강복 선언으로 약속해 주시는 겁니다.

이 얼마나 아름다운 대화입니까? 이 얼마나 뚜렷한 교제입니까? 강복 선언은 바로 예배에서 이루어진 이 대화, 또 예배에서 보았던 하나님의 웃는 얼굴이 저와 여러분의 삶에 계속될 것이라는 하나님의 약속입니다. 하나님이 말씀하시면 우리가 듣고, 우리가 기도하면 하나님이 들으시는, 이 거룩한 대화가 예배당을 떠날 때부터 다시 이 자리로 모일 때까지 계속될 것이라고 약속하시는 시간이 강복 선언이라는 거예요.

하나님은 말을 걸어 오십니다. 우리가 듣지 않아서 그렇지요. 하나님은 우리를 향하여 얼굴을 드시고, 얼굴빛을 비추십니다. 우리가 거들떠보지 않아서 그렇죠. 하나님은 약속을 지키십니다. 하나님께서는 스스로 주도하셔서 우리와 교제하기 위해 오십니다. 우리가 외면하지 않는다면, 우리가 선포된 말씀을 기억한다면, 우리가 믿음으로 하나님을 의지해 기도한다면, 부모와 함께 자녀와 함께 찬송한다면, 하나님은 강복 선언의 약속을 지키고 계시다는 것을 반드시 보여 주실 것입니다. 하나님은 약속을 지키시는 분이니까요. 하나님은 우리의 하나님이심을 끝까지 보여 주실 것입니다.

그러니까 사랑하는 성도 여러분, 예배에서 주의 얼굴을 보여 달라고 기도하시고, 예배에서 보여 주신 그 얼굴, 매일 보여 달라고 기도하십시오. 죄와 죽음으로부터 샘솟는 모든 불안과 아픔, 다툼과 미움, 공포와 슬픔, 괴로움과 가난과 질병과 연약함에서 눈을 떼시고, 하나님의 얼굴을 볼 수 있도록 기도하십시오. "하나님, 강복 선언에서 보여 주신 그 얼굴을 지금 저에게 비추어 주십시오." 기도하시면, 온전히 응답받습니다. 은혜와 평강의 하나님이 반드시 여러분을 지키실 겁니다. 약속을 홀로 지키고 계신 하나님을 외면하지 맙시다. 하나님께서 "나는 너희의 하나님이라."고 1분 1초도 쉬지 않고 고백하고 계십니다. 우리도 "제가 하나님의 백성입니다."라고 고백하며 살아갑시다.

결론

사랑하는 성도 여러분, 우리의 진정한 복이 무엇입니까? 삼위 하나님께서 우리와 함께하시는 것입니다. 어떻게 이 복이 우리와 함께합니까? 그리스도 예수로 말미암아 삼위 하나님이 복으로 함께하십니다. 왜 이 복이 우리와 함께합니까? 예배에서 경험한 교제가 삶에 가득하기 위함입니다. 우리가 이전에는 하나님의 얼굴을 보면 죽었을 죄인들이었습니다. 그런데 이제는 하나님의 얼굴을 보아야, 그리스도를 보아야 영원한 복과 생명을 받으며 살 수 있게 되었습니다. 하나님의 얼굴이신 그리스도를 통해 매일 제사장답게 예배하며 살아가시기 바랍니다. 죄와 사망의 다스림을 거부합시다. 거기서 이미 자유해졌기 때문입니다. 삼위 하나님의 복과 함께 온 땅을 다스리며 삽시다. 그리스도와 함께, 삼위 하나님과 교제하는 복과 함께, 죄와 세상을 이기고

마귀를 밟으며 살아가는 성도들과 언약의 자녀들 되기를 성부와 성자
와 성령의 이름으로 축원합니다.

초청에서
강복 선언까지

/

결론 – 삶의 예배

결론 - 삶의 예배

피차에 말하는 성도, 분명히 들으시는 하나님
(말 3:13-18)

신상훈 목사

여호와가 이르노라 너희가 완악한 말로 나를 대적하고도 이르기를 우리가 무슨 말로 주를 대적하였나이까 하는도다 이는 너희가 말하기를 하나님을 섬기는 것이 헛되니 만군의 여호와 앞에 그 명령을 지키며 슬프게 행하는 것이 무엇이 유익하리요 지금 우리는 교만한 자가 복되다 하며 악을 행하는 자가 창성하며 하나님을 시험하는 자가 화를 면한다 하노라 함이니라 그때에 여호와를 경외하는 자들이 피차에 말하매 여호와께서 그것을 분명히 들으시고 여호와를 경외하는 자와 그 이름을 존중히 생각하는 자를 위하여 여호와 앞에 있는 기념책에 기록하셨느니라 만군의 여호와가 이르노라 내가 나의 정한 날에 그들로 나의 특별한 소유를 삼을 것이요 또 사람이 자기를 섬기는 아들을 아낌같이 내가 그들을 아끼리니 그때에 너희가 돌아와서 의인과 악인이며 하나님을 섬기는 자와 섬기지 아니하는 자를 분별하리라 _ 말라기 3장 13-18절

서론

공예배 순서에 따라, 모든 요소에 대한 설교를 마쳤습니다. 그런데 주보를 보시면 오늘도 역시 '주의 찬송을 부르는 예배'에 대해 설교합니

다. 한 번 더, 정말 마지막으로 말이죠. 왜 그럴까요? 하나님을 예배하는 데 결코 빼놓을 수 없는 순서, 강조하고 또 강조해도 지나침이 없는 핵심 요소가 남아있기 때문입니다. 무엇입니까? 바로 우리의 삶입니다. 하나님이 예배의 마지막에 왜 우리에게 복을 선언하신다고 했나요? 우리의 삶이 예배가 되게 하시기 위함이라고 했지요. 그렇다면 우리의 삶은 정말 예배가 되고 있습니까? 교회당에 함께 모여 예배드리고 있는 지금 이 시간 우리의 모습이, 가정과 학교와 일터로 흩어진 우리의 모습과 아무런 차이 없이 똑같나요? 참으로 그렇습니까? 부끄럽지만, 저는 자신 있게 '예'라고 대답하지는 못하겠습니다. 초청부터 강복 선언까지 공예배 전체가 그리스도, 그리스도, 그리스도 중심적 예배인데, 교회당을 떠난 저의 모습은 날마다 모든 순간 그리스도 중심적으로 살고 있다고 말하기엔 턱없이 부족하기 때문입니다. 아니, 오히려 자기중심적 삶에 가깝다고 말하는 게 맞을 것 같습니다. 오늘 우리에게 주시는 말씀을 통해 우리의 공예배와 삶의 격차가 조금 더 줄어들기를 바랍니다. 우리의 삶도 그리스도 중심적 삶으로 변화되기를 소망합니다.

말라기 선지자는 바벨론 포로 후기 시대에 활동했습니다. 당시 이스라엘 백성들은 예배를 드렸지만 삶이 완전히 무너져 있었습니다. 여전히 페르시아 제국의 지배적인 영향을 받았고요, 성전과 성벽을 재건했음에도 형편은 나아진 것이 없었습니다. 하나님의 공의와 사랑을 의심한 백성들은 형식적으로 예배하면서 점점 부패하고 타락했습니다. 제사장들은 하나님의 말씀을 올바로 가르치지 않았습니다. 성전이 도대체 왜 필요한지, 그 존재 이유가 의문시되는 시대였습니다. 사회는 불의와 불평등으로 가득했습니다. 학대가 난무했고 약자들이 억압받았습니다. 십일조와 같은 제물도 제 기능을 하지 못했기에 가난한 자들은 극심한 고통 중에 있었습니다. 점쟁이들, 간음하는 자들, 일꾼의 품삯을 떼어먹는 고용주들로 넘쳐났습니다. 약 2,500년 전 이스라엘 이야기인데 마치 오늘날 한국 교회와 한국 사회를 말하고 있는 것만 같습니다. 자, 그때 하나님이 이스라엘 백성들에게 어떻게 하셨을까요? 어김없이 말씀하십니다. 그런데 백성들은 하나님의 말씀을 의심하고 부정하며 반박합니다.

오늘 본문은 하나님과 백성 사이의 마지막 논쟁을 다루는데요, 세 부류의 사람들이 등장합니다. 공예배뿐 아니라 삶으로도 예배하는 자들, 공예배는 드리지만 삶으로는 예배하지 않는 자들, 아예 예배와는 거리가 먼 자들입니다. 쉽게 말하면, 경건한 사람, 경건한 척하는 사람, 대놓고 불경건한 사람입니다. 대놓고 불경건한 자들은 쉽게 구별이 됩니다. 예배하지 않기 때문이죠. 그런데 경건한 사람과 경건한 척하는 사람은 어떻게 구별될까요? 그들이 하는 말에서 드러납니다. 마음에 가득한 것이 입으로 나오는 법이지요(마 12:35). 말은 삶을 대표하고 말은 믿음을 나타냅니다. 본문을 함께 살펴보면서 우리의 삶이 예배가 되기 위해 말이 얼마나 중요한지를 깨닫고, 말과 삶으로 예배하는 저와 여러분 되기를 바랍니다.

경건한 척하는 자들의 말과 삶, 그리고 예배

먼저 하나님은 백성들의 잘못을 지적하십니다. "너희가 완악한 말로 나를 대적하였다." 그런데 백성들의 반응이 어떤가요? "우리가 무슨 말로 주를 대적하였나이까?"[15] 그런 적 없다고 부인하지요. 자신들의 죄를 전혀 의식하지 못합니다. 무슨 근거로 그렇게 말씀하시는지 증거를 내놓으라고 따지듯이 말합니다. 하나님은 그들이 한 말을 그대로 들려주십니다. "하나님을 섬기는 것이 헛되니 만군의 여호와 앞에 그 명령을 지키며 슬프게 행하는 것이 무엇이 유익하리요." 당시 백성들은 서로 이런 말을 서슴없이 주고받으면서 하나님의 명예를 훼손했습니다. 현실의 고난으로 인해 하나님께 직접 탄식하는 것이었다면, 기도하며 부르짖는 것이었다면 하나님이 이렇게 진노하시지는 않으셨을 겁니다. 그러나 그들은 하나님께 말하지 않고 사람들에게 말했습니다. 그것도 거짓을 말이죠. 물론 그들은 거짓이라고 생각하지 않았을 겁니다. 왜 그렇습니까? 그들의 관심이 온통 자신의 '유익'에 있었기 때문입니다. 하나님과의 관계, 즉 영적인 이익이 아니라 오직 물질적인 이익에 목적이 있었기 때문이지요. 하나님을 예배하고 그분의 말씀에 순종하며 죄를 슬퍼하고 회개하면 즉각적인 이득이나 보상, 무슨 혜택이라도 있을 것이라고 기대했는데 형편이 나아진 것이 없었습니다. 그러니 예배도, 순종도, 봉사도, 모든 경건 생활이 다 의미 없

---

15 히브리어 문법에 따르면, 16절과 마찬가지로 '피차에'가 번역되어야 합니다. "우리가 주를 대적하여 피차에 뭐라고 말했습니까?"

다고 단정한 것이죠.

"무엇이 유익하리요." 하나님 중심이 아니라 자기중심적으로 생각하고 살아가는 태도를 너무도 분명하게 보여 주는 말입니다. 예배는 그저 그들의 탐욕을 만족시키기 위한 수단에 불과했습니다. 형식적인 예배였고 위장이었습니다. 슬프게 행한 것도 비천하고 겸손한 척 흉내만 낸 것입니다. 율법을 준수했다고 생각했겠지만 거기에 마음은 없었습니다. 율법에 담긴 의도는 안중에도 없고 율법의 껍데기만 지킨 겁니다. 게다가 그들이 하나님을 섬겨봐야 아무 유익이 없다고 판단한 기준이 무엇입니까? 시대적 상황입니다. 당시 일어난 현상을 가지고 평가했습니다. 당장 손에 잡히는 것이 없고 눈에 보이는 결과가 없다는 것만으로 말이죠. 그들의 마음을 한 문장으로 요약하자면 이렇습니다. '하나님의 사랑을 믿지 못하겠다.'

그게 다가 아닙니다. 그들은 하나님의 공의도 믿지 않았습니다. 그 판단 기준 역시 '지금'입니다. 하나님께서 영원한 언약을 맺어 주시고 영원을 약속하셨건만, 영적으로 눈이 어두운 백성은 그저 지금밖에 보지 못합니다. "지금 우리는 교만한 자가 복되다 하며 악을 행하는 자가 창성하며 하나님을 시험하는 자가 화를 면한다 하노라." 백성들이 보기에 악인들이 더 잘되고 번성하는 것 같습니다. 물질적으로 보면 그게 사실이지요. 남을 속이고 품삯을 떼어먹고 착취하면 부유해지지 않겠습니까? 그런데 문제는 그렇게 악을 행하면서 하나님을 시험하는 자들이 아무런 벌을 받지 않는 겁니다. 그래서 백성들은 결론짓지요. 교만한 자들이 복을 받은 게 분명하다고 말입니다. 복 있는 사람은 어떤 사람인지 분명히 말씀해 주셨음에도(시 1:1-2), 그것과 정반대되는 자들을 복되다고 칭송하면서 부러워하기까지 합니다. 눈먼 백성들은 깨닫지 못합니다. 하나님이 악인들을 그냥 내버려 두실 때, 그 자체가 큰 심판이라는 사실을 말이죠. 유기만큼 하나님의 공의를 잘 드러내는 것이 없는데 말이죠. 곡식을 위해서 가라지를 뽑지 않으시는 하나님의 깊은 뜻이 있는데 말입니다(마 13:24-30). 말하면 할수록, 하나님에 대해 얼마나 무지하며 자신의 믿음이 텅 빈 것인지를 증명할 뿐입니다.

경건한 자들의 말과 삶, 그리고 예배

그때 하나님을 경외하는 자들이 서로 말을 주고받았습니다. 그때가 언제입니까? 하나님의 백성이라는 자들이 하나님의 공의와 사랑을 의심하면서 비판하던 때입니다. 하나님을 예배하고 하나님께 순종해 봐야 헛되고 아무 유익이 없다는 생각이 공동체에 널리 퍼져있던 시기입니다. 참된 경건이 크게 쇠퇴했을 뿐 아니라 조롱받던, 타락하고 부패한 시대입니다. 세상은 불의로 가득한데, 불의한 자들이 벌 받기는커녕 도리어 떵떵거리며 살던 시절입니다. 그때, 하나님을 경외하는 자들이 있었습니다. 항상 그렇듯이 하나님의 백성들 가운데에는 남은 자들이 있습니다. 비록 어떤 때에는 그 수가 아주 적을지라도, 모든 시대에는 삶으로 신실하게 예배하는 참된 신자들이 있습니다. 그들이라고 해서 이 세상과 동떨어진 어디 다른 세상에 살았습니까? 꿈꾸는 것 같은 그런 세상에 살았나요? 아니요, 그들도 똑같이 어둡고 고통스러운 현실에 놓여 있습니다. 그러나 그들에게는 세상을 다르게 볼 수 있는 영적인 눈이 있습니다. 현실을 넘어 영원을 보는 믿음의 눈이 있습니다. 무엇이 낳은 결과입니까? 말씀입니다. 일관되게 부정적으로 반응하는 백성들 사이에 있으면서도 하나님의 말씀을 마음에 새기고 진지하게 받아들인 겁니다.

그들이 피차에 무슨 말을 했는지 그 내용 자체는 언급되지 않습니다. 하지만 '여호와를 경외하는 자'라는 칭호가 모든 것을 말해 주지요. 어떤 자들입니까? 공경하는 마음으로 하나님을 두려워하는 자들입니다. 구체적으로는 하나님의 모든 도를 행하고, 그분을 사랑하며, 마음을 다하고 뜻을 다하여 하나님을 섬기고, 그분의 명령과 규례를 지키는 자들입니다(신 10:12-13). 본문에서는 '여호와의 이름을 존중히 생각하는 자'라고 표현하기도 하지요. 하나님의 이름에는 그분의 모든 것이 담겨 있습니다. 그러므로 여호와의 이름을 존중히 생각하는 자들은 하나님의 존재와 성품과 사역에 생각이 집중된 사람입니다. 말씀에 계시된 하나님과 그분의 섭리를 숙고하고 묵상하는 자입니다. 먹든지 마시든지 무엇을 하든지 다 하나님의 영광에 목적을 두는 사람입니다.

이런 사람들이 피차에 무슨 말을 했겠습니까? 당연히 하나님에 대해 말하지 않았을까요? 하나님이 어떤 분이신지, 그분이 무슨 일을 행하시는지 말하면서 서로 가르쳤겠지요. 하나님의 말씀에 근거해 서로 격려하고 위로하며 교제했을 겁니다. 하나님의 영원한 계획, 그분만

이 아시는 때와 방법에 대해 얘기하면서 하나님의 공의와 사랑을 확인했을 거고요, 고난의 유익을 서로 나누었을 겁니다. 여호와의 날을 바라보고 인내하면서 모든 것을 하나님의 손에 맡기자고 권고했겠지요. 하나님은 신실하신 분이시라고, 지금껏 역사를 통해 보여 주지 않으셨냐고, 모든 약속을 반드시 이루실 것이라고 말하면서 서로의 믿음을 굳게 세웠겠지요. 신앙을 방해하는 위험 요소들을 경고하면서 죄악에 물들지 않도록 서로를 무장시키는 말들을 나누었을 겁니다. 지금 잘하고 있다고, 조금만 더 힘내자고 서로를 인정하고 세워주면서 성장과 성숙을 도모했을 겁니다. 마음으로 뜨겁게 피차 사랑하면서 함께 기도하고 찬양했을 게 분명합니다. 힘들고 고통스러운 현실에 놓여 있다고 해서 모든 사람이 하나님에 대한 신뢰를 저버리고 그분의 약속을 체념한 채 사는 것은 아닙니다. 그런 중에도 하나님의 말씀에 믿음과 순종으로 반응하는 자들이 있습니다. 삶으로 예배하는 자들이 있습니다.

경건한 자들에 대한 하나님의 말씀(반응)

하나님은 그들이 말하는 것을 분명히 들으셨습니다. 곤고한 중에도 하나님을 경외하는 자들의 대화를 귀 기울여 주의 깊게 들으셨습니다. 그리고 어떻게 하셨나요? 그들을 위하여 하나님 앞에 있는 기념책에 기록하셨습니다. 성경에는 사람들의 이름이 하나님의 책에 기록된다는 내용이 여러 번 등장하는데요.[16] 택자들, 하나님이 구원하실 자들이죠. 그런데 사실 하나님은 그들이 누구인지, 이름이 무엇이며 어떤 말과 행동들을 했는지 기록을 통해서 기억하실 필요가 전혀 없는 분이십니다. 모든 것을 아시고 기억하시기 때문이죠. 그렇다면 왜 굳이 하나님 앞에 있는 기념책에 기록하셨다고 표현하실까요? 경건한 신자들에 대한 하나님의 결정이 결코 변하지 않는다는 것을 확실하게 알려 주시는 겁니다. 택한 자기 백성을 잊지 않으신다고, 내 마음 한가운데에 너희가 영원히 있다고 증명하시는 겁니다. 단순히 기억하겠다는 것이 아니라, 기억에 따라 너희를 위해 새 일을 행하겠다는 의미입니다. 이런 구원에 대한 보증을 언제 하셨습니까? 하나님을 경외하는 자들이 서로 말하는 것을 '들으시고' 하셨지요. 그들의 경건한 말 때문에 구원하신다는 게 아닙니다. 그들이 구원받은 자라는 사실이 그들의 말에서 드러났다는 겁니다. 하나님은 참된 신자들에게 구원의 확신을 주시려고, 위로하시고 격려하시려고, 하나님 자신이 증인이고 목격자이심을 분명히 밝히십니다.

하나님은 말씀하십니다. "내가 나의 정한 날에 그들로 나의 특별한 소유를 삼을 것이다." '특별한 소유(쓰굴라)'는 왕에게 있는 금은보화, 진귀한 보물을 의미합니다(대상 29:3; 전 2:8). 하나님은 자주 자기 백성을 특별한 소유라고 부르시는데요,[17] 그만큼 소중하고 아끼며 사랑하는 존재라는 것이죠. 그런데 이처럼 하나님의 특별한 소유가 되는 영

---

16 출 32:32-33; 시 69:28; 139:16; 사 4:3; 단 12:1; 빌 4:3; 계 3:5; 13:8; 20:12, 15; 21:27.
17 출 19:5-6; 신 7:6; 14:2; 26:18; 시 135:4; 엡 1:14; 살후 2:14; 딛 2:14; 벧전 2:9.

400 초청에서 강복 선언까지 : 공예배 순서 강해 설교

광은 모든 사람에게 주어지지 않습니다. '은혜로 택하심을 따라 남은 자'(롬 11:5)들에게만 주어집니다. 그런데 이상한 점이 있지요. 하나님은 만세 전에 자신의 특별한 소유를 이미 선택하지 않으셨습니까? 그런데 왜 경건한 신자들의 대화를 들으시고 나서야 "그들을 나의 특별한 소유로 삼을 것이다." 하고 말씀하시는 걸까요? 이 말은, 그들이 하나님의 특별한 소유라는 사실이 겉으로 분명히 드러나게 될 것이라는 의미입니다. 완전히 거룩해져서, 세상과 옛 사람의 그 어떤 잔재도 남아있지 않은 하나님의 보배로 나타난다는 말씀입니다. 언제요? 하나님께서 정하신 날에요. 여호와의 날, 심판과 구원의 날에 말이죠.

그날에 모든 이가 의인과 악인이 나뉘는 장면을 보게 될 것입니다. 단지 구별되어 차이를 확인하는 정도가 아니라 영원히 분리되는 것을 보게 될 것입니다. 각 사람의 위장이 벗겨지고 그 본색이 드러날 것이기 때문입니다. 하나님은 반드시 악인들은 멸하고 의인들은 구하실 것입니다. 아버지가 자기를 섬기는 아들을 아끼시는 것처럼 성도들을 긍휼히 여기시고 구원하실 것입니다. 택하신 자들을 하늘 이 끝에서 저 끝까지 사방에서 모으실 것입니다(마 24:31). 그날에 어느 한 사람도 "하나님을 섬기는 것이 헛되고 무익하다.", "교만한 자가 복되고 악을 행하는 자가 창성하며 하나님을 시험하는 자가 화를 면한다."라고 말하지 못할 것입니다. 고난 중에도 신앙을 지킨 성도들을 비웃던 자들은, 하나님의 특별한 소유로 드러난 성도들을 보고 크게 놀랄 것입니다.

믿음에 대한 보상으로 반드시 물질이 주어지는 것은 아닙니다. 여호와를 경외하는 자들에 대한 분명한 약속은 여호와의 날에 있을 영원한 구원과 해방이지, 이 땅 위에서의 잠깐의 번영이 아닙니다. 하나님의 영원한 계획 속에서 주어질 믿음의 유익은 여기서 누리는 것과는 비교할 수 없을 만큼 훨씬 더 큽니다. 하나님이 지금 당장 말씀대로 행하지 않으시고 약속을 잊으신 것 같을지라도, 그분이 완벽히 의로우신 재판장이라는 사실에는 변함이 없습니다. 예수님은 말씀하셨습니다. "사람이 무슨 무익한 말을 하든지 심판 날에 이에 대하여 심문을 받으리니 네 말로 의롭다 함을 받고 네 말로 정죄함을 받으리라"(마 12:36-37). 그리스도의 심판대에서는 오직 믿음이 있고 없고에 따라 의롭다 함과 정죄함이 갈리는 것 아닙니까? 예, 맞습니다. 네 말로 의롭다 함을 받고 네 말로 정죄함을 받는다는 것은, 말로 믿음이 드러난다는 말씀입니다.

적용 및 결론

사랑하는 성도 여러분, 다시 한번 말씀드리지만 우리의 말은 삶을 대표하고 믿음을 나타냅니다. 우리의 말로 하나님을 대적할 수 있다는 사실을 항상 기억하시면 좋겠습니다. 현실에 매몰되어서 하나님의 공의와 사랑을 의심하고 부정하지 않기를 바랍니다. 이 땅 위에서의 번영을 부러워하다가 심지어 악인들이 복되다고 말하는 데 이르지 않도록 주의하십시오. 불경건한 자들이 퍼뜨리는 가치관과 세계관에 휩쓸려 여러분도 똑같이 생각하고 말하고 행동하지 않도록 늘 경계하십시오.

우리의 말로 하나님을 경외하고 예배하기 원합니다. 특별히 가정과 교회에서 서로 나누는 대화가 삼위 하나님으로 가득 채워지기를 소망합니다. 부부간에, 부모와 자녀, 형제자매 사이에, 교회의 회원과 대화할 때 우리는 얼마나 하나님을 말합니까? 얼마나 그리스도 중심적인 말을 하나요? 물론 사적인 얘기도 나누어야죠. 서로의 상황과 생활도 공유해야죠. 취미와 관심사, 말할 수 있죠. 그런데 결국 그 모든 것이 하나님의 영광을 위한 것이 되어야 하지 않겠습니까? 우리의 존재 목적이 하나님을 영화롭게 하고 그분을 즐거워하는 것인데요. 그렇다면 하나님을 말하지 않을 수 있을까요? 우리가 가정과 교회에서조차 하나님에 대해 말하지 않는다면, 어떻게 학교나 직장에서, 세상에서 하나님을 말할 수 있겠습니까?

하나님이 어떤 분이신지, 그분이 우리를 위해 무슨 일을 하셨고 하고 계시는지를 함께 말하면서 위로하고 격려하고, 때론 훈계하고 책망하며 서로를 세워가면 좋겠습니다. 그렇게 자족하고 인내하면서 주님의 재림을 함께 경건하게 기다리는 모습, 얼마나 아름다울까요. 사랑방도, 교리반도, 경건에 이르는 연습 과정도, 각급 교육부서 모임도 모두 그리스도 중심적 대화의 장이 되기를 소망합니다. 그렇게 우리의 말도 삶도 점점 더 예배가 되어서 하나님의 구원을, 그분의 특별한 소유 됨을 더욱 풍성히 누리기를 바랍니다. 우리 하나님, 분명히 들으십니다.

"오직 오늘이라 일컫는 동안에 매일 피차 권면하여 너희 중에 누구든지 죄의 유혹으로 강퍅케 됨을 면하라. 우리가 시작할 때에 확실한 것을 끝까지 견고히 잡으면 그리스도와 함께 참예한 자가 되리라. 서로 돌아보아 사랑과 선행을 격려하며 모이기를 폐하는 어떤 사람들의 습관과 같이 하지 말고 오직 권하여 그날이 가까움을 볼수록 더욱 그리하자"(히 3:13-14; 10:24-25)! 아멘!

초청에서 강복 선언까지

공예배 순서 강해 설교

펴 낸 날 2023년 12월 15일 초판 1쇄

지 은 이 정중현 · 신상훈
펴 낸 이 한재술
펴 낸 곳 그 책의 사람들

교   열 권순율, 정한별
디 자 인 참디자인

판   권 ⓒ 정중현, 신상훈, **그책의 사람들** 2023, *Printed in Korea*.
저작권법에 따라 한국 내에서 보호를 받는 저작물이므로 무단 전재와 복제를 금합니다.

주   소 경기도 수원시 팔달구 정자천로32번길 27, 151동 906호
팩   스 0505 − 299 − 1710
카   페 cafe.naver.com/thepeopleofthebook
메   일 tpotbook@naver.com
등   록 2011년 7월 18일 (제251 − 2011 − 44호)
인   쇄 불꽃피앤피

책   값 25,000원
I S B N 979 − 11 − 85248 − 37 − 0   03230

· 이 책은 김영주 성도님의 후원으로 만들어졌습니다.